CAMINHOS CRUZADOS

CAMINHOS CRUZADOS

HISTÓRIA E MEMÓRIA DOS EXÍLIOS LATINO-AMERICANOS NO SÉCULO XX

Samantha Viz Quadrat (org.)

FGV
EDITORA

Copyright © 2011 Samantha Viz Quadrat

Direitos desta edição reservados à
EDITORA FGV
Rua Jornalista Orlando Dantas, 37
22231-010 | Rio de Janeiro, RJ | Brasil
Tels.: 0800-021-7777 | 21-3799-4427
Fax: 21-3799-4430
editora@fgv.br | pedidoseditora@fgv.br
www.fgv.br/editora

Impresso no Brasil | *Printed in Brazil*

Todos os direitos reservados. A reprodução não autorizada desta publicação, no todo ou em parte, constitui violação do copyright (Lei nº 9.610/98).

Os conceitos emitidos neste livro são de inteira responsabilidade dos autores.

1ª edição — 2011

Tradução dos textos em espanhol (1-4, 6, 10): Ronald Polito
Preparação de originais: Daniela Duarte Candido | Luiz Alberto Monjardim | Ronald Polito
Diagramação: Ilustrarte Design e Produção Editorial
Revisão: Fatima Caroni | Maíra Alves
Capa: André Castro

Ficha catalográfica elaborada pela
Biblioteca Mario Henrique Simonsen

Caminhos cruzados: história e memória dos exílios latino-americanos no século XX / Org. Samantha Viz Quadrat. — Rio de Janeiro: Editora FGV, 2011.
300 p.

Reúne apresentações realizadas durante o seminário internacional realizado na Universidade Federal Fluminense, de 8 a 10 de junho de 2009.
Inclui bibliografia.
ISBN: 978-85-225-0839-6

1. Exílio. 2. Refugiados políticos. I. Quadrat, Samantha Viz. II. Fundação Getulio Vargas.

CDD — 305.906914

SUMÁRIO

Apresentação — 7
Samantha Viz Quadrat

PARTE I. Reflexões sobre o exílio

1. Estudar o exílio — 11
   Pablo Yankelevich
2. Reflexões sobre o exílio como tema de investigação: avanços teóricos e desafios — 31
   Luis Roniger

PARTE II. Experiências dos exílios latino-americanos pelo mundo

3. Os exílios latino-americanos — 65
   Mario Sznajder
4. A "solidariedade" ante os exílios dos anos 1970: reflexões a partir do caso dos argentinos na França — 91
   Marina Franco
5. Ecos da estação Lisboa: notas sobre o exílio das esquerdas brasileiras em Portugal — 117
   Américo Freire

PARTE III. Experiências dos exílios latino-americanos na América Latina

6. Exilados paraguaios na Argentina: 1976, antes e depois — 141
   María Antonia Sanchez

7. Da Argentina para o Brasil: de uma ditadura a outra — 169
   Samantha Viz Quadrat

Parte IV. O impacto dos exílios nas artes
   8. Na fronteira da história: cinema e exílio, um exemplo chileno — 207
      Ana Maria Mauad
   9. Na velocidade das mudanças históricas em *Rabo de foguete*: — 227
      os anos de exílio
      Solange Munhoz

Parte V. O retorno
   10. Reflexões acerca do retorno dos exilados: um olhar a partir — 249
       do caso dos argentinos radicados na Catalunha (Espanha)
       Silvina Jensen
   11. Retorno: final ou começo do exílio? — 273
       Tatiana Paiva

Parte VI. Os exílios nos arquivos brasileiros
   12. Usos do passado e arquivos da polícia política — 289
       Paulo Knauss
       Camila da Costa Oliveira

APRESENTAÇÃO

EM 2009, A ÚLTIMA ANISTIA POLÍTICA BRASILEIRA COMPLETOU 30 ANOS. O mito de uma *lei ampla, geral e irrestrita* ainda é permanentemente discutido por setores da academia brasileira, juristas e organizações de defesa dos direitos humanos e por diferentes governos desde o retorno à democracia. Paralelamente a esse esforço, encontramos a luta pelo fim da impunidade aos agentes do Estado envolvidos com as violações dos direitos humanos ocorridas durante a ditadura civil-militar brasileira (1964-1985).[1]

Como toda efeméride, os 30 anos da anistia provocaram celebração e reflexão. E nos convocaram a pensar não apenas sobre a situação dos anistiados e da impunidade aos agentes do Estado, mas também sobre o significado do próprio exílio.

Este livro reúne a maior parte das apresentações realizadas durante o seminário internacional Caminhos Cruzados: História e Memória dos Exílios Latino-americanos no Século XX, organizado pelo Núcleo de Estudos Contemporâneos (NEC)[2] da Universidade Federal Fluminense, com o apoio do Programa de Pós-Graduação em História (PPGH-UFF), do Arquivo Público do Estado do Rio de Janeiro (Aperj), do Conselho Nacional de Desenvolvimento Científico e Tecnológico (CNPq) e da Fundação de Amparo à Pesquisa do Estado do Rio de Janeiro (Faperj), entre os dias 8 e 10 de junho de 2009. O evento contou com a participação de 16 pesquisadores brasileiros e estrangeiros, que refletiram sobre as experiências de exílios em diferentes países latino-

---

[1] Em 20 de abril de 2010, o Supremo Tribunal Federal (STF) manteve a anistia para os agentes do Estado.

[2] Ver <www.historia.uff.br/nec>.

-americanos durante a segunda metade do século XX — momento em que as ditaduras civil-militares ocuparam o cenário político e promoveram, entre outros fatores, a saída de milhares de pessoas de seu país. Dessa maneira, o exílio pode ser visto também como outra forma repressiva, além da tortura, da prisão, do desaparecimento e do assassinato.

Os exílios latino-americanos do século XX constituem um campo fecundo de trabalho para pesquisadores da área das ciências humanas e sociais. Nos últimos anos têm sido organizadas publicações conjuntas, seminários e formação/divulgação de acervos sobre o tema. Tais trabalhos têm incentivado a formação de redes de pesquisadores e aproximado instituições de pesquisas não apenas na região, mas também na Europa e em Israel. Ao realizar o seminário, e agora publicar seus textos, temos como objetivos situar o Brasil no âmbito desses debates e incentivar futuras pesquisas sobre o tema no país.

Nesse sentido, os textos dialogam entre si e traçam a formação de um quadro comparativo entre as diferentes experiências de exílios e a abordagem de variados ângulos sobre o tema: o impacto nas artes, a decisão de sair e de retornar, o *viver* o exílio, entre outros aspectos.

Não poderia concluir esta apresentação sem agradecer a Alessandra Carvalho, Denise Rollemberg, Jaime Antunes e Yara Khoury, pesquisadores que também participaram do seminário, à doutoranda Lívia Magalhães e aos graduandos em história da UFF Bianca Rihan, Daniel Teixeira Carvalho, Eric Assis dos Santos, João Levy Gastão Amoroso, Paula Rollo, Rafaela Matheus Antunes dos Santos, Renata Reis, Thiago Romão e Vanessa Andrada, que auxiliaram incansavelmente a organização durante todo o evento, garantindo seu sucesso.

Samantha Viz Quadrat

PARTE I

Reflexões sobre o exílio

1. ESTUDAR O EXÍLIO

Pablo Yankelevich[*]

A IDEIA DE CONTEMPORANEIDADE É UMA DAS RAÍZES INTELECTUAIS DA história do tempo presente. Trabalhar a partir do imediatismo dos acontecimentos ou com acontecimentos vividos diretamente coloca o investigador ante uma série de incertezas. A *contemporaneidade* é um problema mas também uma vantagem, e neste colóquio creio que aproveitaremos a vantagem de ser contemporâneos e ter a sorte de reunir-nos para refletir sobre um campo que de uma ou outra forma temos contribuído para criar.[1] Não estamos todos os que somos, mas o número de assistentes me parece representativo de um esforço que começou há pouco mais de uma década.

A que esforço me refiro? O exílio, os deslocamentos ou migrações forçadas são tão antigos quanto a própria humanidade. Desde a bíblica expulsão do paraíso até o atual conflito em Dafur, a história poderia ser relatada como uma inesgotável sucessão de desterros. Contudo, a modernidade política cristalizada no surgimento dos Estados-nações permite recortar um específico campo de reflexões centrado na conflitiva relação entre a nação, a nacionalidade e os direitos dos cidadãos. Entre o homem como tal e um Estado-nação que outor-

---

[*] Doutor em estudos latino-americanos pela Universidade Nacional Autônoma do México (Unam) e professor-pesquisador do Instituto Nacional de Antropologia e História da Unam, na Cidade do México. Foi pesquisador convidado do El Colegio de México e das universidades da Califórnia, Chicago e Texas (EUA). Professor da Universidade de Buenos Aires e de outras universidades na Argentina, na América Latina e na Europa. Entre seus livros destacam-se *Honduras: una breve historia* (1989), *Miradas australes* (1997) e *La Revolución Mexicana en América Latina* (2003). Também coordenou diversas coletâneas, entre elas *Estudios en torno al golpe de Estado* (com Clara E. Lida e Horacio Crespo, 2008) e *Ráfagas de un exilio: argentinos en México, 1974-1983* (2010).

[1] O colóquio em que este texto foi apresentado ocorreu de 8 a 10 de junho de 2009 na Universidade Federal Fluminense (UFF).

ga ou nega cidadania a quem nele tenha nascido. A ideia de Hannah Arendt de que os direitos humanos têm como precondição o "direito de ter direitos" só pode ser exercida se possuímos uma nacionalidade. Neste sentido, a precariedade da modernidade política reside em que o exercício desses direitos se conjuga juridicamente com a cidadania (Arendt, 1997; Bernstein, 2005). Desde a I Guerra Mundial até nossos dias, o problema dos refugiados não tem deixado de inquietar as nações, e tem sido assim porque o exílio não conforma uma relação jurídica e política de caráter marginal, mas se constitui na figura que a vida humana adota no estado de exceção. Nas palavras de Agamben (1996:48), o exílio "é a figura da vida em sua imediata e originária relação com o poder soberano".

A condição de exílio, a situação de ser um refugiado, permite a Agamben encontrar o *Homo Sacer* por excelência. Quer dizer, o homem sob essa estranha figura do direito romano arcaico, em que a vida humana se inclui na ordem jurídica unicamente sob a forma de sua exclusão. Trata-se de um paradoxo do poder soberano ocidental e sua relação com a vida: um homem sagrado que não pode ser objeto de sacrifício por estar fora do direito divino, a quem sem qualquer impedimento pode dar morte impunemente, sem ser considerado homicida, porque também se encontra excluído do direito dos homens. Uma dupla exclusão que o deixa incluído no direito de uma vida exposta a que qualquer um possa dar-lhe fim. Trata-se de uma vida abandonada, excluída e incluída ao mesmo tempo na comunidade, e portanto localizada em um limbo que o condena a estar dentro e fora do direito. O soberano, aquele que nas palavras de Carl Schmitt decide sobre o estado de exceção, torna-se o único capaz de tomar a decisão de pôr alguém em circunstância de exílio, de *nuda vida*, quer dizer, de vida eliminável, descartável (Forster, 2006; Marsá, 2007).

Há na constituição da soberania moderna, e não só em suas vias totalitárias, um ato fundacional que faz do soberano aquele que, sendo a lei, se situa fora dela, e esse preciso momento constitui um estado de exceção. "Não é a exceção a que se subtrai da regra, mas é a regra a que suspendendo-se dá lugar à exceção; e só desse modo se constitui como regra" (Agamben, 1998:31). Agamben chama "relação de exceção" a essa forma extrema de uma equação que só inclui algo por meio da exclusão. Esse domínio do soberano sobre a figura da exclusão, fundando o direito sem considerar-se nele, encontra uma de suas formas mais extremas e agressivas no ato de revogar direitos, limitar ou negar cidadania, exilar e por suposição assassinar.

No nascimento da modernidade e desde a I Guerra Mundial, o espalhamento de refugiados e apátridas produziu ordenamentos jurídicos que permitiram desnaturalizar de maneira massiva seus próprios cidadãos. Já em 1915, uma lei na França permitiu a revogação da nacionalidade para aqueles que previamente haviam sido cidadãos de "nações inimigas". Em 1926, na Itália fascista se autorizou fazer o mesmo contra qualquer cidadão por nascimento ou por adoção cujas ações foram consideradas "indignas" para a nação italiana, e as leis de Nuremberg levaram ao extremo esse processo dividindo os alemães em "cidadãos do Reich", com plenos direitos, e alemães de segunda categoria, "cidadãos nacionais" que, se fosse o caso, podiam ser despojados dessa cidadania marginal como de fato ocorreu durante a "solução final", já que, antes de proceder ao extermínio, o nazismo se encarregou de desnaturalizar por completo suas vítimas. Agamben se detém nas atuais migrações forçadas e observa os espaços nos aeroportos onde os estrangeiros são retidos quando solicitam refúgio. Refere-se a esses espaços como "campos", não porque neles os estrangeiros fossem maltratados, mas porque isso pode chegar a ocorrer, como muitas vezes ocorre, porque os perseguidos estão em autênticos limbos onde o direito está suspenso. Neste sentido, adquire relevância a apreciação do filósofo italiano em torno de que o campo de concentração foi o espaço que se abriu quando o estado de exceção começou a converter-se em regra (Agamben, 2001:38).

Deste horizonte, estudar o exílio nos situa ante um dos temas cruciais do novo século: as migrações forçadas e seu impacto em quase todos os âmbitos do trabalho humano, desde economias estendidas em escala planetária até as novas práticas e circuitos culturais gerados ao amparo da revolução tecnológica. Circunstâncias que permitem a Stuart Hall e Gay (1996) afirmarem que o grande desafio do século XXI será o desenvolvimento de capacidades para viver com a diferença. Quer dizer, trata-se de um esforço por idear estratégias políticas e culturais que permitam limitar ações de segregação, discriminação, perseguição e extermínio. Nesta direção, o estudo dos deslocados, desterrados, exilados e refugiados em um mundo global deveria abrir caminhos para pensar uma redefinição do vínculo entre a nação, a nacionalidade e direitos políticos e sociais que permita incluir esses não cidadãos, antes que a categoria de apátrida se converta na regra que confirme a exceção.

Exílios e ditaduras

Referir-se à modernidade política na América Latina situa o olhar no século XIX, e dar conta de estados de exceção capazes de gerar ondas de exilados obriga necessariamente a recortar um processo enquadrado na emergência das ditaduras militares a partir da década de 1960. Como demonstraram as recentes investigações de Sznajder e Roniger (2009), a prática do exílio está na gênese dos regimes políticos latino-americanos desde o próprio momento das independências. Dezenas de líderes ou figuras públicas como legisladores, militares, jornalistas e intelectuais foram desterrados ao longo da história continental. Mas sempre se tratou de um exílio de elites, em que a saída do país se processava como uma escala obrigatória em um percurso pelo desempenho de um papel mais ou menos protagonista no momento do retorno. Desde Simón Bolívar, Benito Juárez, Domingo F. Sarmiento, José Martí, para citar só alguns dos mais conhecidos do século XIX, até Juan Domingo Perón, Rómulo Betancourt, Víctor Raúl Haya de la Torre e Fidel Castro no século passado, todos estiveram atravessados por experiências de exílio. Mas não se poderia dizer o mesmo das sociedades às quais pertenceram essas figuras. A experiência exiliar não marcou segmentos significativos do México porfiriano ou o Peru aprista; é por isso que só o ocorrido durante as últimas ditaduras militares permite definir um fenômeno de uma natureza política e demográfica distinta do acontecido sob outras experiências ditatoriais na história da América Latina.

Para compreender este novo exílio, é necessário não perder de vista que se tratou de um dos efeitos de uma política de extermínio inscrita na doutrina de segurança nacional. A saída do país foi uma forma de preservar a liberdade ou salvar a vida. Muitos o fizeram por seus próprios meios, de modo legal ou clandestino. Em alguns casos se contou com a colaboração de governos estrangeiros por intermédio de asilos diplomáticos — enquanto uma minoria saiu das prisões quando os militares autorizavam a partida de grupos de encarcerados, como consequência de pressões da opinião pública internacional e também, como ocorreu no Brasil, por ações guerrilheiras que exigiam a libertação de presos políticos.

Embora estejamos ante um fenômeno que alcançou um "caráter massivo" até então nunca visto, esse exílio também deve ser entendido como um processo coletivo, mas desenvolvido a partir do somatório de ações individuais. Não se tratou de um assunto organizado ao modo do desterro republicano espanhol

(Albornoz, 2002), ou que tenha contado — como ocorreu com as agências judias, sobretudo norte-americanas durante a II Guerra Mundial (Avni, 2003) — com organizações dispostas a gerir e/ou financiar a saída de perseguidos, mas assistimos a uma migração de caráter pessoal ou familiar, através de uma saída permanente ao longo de vários anos.

Tratou-se de um exílio que respondeu de maneira central, embora não exclusiva, a causalidades políticas, e que emerge como um fenômeno claramente diferenciado em seus perfis quantitativos e qualitativos. Sobre a massividade e as dificuldades para sua quantificação, voltarei mais adiante; por ora só queria lembrar aquilo que E. H. Carr (1966:67) sublinhou faz quase meio século: na história e na investigação histórica os números contam; quer dizer, a estratégia do historiador para aproximar-se destes processos deve contemplar o fato de que não está diante de um núcleo reduzido de dirigentes, mas diante de dezenas de milhares de pessoas.

Por outra parte, dar conta da composição social do exílio obriga a considerar que o primeiro critério de seletividade social foi estabelecido pela possibilidade de custear a viagem ou, em todo caso, possuir os contatos pessoais, políticos ou profissionais para preparar a saída. Majoritariamente esta foi uma opção reservada aos setores médios. Se a fuga não foi parte de uma estratégia organizada por partidos políticos ou organizações humanitárias, mas um somatório de múltiplas decisões pessoais ou familiares, é possível afirmar que quase todas essas decisões foram tomadas por integrantes das muito extensas camadas médias da Argentina, do Brasil, do Chile e do Uruguai. É evidente que houve exceções. Em todo caso, a presença de setores populares no fluxo exiliar aparece diretamente associada a opções de saída sob condições de asilo diplomático ou a estratégias de algumas organizações políticas que facilitaram a saída de quadros dirigentes proporcionando documentação falsa e apoio econômico.

Talvez o exílio chileno tenha sido o que contou com maiores componentes populares, e isso pode ser explicado pelas peculiares condições nas quais se produziu o êxodo. O chileno não foi um exílio ao qual foram condenados inimigos internos potencialmente perigosos, mas consequência da expulsão do poder de pessoas que legitimamente o estavam exercendo. Quer dizer, esse êxodo esteve constituído por secretários de Estado, deputados, senadores, funcionários governamentais, dirigentes partidários e por um amplo segmento de seus filiados. Saíram para o exílio os sobreviventes de um governo e milhares de seus simpatizantes, à diferença dos outros casos, nos quais o exílio aparece como produto de uma atividade de dissidência ou oposição ao regime da vez. Além disso, o exílio chileno foi fortemente politizado e, pela excepcionalidade de ter sido parte de um projeto socialista que despertara simpatia e atenção em amplos setores da esquerda mundial, teve o privilégio de contar com uma rede solidária que incluiu a social-democracia europeia e latino-americana, os regimes comunistas do Leste do Velho Continente, e até setores liberais e progressistas dos Estados Unidos. Nenhuma outra experiência exiliar contou com esses apoios, nem alcançou a visibilidade que tiveram os chilenos. De modo que, ao amparo dessa rede, se poderia explicar a saída de técnicos e trabalhadores do campo e da cidade (Maira, 1998:132).

Assinalei que o exílio reconhece uma causalidade centralmente política, embora não de modo exclusivo. Trata-se de um fenômeno no qual nem sempre é fácil encontrar o limite entre as motivações políticas e as de caráter trabalhista ou profissional, consequência das políticas econômicas postas em marcha pelas ditaduras. Quer dizer, estudar o exílio é também internalizar-se no território de práticas emigratórias de antiga data, resultado da conjunção de crises políticas que limitavam liberdades e crises econômicas que reduziam mercados de trabalho. Entre os exilados, uma parte estava integrada por militantes com uma clara adesão política, mas uma percentagem importante dos que decidiram e puderam exilar-se o fez por um temor lógico à repressão, apesar de não ser o que as ditaduras consideravam "subversivos": entre eles, amigos e familiares de detidos ou de "desaparecidos", pessoas que só estavam numa agenda telefônica de um perseguido, ou indivíduos que haviam realizado atividades de tipo sindical ou intelectual, como representantes ou líderes sindicais, professores universitários, estudantes, jornalistas, gente vinculada ao mundo da cultura e das artes. Mas, além ou junto das motivações políticas, deve-se ter presente a existência de indivíduos e suas famílias que decidiram sua saída pelas perdas de empregos e pelas dificuldades para conseguir outros. Por último, associado aos perfis sociodemográficos e aos lugares de residência, é interessante observar um processo de relocalização espacial do exílio. O primeiro destino em muitos casos não significou uma radicação definitiva, mas condições profissionais, restrições trabalhistas ou limitações culturais da própria experiência migratória conduziram à redistribuição em que, por exemplo, operários chilenos ou uruguaios que originalmente chegaram à Venezuela dirigiram-se para o Canadá ou a Austrália ao cabo de um tempo, enquanto acadêmicos argentinos ou brasileiros que fugiram para a França puderam inserir-se profissionalmente no México após um curto período.

As imprecisas fronteiras entre o estritamente político e o essencialmente econômico levou Marina Franco e Pilar González Bernaldo a formular a proposta de conceber os exílios como parte de movimentos migratórios mais amplos, cuja especificidade estaria circunscrita ao caráter centralmente político de uma emigração. Categoria esta, "emigração política", que pode ser útil toda vez que nela caibam uma diversidade de causas na origem da saída, assim como as dificuldades que estes "emigrantes" enfrentaram nos mercados de trabalho nos países de acolhida. Contudo, essa categoria enfrenta problemas ao querer dar conta de práticas políticas, percepções e autopercepções em torno dessas práticas e, por suposição, posturas em relação a um retorno real ou potencial (Franco e Bernaldo, 2004). Dificilmente um exilado se percebe como um "emigrante", sobretudo quando o termo "exílio", por sua força simbólica, outorga identidade ao perseguido destravando subjetividades que o historiador está obrigado a considerar.

Os contornos imprecisos entre o político e o econômico na constituição do exílio adquirem verdadeira substância quando se trata de abordar quantitativamente o fenômeno. À pergunta "quantos se foram?", as respostas não podem ser mais que aproximativas, e em muitos casos fundadas em um escasso trabalho demográfico. Acontece que, à exceção dos que obtiveram classificação de refugiados ou asilados nas nações de recepção, é muito difícil encontrar fontes que permitam discriminar as causas políticas dentro do universo de uma emigração geral. Em muitos casos, por exemplo na Argentina, nem sequer existem registros de saída durante os anos da ditadura. Contudo, e para além da investigação demográfica fundada nos censos gerais de população dos países de origem ou de destino, começam a ser abertos arquivos migratórios e consulares que podem conter informação útil não só para se saber quantos se foram como também para se perceber distribuições por idade, sexo e escolaridade, espaços de emprego, lugares de origem e de residência. Só a partir dessas variáveis será possível recortar as especificidades sociodemográficas dos exilados, tratando de extrapolar essas especificidades nas amplas correntes emigratórias de presença contínua na América Latina desde meados do século XX.[2]

---

[2] Ver, por exemplo, Jensen e Yankelevich (2007).

Os indispensáveis contrastes

Diferentemente de qualquer outra experiência na história continental, os exílios de latino-americanos nas décadas de 1960 e 1970 tiveram uma extensão até então desconhecida. Desses desterros vamos sabendo sobre o ocorrido em uns poucos países da América Latina e na Europa Ocidental. Contudo, são ainda escassos os estudos sobre o ocorrido nos Estados Unidos, no Canadá, na Europa Oriental, na ex-União Soviética, em certas nações da África.[3] Enquanto umas poucas referências informam da existência de pequenas comunidades de sul-americanos exilados em lugares tão remotos quanto Austrália e Nova Zelândia.[4]

Em todas essas nações, os exilados nutriram mercados de trabalho, com intensidade variável impactaram espaços acadêmicos, mas sobretudo desempenharam um ativo papel político que os distancia de qualquer emigração tradicional. Os setores mais politizados se fizeram presentes no espaço público animando campanhas de denúncias contra as ditaduras e tecendo redes por onde transitou a solidariedade em âmbitos nacionais e internacionais. Esses âmbitos começaram a ser explorados, sobretudo os atravessados pelos discursos e práticas de defesa dos direitos humanos.[5] Mas há outros aspectos que mereceriam indagações em profundidade; refiro-me ao território da diplomacia em seus perfis bilaterais e multilaterais. Para a América Latina, as políticas de asilo e proteção diplomática outorgadas pelos governos de Salvador Allende no Chile, de Juan Velasco Alvarado no Peru, de Juan José Torres na Bolívia, de Omar Torrijos no Panamá e de Fidel Castro em Cuba constituem experiências praticamente desconhecidas, sobre as quais existem umas poucas referências a perseguidos sul-americanos.[6] Remexer com maior cuidado nestes acervos permitiria mensurar melhor a distância entre comportamentos governamentais e ações individuais dos agentes diplomáticos. Um trabalho nesta direção pode lançar resultados surpreendentes a respeito de condutas muitas vezes mitificadas, como é o caso do México, e a maneira contrastante em que

---

[3] Ver, por exemplo, Calandra (2003) e Massena (2009).
[4] Ver Jupp (2002) e texto disponível em: <www.teara.govt.nz/NewZealanders/NewZealandPeoples/LatinAmericans/1/en#ref2>.
[5] Ver Makarian (2003); Roniger e Sznajder (2005); Wright (2007).
[6] Ver Rollemberg (1999); Cavalcanti e Ramos (1978); Jurema (1978); Pacheco (1999); Savslasky (2005).

os chefes de missões no exterior aplicaram a política de asilo na Argentina, no Brasil, no Chile e no Uruguai durante as décadas de 1970 e 1980.[7] A este respeito me permitirei dar dois exemplos. O autoritarismo do governo do presidente Gustavo Díaz Ordaz, cristalizado na matança de Tlatelolco de 2 de outubro de 1968, apagou da memória e da história mexicana o asilo diplomático que esse governo outorgou a perseguidos políticos brasileiros desde abril de 1964. Mas ainda e muito mais paradoxal se tornam os asilos outorgados a dirigentes estudantis cariocas que, acossados pelo Ato Institucional nº 5, encontraram refúgio na embaixada mexicana no Rio de Janeiro poucas semanas depois que o governo de Díaz Ordaz reprimisse o movimento universitário em Tlatelolco. Com respeito ao Uruguai, e acerca do comportamento de Vicente Muñiz Arroyo, embaixador mexicano em Montevidéu, foi escrito um bom número de trabalhos para enaltecer a quem legitimamente merece ser lembrado por sua coragem e solidariedade para com os perseguidos uruguaios (Yankelevich, 1998; Migallón e Dutrénit, 2008). Contudo, em 1977 Muñiz Arroyo foi removido e em seu lugar foi nomeado o general da reserva Raúl Cervantes Acuña. Este militar, antes de chegar a seu destino, declarou à imprensa em Buenos Aires: "Não haverá mais terceiro-mundismo nem mais ajuda a refugiados esquerdistas",[8] e com esta sentença inaugurou uma gestão situada nos antípodas da de seu predecessor. A memória do exílio prefere lembrar de Muñiz Arroyo; o problema se situa quando, a partir da história, são minimizadas ou postas de lado diferenças tão abismais.[9]

Condutas ambíguas e logo contraditórias, é possível encontrar também em outras latitudes. São conhecidos os vínculos entre a ultradireita italiana e a Junta Militar da Argentina através das redes da Logia P2. Ao amparo destas cumplicidades, a chancelaria italiana ordenou negar proteção diplomática aos perseguidos argentinos em Buenos Aires. Uma ação individual do vice-cônsul Enrico Calamai conseguiu romper aquelas cumplicidades e de *motu proprio* outorgou refúgio provisório aos perseguidos na própria sede do consulado, os documentou com passaportes italianos e em vários casos os acompanhou até postos fronteiriços, outorgando proteção diplomática que garantisse a saída do país. Este funcionário salvou a vida de dezenas de argentinos até que foi

---

[7] Ver Yankelevich (1998); Prieto (1998); Guerrero (1999).
[8] *Últimas Noticias*, Montevideo, 13 jul. 1977.
[9] Ver Dutrénit (1999); Rodríguez de Ita (1999); Meyer e Salgado (2001).

removido de seu cargo em 1977. Para preservar Calamai, a memória do exílio manteve em absoluta reserva estes fatos, até que em 2003 o diplomata italiano publicou suas memórias dando a conhecer os pormenores de sua atuação (Calamai, 2003). Por último, poderia acrescentar-se o caso de Israel, cujo governo manteve excelentes relações diplomáticas com a ditadura argentina, mas isso não impediu a montagem de uma operação de evacuação de argentinos de origem judia acossados pela barbárie militar. Esta paradoxal situação foi explorada por Senkman (1995) e Sznajder e Roniger (2004), exibindo ambiguidades e inconsistências na atuação de distintas agências de um mesmo governo.

Estes exemplos permitem passar a outra preocupação com a qual iniciei esta exposição. Transitar pelo campo da história recente pode acabar sendo tão fascinante quanto complexo. Marina Franco e Florencia Levín assinalaram que o arco de dificuldades se estende desde o metodológico até o ético, já que se trabalha sob parâmetros históricos fundados na simultaneidade entre o passado e o presente: muitos dos protagonistas do fenômeno a estudar podem oferecer seus testemunhos, entre esses protagonistas há uma memória coletiva que recria aquele passado, mas além disso há uma questão medular: a contemporaneidade entre a experiência vital do historiador e o passado que investiga (Franco e Levín, 2007).[10] Contudo, não acabam aqui os problemas. A mesma historiografia da história recente aparece fortemente associada às "memórias dos fatos traumáticos" (Aróstegui, 2006:59), ou seja, memórias de feridas coletivas, produto de autênticas catástrofes sociais: guerras, matanças, ditaduras. Trabalhar com os testemunhos das vítimas abre uma dimensão que não só obriga a aclarar mecanismos que garantam uma verídica reconstrução histórica, mas também se conecta com um "dever de memória", imperativo que para os testemunhadores exige mais que "a verdade", a imperiosa necessidade do julgamento e castigo dos responsáveis pelos crimes. Pensando nisso, já faz tempo Yerushalmi (2002:139) lançou a provocadora pergunta: "É possível que o antônimo de esquecer não seja lembrar, mas justiça?". Neste sentido e em sua dimensão epistemológica, o historiador está obrigado a redobrar uma tomada de distância que assegure o sentido da crítica, o entrecruzamento e a interpretação das fontes documentais, sem que isso signifique desatender um legítimo interesse por atuar a partir de uma ética cívica interessada em incidir

---

[10] Sobre o conceito de contemporaneidade na história recente, ver Aróstegui (2004).

ou participar de uma demanda que reclama reparação e justiça (Jelin, 2002; Traverso, 2005).

Exílio, história e memória

Os trabalhos de reconstrução de experiências exilares de algum modo são devedores de uma autêntica explosão de memórias. O trauma das ditaduras, a busca de justiça, a necessidade de reabilitar uma geração de militantes políticos e a exigência de revisar ações e opções políticas que conduziram à derrota da esquerda ajudam a explicar a proliferação de testemunhos de diversas origens e sentidos. Os brasileiros, por terem sido os primeiros a transitar no caminho do exílio após o golpe de Estado de 1964, foram pioneiros em recolher memórias desse desterro. Em novembro de 1976 foi publicada a primeira edição da obra coletiva *Memórias do exílio* (Cavalcanti e Ramos, 1978; Costa et al., 1980); quatro anos mais tarde veio à luz *Memórias das mulheres do exílio* e desde então a literatura testemunhal não deixou de engrossar um repertório de fontes para o estudo dos exílios sul-americanos. Trata-se de uma vasta produção gerada ao longo de mais de três décadas e que seguramente continuará crescendo.[11]

Contudo, quando se examina com um pouco de detalhe esse *continuum* de memórias, percebe-se que não se reconhecem ritmos semelhantes em cada uma das nações de origem. O epicentro da expansão parece situar-se na Argentina e o ponto mais distanciado se localiza no Chile, talvez porque, como indicou em 1997 Tomás Moulián, "as feridas estão localizadas no inconsciente do Chile atual".

As ondas expansivas das memórias das ditaduras são diretamente proporcionais às estratégias políticas interessadas em bloquear temas importantes e entre eles figura o exílio. Silvina Jensen (2003) tem refletido sobre os diferentes momentos que atravessam as memórias do exílio na sociedade argentina, cujo ponto de arranque se situa nesse processo sem precedentes que foi o julgamento das Juntas Militares. Contudo, a forma com que correram os processos de refundação democrática impôs travas à lembrança e, no caso chileno, a chamada "concertação" preferiu evitar um combate frontal com os criminosos da

---

[11] Uma síntese desta produção pode ser consultada em Roniger e Yankelevich (2009).

ditadura até que a detenção de Pinochet em Londres deu um novo impulso às demandas de justiça, ativando em consequência as políticas de memória (Frazier, 2006; Illanes, 2006).

Por outro lado, as memórias do exílio não podem ser mais que diversas. As diferenças de gênero, idades, ocupações, experiências políticas e de culturas nas nações de origem e de acolhida convertem essas memórias em um enorme mosaico integrado por centenas de fragmentos individuais, cuja articulação deveria corresponder aos que têm convertido a memória e a história do exílio em objeto de trabalho acadêmico. A esse acervo de memórias integradas por linguagens literárias e cinematográficas, mas também por biografias e autobiografias de figuras destacadas ou de coletivos em geral identificados com alguma atividade, como por exemplo a criação literária ou a atividade científica, se deve somar o fato de que os historiadores têm gerado uma grande quantidade de entrevistas de história oral, algumas delas depositadas em âmbitos institucionais que garantam tanto sua conservação quanto seu acesso à comunidade acadêmica. No México, e sob guarda da Unam, se encontra o Archivo de la Palabra del Exílio Latinoamericano, e no Brasil, o Programa de História Oral do Cpdoc da Fundação Getulio Vargas, assim como o Laboratório de História Oral e Imagem da Universidade Federal Fluminense, em Niterói, preservam um bom número de entrevistas de políticos e acadêmicos que se referem a seus anos de exílio. Por outro lado, o Programa de História Oral da Universidade de Buenos Aires tem um projeto em marcha dedicado ao resgate de testemunhos de argentinos no exílio.

Diante dessa considerável massa crítica de memória exiliar, valeria a pena insistir em sua natureza heterogênea e extraordinariamente complexa. Nem todos lembram o mesmo, e sobre o mesmo nem todas as lembranças são iguais. Em seu mais recente livro, Alessandro Portelli apresenta um magistral exemplo de memórias divididas em torno de um fato histórico: o massacre das Fossas Ardeatinas perpetrado pelas tropas nazistas em Roma durante a primavera de 1944. A memória do exílio enquanto segmentos de uma memória coletiva não poderia ser uma exceção. Trata-se de uma pluralidade de experiências; não houve um único exílio para cada um dos países de origem, mas múltiplos exílios desenvolvidos por uma diversidade de motivos e de práticas políticas e sociais, em cada uma das nações onde os desterrados encontraram refúgio. Capturar essas memórias para confrontá-las com outros testemunhos, opor as lembranças a fontes escritas, caso fosse possível, é a única maneira de iniciar uma heurística tendente a gerar mecanismos de validação que garantissem margens de verossimilhança. Um exemplo: ante a difusão que no México tem tido uma série de trabalhos acadêmicos fundados no resgate da memória de asilados na embaixada mexicana em Santiago do Chile, um diplomata mexicano que viveu aquela experiência decidiu escrever suas memórias. Este livro, além do interesse pessoal de seu autor por resgatar seu trabalho e o de seus companheiros, tem o valor de exibir as distâncias entre uma memória que só pode trabalhar seletivamente e uma série de fatos e circunstâncias que ocorreram e que a memória não registra ou esqueceu. Medir e explorar essa distância é responsabilidade exclusiva da história (Mendoza y Caamaño, 2004).

Mas as próprias memórias do exílio se converteram em um espaço de reflexão. O esforço de historiar essas memórias tem aberto brechas por onde também transita a história do exílio. Para o desterro argentino, Margarita del Olmo trabalhou essas memórias na Espanha, Marina Franco na França, e em meus próprios trabalhos tenho tentado refletir sobre o sentido do desterro no caso mexicano.[12] Por sua parte, Denise Rollemberg (2006:190-200), em um recente artigo, analisa um caso extraído das diferentes memórias de luta armada no Brasil. De maneira paradigmática, este trabalho mostra a complexa relação entre memória e história ao analisar os testemunhos de um ex-militante que escreveu dois textos autobiográficos recriando um mesmo passado de perspectivas opostas. "É possível que uma pessoa escreva duas autobiografias?", pergunta-se Rollemberg, para responder que com certeza é possível, sublinhando que o trabalho da história é explicar a maneira em que uma mesma vida pode traduzir experiências ao evocar em forma contraposta as mesmas circunstâncias, personagens e fatos.

Se em uma mesma pessoa isto é possível, como não o será em uma multidão de memórias de protagonistas ou testemunhos da experiência exiliar? O trabalho histórico pretende extrair generalizações sobre essas experiências a partir de uma indagação que inclui a memória como uma fonte privilegiada, entre outras séries documentais que estamos obrigados a buscar. Quer dizer, a memória adquire uma centralidade indiscutível ao estudar o exílio enquanto espaço de interseção de horizontes culturais, formas e tomadas de consciência políticas, modalidades discursivas, ações e reflexões que se criam e recriam em

---

[12] Ver Del Olmo (2002); Franco (2007); Yankelevich (2009).

um contexto assinalado pela perda dos até então referenciais da vida cotidiana. O trabalho com a memória é fundamental para reconstruir o exílio enquanto experiência vital, entendendo-a, como sugere Raymond Williams (1980), como uma das modalidades que assume a cultura de uma época passada, por meio de formas históricas e sociais da subjetividade.

Há 15 anos uma reunião como esta teria sido impensável. Hoje existe um campo delimitado com uma legitimidade acadêmica indubitável. Os estudos em torno do exílio são parte de um horizonte historiográfico amplo, preocupado com o passado recente. E, como tal, a atividade histórica não pode mais que dialogar com a sociologia, a ciência política, a demografia, a literatura, a psicologia e o cinema, entre outras muitas disciplinas. Sobre os exílios já sabemos algo, mas o espaço para explorar é enorme. Existem casos praticamente desconhecidos: os exílios bolivianos e paraguaios do último meio século, por exemplo. Mas, além disso, nos já mais conhecidos existem lacunas temáticas e metodológicas que valeria o esforço de explorar. Em boa medida, embora não exclusivamente, o exílio tem sido estudado a partir de parâmetros políticos, diplomáticos, literários e também de perspectivas antropológicas preocupadas com a alteridade e a reconfiguração de identidades.

Para uma agenda de investigação

Com base em minha experiência em arquivos e em memórias do exílio, queria indicar três temas, entre os vários que considero mereceriam ser incluídos em uma agenda de investigação. Por fontes quantitativas sabemos que a metade do exílio esteve constituída por mulheres e aproximadamente um quarto do volume foram crianças que saíram com pais ou familiares ou que nasceram no estrangeiro. Nada de extraordinário têm estes números se levarmos em conta que hoje a esmagadora maioria de deslocados e refugiados no mundo são mulheres e crianças. Apesar destas dimensões, nos estudos do exílio latino-americano praticamente não existem aproximações a partir das perspectivas de gênero e carecemos de indagações que deem conta da infância exilada. Em breve se completarão 30 anos do único resgate de memórias de mulheres realizado por brasileiros. Refletir sobre a maneira em que se processaram as diferenças de gênero sob condições de exílio, indagar as construções culturais sobre a diferença e fazê-lo a partir da confrontação com as realidades dos países de recepção pode dar resultados muito estimulantes como os que, por exemplo, exibe o trabalho que em 1994 realizou a iraniana Mahnaz Afkhami (1994), ao reunir testemunhos de 12 mulheres exiladas provenientes de diversas partes do mundo, livro em que sintomaticamente se incluem uma salvadorenha e uma argentina.

Por outra parte, as crianças como sujeitos da história do exílio estão praticamente ausentes. Existem aproximações a partir da memória testemunhal, da psicologia e da sociologia;[13] mas, se as narrações do exílio acentuam o protagonismo de figuras políticas ou se detêm em grandes acontecimentos, as crianças não podem mais continuar invisíveis. Entretanto, ali estiveram acompanhando seus pais, vivendo um exílio que não escolheram. Mas, além disso, a estas circunstâncias se deve somar a dificuldade para localizar fontes onde escutar a voz infantil. A memória neste caso, tanto a dos protagonistas quanto a dos pais ou familiares, não pode ser mais que uma memória construída a partir da idade adulta. Isto é, só temos acesso às crianças pela mediação dos adultos tanto no resgate testemunhal quanto em outro tipo de documentação; exceto se pudermos ter acesso a correspondências, gravações de áudio, diários infantis etc. De modo que reconstruir o exílio infantil não é fácil, tampouco impossível, embora os cuidados metodológicos devam ser maiores. Neste sentido, creio que merece sublinhar-se o breve mas estimulante exercício que realizou a historiadora da infância Susana Sosensky (2008), ao trabalhar com testemunhos de jovens exilados no México.

Por último, os estudos sobre o exílio abrem perspectivas no campo da história intelectual, e nela o debate em torno da democracia ocupa um lugar privilegiado. Cecilia Lesgart (2003) e Antonio Camou (2007), a partir da sociologia política, abriram um caminho que mostra o exílio como o lugar de uma das mais ricas discussões sobre a natureza da ordem política latino-americana contemporânea. Após o golpe de Estado no Brasil, deu-se início a uma revisão de paradigmas, que foi potencializada quando o poder militar se instalou no Chile e no Uruguai, arrasando as democracias mais longevas da América do Sul; poucos anos mais tarde chegou a vez da Argentina. Nessas circunstâncias e entre os milhares de exilados, núcleos de intelectuais iniciaram um fecundo debate sobre o Estado, a política e os novos autoritarismos.

---

[13] Ver Castillo e Shafir (1996); Guelar et al. (2002); Korinfeld (2008); Aruj e González (2008).

Se a categoria de revolução foi o eixo articulador da discussão latino-americana na década de 1960, desde finais da década de 1970 e durante a década de 1980 o tema central foi a democracia. Os desterros em boa medida foram processados como o signo mais visível da derrota política dos projetos revolucionários. Neste sentido, o exílio pode ser valorado como uma oportunidade para um intercâmbio de ideias a partir da confrontação de distintas experiências sul-americanas, mas também como uma janela para espiar realidades e reflexões que foram desde a transição à democracia na Espanha, passando pela emergência do eurocomunismo, até a expansão de um pensamento crítico a partir do marxismo. Como assinala Camou (2007:24), a própria noção de democracia deixou de ser negativamente adjetivada como "democracia formal" ou "democracia burguesa" e passou a ser reconhecida como uma institucionalidade política em si mesma, com regras e atores específicos do jogo político.

O conjunto desta revalorização do compromisso democrático teve como ponto de partida o componente autoritário no exercício do poder. Iniciou-se uma reflexão sobre os estados de exceção nas formações estatais latino-americanas. Um dos eixos dessas polêmicas girou em torno da caracterização das ditaduras como "fascistas", mas logo se percebeu a necessidade de afinar categorias e assim se chegou à conclusão de que o autoritarismo nos sistemas políticos não era mais que uma exceção tornada norma (Borón, 1977).

Em síntese, não é de estranhar que a partir do exílio, quer dizer, a partir "dessa figura da vida em sua imediata e originária relação com o poder", diria Agamben, tenha tido lugar a mais fecunda reflexão em torno da natureza e do sentido do estado de exceção na América Latina. Então, vale a pena continuar esquadrinhando a história do exílio, para encontrar vestígios de certas inquietudes e incertezas que na atualidade ocupam e preocupam nossas sociedades.

Referências

AFKHAMI, Mahnaz. *Women in exile*. Charlottesville; Virginia; London: University Press of Virginia, 1994.

AGAMBEN, Giorgio. Política del exilio. *Archipiélagos*, Madrid, n. 26-27, p. 41-52, 1996.

_____. *Homo Sacer*: el poder soberano y la nuda vida. Valencia: Pre-Textos, 1998.

_____. *Medio sin fin*. Valencia: Pre-Textos, 2001.

ALBORNOZ, Nicolás Sánchez. El exilio español en México en perspectiva comparada. In: YANKELEVICH, Pablo (Coord.). *México, país refugio*: la experiencia de los exilios en el siglo XX. México: Inah; Plaza y Valdés, 2002. p. 197-204.

ARENDT, Hannah. *¿Qué es la política?* Madrid: Paidós, 1997.

ARÓSTEGUI, Julio. *La historia vivida*: sobre la historia del presente. Madrid: Alianza, 2004.

_____. Traumas colectivas y memorias generacionales: el caso de la Guerra Civil. In: _____; GODICHEAU, François (Comps.). *Guerra Civil*: mito y memoria. Madrid: Marcial Pons, 2006. p. 57-92.

ARUJ, Roberto; GONZÁLEZ, Estela. *El retorno de los hijos del exilio*: una nueva comunidad de inmigrantes. Buenos Aires: Prometeo, 2008.

AVNI, Haim. La guerra y las posibilidades de rescate. In: MILGRAM, Avraham (Ed.). *Entre la aceptación y el rechazo*: América Latina y los refugiados judíos del nazismo. Jerusalém: Instituto Internacional de Investigación del Holocausto, 2003. p. 13-36.

BERNSTEIN, J. Richard. Hannah Arendt on the stateless. *Parallax*, v. 11, n. 1, p. 56-60, 2005.

BORÓN, Atilio. El fascismo como categoría histórica: en torno al problema de las dictaduras en América Latina. *Revista Mexicana de Sociología*, v. XXXIX, n. 2, abr./jun. 1977.

CALAMAI, Enrico. *Niente asilo político*: diario di un console italiano nell'Argentina dei desaparecidos. Roma: Riuniti, 2003.

CALANDRA, Benedetta. *In the belly of the monster*: memories of Argentinian and Chilean exiles in the United States (1973-1983). Tesis (doctorado) — Universidad de Roma, Roma, 2006.

CAMOU, Antonio. Se hace camino al transitar. In: _____; TORTTI, María Cristina; VIGUERA, Aníbal (Comps.). *La Argentina democrática*: los años y los libros. Buenos Aires: Prometeo; UNLP, 2007. p. 19-48.

CARR, E. H. *¿Qué es la historia?* Barcelona: Seix Barral, 1966.

CASTILLO, María Isabel; SHAFIR, Isabel Piper. *Jóvenes y procesos migratorios*: "Nosotros perdimos la patria, quedará siempre esa ausencia". México: Instituto Latinoamericano de Salud Mental y Derechos Humanos, 1996.

CAVALCANTI, Pedro Celso Uchôa; RAMOS, Jovelino. *Memórias do exílio*: Brasil 1964/19??. São Paulo: Livramento, 1978.

COSTA, Albertina Oliveira et al. (Coords.). *Memórias das mulheres do exílio*. Rio de Janeiro: Paz e Terra, 1980.

DEL OLMO, Margarita. *La utopía en el exilio*. Madrid: CSIC, 2002.

DUTRÉNIT, Silvia. Crisis políticas y visión de los diplomáticos mexicanos. In: DUTRÉNIT, Silvia; RODRÍGUEZ DE ITA, Guadalupe (Coords.). *Asilo diplomático en el Cono Sur*. México: Instituto Mora; SRE, 1999. p. 105-132.

FORSTER, Ricardo. La política como barbarie: notas sobre Homo Sacer de Giorgio Agamben. In: _____. *Notas sobre la barbarie y la esperanza*. Buenos Aires: Biblios, 2006. p. 93-122.

FRANCO, Marina. Sentidos y subjetividades detrás del discurso: reflexiones sobre las narrativas de exilio producidas en fuentes orales. *Anuario de Estudios Americanos*, Sevilla, v. 64, n. 1, p. 37-62, 2007.

_____; BERNALDO, Pilar González. Cuando el sujeto deviene objeto. La construcción del exilio argentino en Francia. In: YANKELEVICH, Pablo (Comp.). *Represión y destierro*: itinerarios del exilio argentino. La Plata: Al Margen, 2004. p. 17-47.

_____; LEVÍN, Florencia. El pasado cercano en clave historiográfica. In: _____; _____ (Comps.). *Historia reciente*: perspectivas y desafíos para un campo en construcción. Buenos Aires: Paidós, 2007. p. 31-66.

FRAZIER, Jo Lessie. La perspectiva del género en el espacio de la muerte: memoria, democratización y ámbito doméstico. In: ZAPATA, Francisco (Comp.). *Frágiles suturas*: Chile a treinta años del gobierno de Salvador Allende. México: El Colegio de México, 2006. p. 415-447.

GUELAR, Diana et al. *Los chicos del exilio*: Argentina (1975-1984). Buenos Aires: Ed. El País de No Me Olvides, 2002.

GUERRERO, Renée Salas. *El asilo político en México*: Chile y Uruguay, un estudio comparado. Tesis (licenciatura) — Instituto Tecnológico Autónomo de México, México, 1999.

HALL, Stuart; GAY, Paul du (Eds.). *Questions of cultural identity*. Thousand Oaks: Sage, 1996.

ILLANES, María Angélica. Memoria de los aparecidos. In: ZAPATA, Francisco (Comp.). *Frágiles suturas*: Chile a treinta años del gobierno de Salvador Allende. México: Colmex, 2006. p. 449-478.

JELIN, Elizabeth. *Los trabajos de la memoria*. Madrid: Siglo XXI, 2002.

JENSEN, Silvina. Nadie habrá visto esas imágenes pero existen: a propósito de las memorias del exilio en la Argentina actual. *Revista América Latina Hoy*, Salamanca, v. 34, p. 103-118, ago. 2003.

_____; YANKELEVICH, Pablo. Una aproximación cuantitativa para el estudio del exilio político argentino en México y Cataluña (1974-1983). *Estudios demográficos y urbanos*, México, v. 22, n. 2, p. 399-442, mayo/ago. 2007.

JUPP, James (Ed.). *The Australian people*: an encyclopedia of the nation, its people and their origins. Cambridge: Cambridge University Press, 2002.

JUREMA, Abelardo. *Exílio*. Paraíba: Acauá, 1978.

KORINFELD, Daniel. *Experiencias del exílio*: avatares subjetivos de jóvenes militantes argentinos durante la década del setenta. Buenos Aires: Ed. del Estante, 2008.

LESGART, Cecilia. *Usos de la transición a la democracia*: ensayo, ciencia y política en la década del '80. Rosario: Homo Sapiens, 2003.

MAIRA, Luis. Anexo. Luces y sombras. In: YANKELEVICH, Pablo (Coord.). *En México entre exilios*: una experiencia de sudamericanos. México: SER; Itam; Plaza y Valdés, 1998.

MAKARIAN, Vania. *Uruguayan exiles and the Latin American human rights networks, 1967-1984*. Tesis (doctorado) — Columbia University, New York, 2003.

MARSÁ, Marco Díaz. La nuda vida como forma de vida o de la aporía de la política moderna (un estudio a partir de Giorgio Agamben). *Endoxa*, Madrid, n. 22, p. 241-278, 2007.

MASSENA, Andreia Prestes. Entre Brasil e Moçambique: os caminhos percorridos no exílio. *Estudios Interdisciplinarios de América Latina y el Caribe*, v. 20, n. 1, p. 61--92, ene./jun. 2009.

MENDONZA Y CAAMAÑO, Héctor. *Chile*: surgimiento y ocaso de una utopía 1970-1973. Testimonio de un diplomático. México: SRE, 2004.

MEYER, Eugenia; SALGADO, Eva. *Un refugio en la memoria*. México: Unam; Océano, 2001.

MIGALLÓN, Fernando Serrano; DUTRENIT, Silvia (Coords.). *El exilio uruguayo en México*. México: Unam; Porrúa, 2008.

MOULIÁN, Tomás. *El páramo del ciudadano*. s.d. Disponível em: <http://catedras.fsoc.uba.ar/toer/articulos/txt-moulian01.htm>.

_____. *Chile actual*: anatomía de un mito. Santiago: Arcis-LOM, 1997.

PACHECO, Mario Miranda. A propósito del exilio boliviano en México. In: VVAA. *Latinoamericanos en la ciudad de México*. México: Gobierno de la Ciudad de México; Ed. del Portal, 1999.

PRIETO, Gabriela Díaz. *México frente a Chile*: tiempos de ruptura y de exilio, 1973--1990. Tesis (licenciatura) — Instituto Tecnológico Autónomo de México, México, 1998.

RODRÍGUEZ DE ITA, Guadalupe. Experiencias de asilo registradas en las embajadas mexicanas. In: _____; DUTRÉNIT, Silvia (Coords.). *Asilo diplomático en el Cono Sur*. México: Instituto Mora; SRE, 1999. p. 132-154.

ROLLEMBERG, Denise. *Entre raízes e radares*. Rio de Janeiro: Record, 1999.

_____. Uma vida, duas autobiografias. *Estudos Históricos*, Rio de Janeiro, FGV, n. 37, p. 190-200, 2006.

RONIGER, Luis; SZNAJDER, Mario. *El legado de las violaciones de los derechos humanos en el Cono Sur*. La Plata: Al Margen, 2005.

_____; YANKELEVICH, Pablo. Exilio y política en América Latina: nuevos estudios y avances teóricos. *Estudios Interdisciplinarios de América Latina y el Caribe*, v. 20, n. 1, 2009. Dossier especial sobre exilio y política en América Latina.

SAVSLAVSKY, Ana. *Gregorio Selser*: exilio y periodismo — catálogo de artículos periodísticos 1976-1983. Tesis (licenciatura en historia) — Instituto Helénico, México, 2005.

SENKMAN. Leonardo. Israel y el rescate de las víctimas de la represión. In: _____; SZNAJDER, Mario (Eds.). *El legado del autoritarismo*: derechos humanos y antisemitismo en la Argentina contemporánea. Buenos Aires: Instituto Harry S. Truman; Universidad Hebrea de Jerusalén; GEL, 1995. p. 283-351.

SOZENSKI, Susana. Los niños del exilio: por una historia de la infancia exiliada en México. *Destiempos*, México, año 3, n. 13, mar./abr. 2008. Disponível em: <www.destiempos.com/n13/susanasosenski_13.htm>.

SZNAJDER, Mario; RONIGER, Luis. De Argentina a Israel: escape y exilio. In: YANKELEVICH, Pablo (Comp.). *Represión y destierro*: itinerarios del exilio argentino. La Plata: Al Margen, 2004. p. 157-186.

_____; RONIGER, Luis. *The politics of exile in Latin America*. Cambridge: Cambridge University Press, 2009.

TRAVERSO, Enzo. *Le passé, mode d'emploi*: historie, mémoire, politique. Paris: La Fabrique, 2005.

WILLIAMS, Raymond. *Marxismo y literatura*. Barcelona: Península, 1980.

WRIGHT, Thomas. *State terrorism in Latin America*: Chile, Argentina, and international human rights. Lanham: Rowman & Littlefield, 2007.

YANKELEVICH, Pablo (Coord.). *En México, entre exílios*: una experiencia de sudamericanos. México: SRE; Itam; Plaza y Valdés, 1998.

_____. *Ráfagas de un exilio*: argentinos en México, 1974-1983. México: El Colegio de México, 2009.

YERUSHALMI, Yosef Hayim. *Zahor*: la historia judía y la memoria judía. México: Anthropos; Fundación Eduardo Cohen, 2002.

2. REFLEXÕES SOBRE O EXÍLIO COMO TEMA DE INVESTIGAÇÃO: AVANÇOS TEÓRICOS E DESAFIOS

Luis Roniger[*]

Este capítulo se origina a partir de um crescente interesse no estudo empírico e teórico do exílio ibero-americano, sustentado pelo impacto transnacional e pela atenção que mereceram as ondas massivas de desterro da segunda metade do século XX. Pretende examinar as diversas aproximações analíticas que o tema do exílio em geral e do exílio ibero-americano em particular tem merecido, assim como destacar alguns dos futuros filões de investigação que merecem ser aprofundados.

O exílio reflete uma lógica de exclusão e deslocamento de cidadãos e residentes para fora do território e das esferas públicas de um Estado. Gera processos complexos que ocorrem em uníssono em diferentes níveis — nos planos local, transnacional, regional e mundial — e que misturam tensões entre projetos políticos e pessoais prévios e os processos de aculturação e transformação ligados ao entorno político, social, administrativo e cultural do país de residência, e aos novos hábitats e modelos de vida que diferenciam as experiências no estrangeiro daquelas na sociedade de origem.

Trata-se de um fenômeno multifacetado que pode ser analisado de múltiplas perspectivas — históricas, sociológicas, psicológicas, culturais, antropológicas,

---

[*] Professor de estudos latino-americanos da Universidade de Wake Forest, nos Estados Unidos; seu trabalho privilegia a interface entre política, sociedade e cultura pública. Lecionou na Universidade Hebraica de Jerusalém e foi professor visitante da Universidade de Carleton, da Universidade de Chicago e de universidades na Espanha, no México e na Argentina. Membro do conselho editorial de várias revistas acadêmicas publicadas no México, na Espanha, no Reino Unido, em Israel, na Colômbia e na Argentina. Publicou numerosos artigos científicos e livros, entre eles *Patrons, clients and friends* (com SN Eisenstadt, 1984); *Democracy, clientelism and civil society* (com Ayse Günes-Ayata, 1994); *The legacy of human rights violations in the Southern Cone* (com Mario Sznajder, 2005); e *The politics of exile in Latin America* (com Mario Sznajder, 2009).

econômicas, literárias, artísticas e geográficas. Não é de estranhar, portanto, que o tema tenha gerado diversas aproximações que aqui se busca sistematizar. O trabalho começa destacando a centralidade do fenômeno na região, para logo passar a uma revisão dos distintos estudos de exílio, desde estudos da condição exiliar que destacam parâmetros universais, passando pelas poucas teorizações que têm sido sugeridas a partir da filosofia política e da política comparada, até chegar a estudos da história recente que permitem delimitar os contextos do exílio político latino-americano, suas experiências e transformações múltiplas. Seguem-se algumas observações teóricas sobre o estudo do exílio e sugestões sobre possíveis linhas de futura investigação sobre os exílios políticos e culturais ibero-americanos.

O exílio político na América Latina: a centralização de sua análise empírica e teórica

Todos os países da América Latina — apesar de trajetórias institucionais diferentes — incorporaram o exílio como uma prática política importante. Referindo-se à época rosista no Río de la Plata, o historiador argentino Félix Luna (1995:202) avaliou que o destino dos que se opunham ao "Restaurador das Leis" havia girado em torno das seguintes alternativas: a prisão, o desterro ou o enterro.

A milhares de quilômetros da Argentina, na América Central, uma das vítimas da perseguição política do governo de Tiburcio Carías Andino se referia de maneira quase idêntica à sorte dos dissidentes hondurenhos nos anos 1930 e 1940:

> O hondurenho que não estava de acordo com a ditadura podia escolher entre a prisão, o desterro ou o enterro; essas eram as alternativas. Não se podia resistir, protestar ou inclusive criticar. A estupidez mental era tal que a gente não podia distinguir entre o bem e o mal. Os direitos humanos não eram respeitados, as casas eram profanadas a qualquer hora, as pessoas eram postas na prisão sem motivo, quem não se punha do lado do governo não podia encontrar um trabalho, seus filhos eram objeto de perseguição e humilhação nas escolas públicas. Em suma, os que não serviram à corrupção despótica eram tratados de maneira inumana [Bomilla, 1989:1-2, in: Barahona, 2005:101].

O recrudescimento das ondas de desterro, exílio e expatriação na segunda metade do século XX e a conexão dos desterrados com redes internacionais e transnacionais geraram uma mudança substancial no tratamento do fenômeno. Em lugar de continuar percebendo-o somente em termos de testemunhos pessoais e notas biográficas, seu caráter forçado e massivo levou a tomar consciência de sua profundidade histórica, funcionalidade repressiva e diversidade contextual em relação tanto aos países de origem quanto aos de residência e à esfera transnacional.

Foi então que se notou o caráter generalizado e recorrente do fenômeno como um mecanismo de exclusão institucionalizada na história da América Latina. Historicamente, as raízes do fenômeno remontam a períodos anteriores. Na época colonial, o desterro (degredo), a trasladação e a expulsão para os confins do império ou então a expulsão para lugares onde se poderia controlar o desterrado foram amplamente utilizados contra a disfuncionalidade social, como instrumento de poder contra delinquentes sociais, marginalizados e rebeldes, assim como para reforçar o componente humano na defesa das fronteiras imperiais em expansão. Foi em princípios do século XIX, após a independência, que o fenômeno do exílio começou a desenvolver perfil político especial e assumiu o papel que, embora transformado, persistiu ao longo do século XX. O desterro se converteu nos novos Estados em um mecanismo amplamente usado e abusado no âmbito da política e da vida pública, um complemento ao encarceramento e às execuções. No imaginário coletivo e nas esferas públicas dos países da América Latina, o exílio se converteu em um modo central de "fazer política" (Roniger e Sznajder, 2008:31-51; Sznajder e Roniger, 2009).

Como se analisaram tal presença recorrente e suas manifestações múltiplas? A linha divisória mais ampla é aquela que separa os enfoques da condição exiliar como uma metáfora universal e imagem básica da condição humana — refletida nas criações culturais, nas histórias e nos mitos de todas as sociedades humanas e refletida na semântica e denotação dos termos empregados para caracterizá-la — de outros enfoques que buscam contextualizar o fenômeno a partir de sua especificidade política, sociológica ou cultural. Ambos os enfoques contribuem com importantes conjuntos para a compreensão do fenômeno, embora com significados e alcances diferentes.

Os estudos da condição exiliar

Em condições de deslocamento espacial massivo, migrações forçadas e voluntárias com sequelas de estranhamento, alienação e marginalização, não é de estranhar a proliferação de estudos que apresentam o exílio como um paradigma da condição humana.[1]

Trabalhos empreendidos de tal perspectiva não têm dificuldade em mostrar que, desde tempos imemoriais, o exílio se converteu em uma metáfora da condição humana. No Ocidente, por exemplo, a expulsão e o desterro foram codificados no arquétipo das imagens de Adão e Eva removidos do Jardim do Éden; Lot e sua esposa saindo de sua cidade, com a última tornando-se uma estátua congelada ao olhar para trás, vale dizer, ao não poder separar-se do que deixou para trás; Jacó e seus filhos, deixando a terra de Canaã atrás de uma sobrevivência no Egito, e, séculos mais tarde, o êxodo do povo hebreu do Egito e seu retorno à terra de seus ancestrais; Eneias fugindo da derrota em Troia até chegar à Itália; Ulisses, dissuadido por anos de regressar a Ítaca; ou então a família de Jesus, fugindo de Belém.

Do mesmo modo, com frequência se menciona a experiência do exílio como geradora da aclamada obra de autores que se viram obrigados a abandonar suas sociedades de origem. Desde Ovídio e Sêneca a Dante Alighieri e Camões; de Madame de Staël e Victor Hugo a Joseph Conrad Korzeniowski, de Witold Gombrowicz e Vladimir Nabokov a Rafael Alberti, Joseph Brodsky e Thomas Mann, entre muitos outros. Por exemplo, em *Os males da ausência*, María José de Queiroz apresenta uma muito ampla e profunda cobertura para tentar definir a literatura do exílio e a literatura no exílio. Seu guia na seleção de autores e textos remete à experiência e vivência de exílio como parâmetro definitório e generalizável para toda sociedade humana. Em suas palavras, "a literatura do exílio abarca, de fato, a própria história do homem" (Queiroz, 1998).

De tal perspectiva, pois, a condição de exilado parece emergir como sinônimo da condição existencial humana, abarcando não só o deslocamento e o traslado, mas também, e principalmente, a alienação, a marginalização, a fratura de um projeto de vida, a perda de controle sobre o próprio destino do desterrado.

De maneira paralela, os estudiosos da literatura latino-americana, entre eles Gloria da Cunha-Gabbai, Teresa Méndez-Faith, María Inés Lagos-Lope e Florinda Goldberg, têm sugerido que o exílio é um dos temas mais recorrentes e onipresentes da literatura latino-americana, em que a primazia da vivência e experiência exiliar poderia ser um guia de interpretação da experiência hu-

---

[1] Ver, por exemplo, Tabori (1972); Guillen (1998); Naficy (1999); McClennen (2004).

mana.² Uma lista incompleta dos escritores, poetas e ensaístas que poderiam entrar nessa categoria nas letras ibero-americanas, destinados unicamente a proporcionar uma visão deste fenômeno imensamente vasto, poderia começar em princípios do século XIX com Juana Manuela Gorriti, uma primeira voz feminista no exílio, e poderia incluir figuras como Pablo Neruda e José Donoso, Miguel Ángel Asturias e Jorge Icaza, Augusto Roa Bastos, Herib Campos Cervera e Gabriel Casaccia; Mario Benedetti e Carlos Onetti, José Martí e Alejo Carpentier, Jorge Amado e Marcia Theophilo; Guillermo Cabrera Infante, César Vallejo e Reinaldo Arenas; Tomás Eloy Martínez e Mempo Giardinelli, Antonio Skármeta e Ariel Dorfman, Clara Obligado, Tununa Mercado e Manuel Puig, Eduardo Galeano e Jorge Edwards; Roque Dalton e Claribel Alegría, Rómulo Gallegos e Juan Gelman; Noé Jitrik e Edgardo Cozarinsky, Antonio di Benedetto e Héctor Tizón, Fanny Buitrago e Fernando Vallejo, Cristina Peri Rossi e Alicia Kozameh; Edmundo Paz Soldán e Héctor Borda Leano, Pedro Shimose e Víctor Montoya, Salomón de la Selva e Daisy Zamora, entre muitos outros.

Não seria então casual que a etapa atual de aumento de circulação das pessoas, organizações transnacionais e redes globais pudesse reforçar a tipicidade da condição do exílio como metáfora da condição humana, frequentemente base de inumeráveis encontros acadêmicos e publicações, especialmente no campo dos estudos culturais e da crítica literária.

O exílio como categoria analítica

Correlacionados com as análises da condição exiliar em seu intento de generalização universal (por sobre contextos históricos, sociológicos e políticos específicos), embora distinguíveis em seu enfoque teórico se encontram os estudos semânticos e de indagação de categorias analíticas tipificadas como "tipos ideais", no sentido weberiano. Esta seção e a seguinte analisarão estas duas linhas de investigação.

Frequentemente a atenção foi posta no amplo alcance de denotações que giram em torno do deslocamento forçado: a trasladação, o desterro, o degredo,

---

² Ver Cunha-Gabbai (1992:27-52); Mendez-Faith (1992); Lagos-Pope (1999); Goldberg (2002:285-312, especialmente p. 286).

a migração forçada, o asilo, os refugiados, a relegação, o exílio interior ou "insílio", o distanciamento, a expulsão, a expatriação, a deportação, a proscrição, enfim, o ostracismo em todas as suas formas. Às vezes, esta grande variedade de termos levou a insistir na ubiquidade do fenômeno no espaço e no tempo. Mais amiúde, a atenção foi centrada na delimitação de matizes terminológicos, como em muitos estudos jurídicos e literários.

Inclusive limitando a análise ao termo central, "exílio", as definições são muitas e com ênfases variadas. Algumas provêm da raiz latina de *exilium*, o que representa uma situação de desterro. O *Dicionário Oxford* (1989:540) define "exílio" como "remoção forçada de um nativo da terra de acordo com um edito ou frase, expatriação penal ou desterro, o estado ou condição de ser desterrado; residência forçada em algum país estrangeiro", mas também como "expatriação, ausência prolongada de um nativo da terra, apoiado pela compulsão de voluntários submetidos a circunstâncias ou para qualquer fim". Portanto, abarca tanto as condições de expulsão quanto um ato voluntário baseado em uma mudança radical das circunstâncias.

Uma definição com profundidade histórica é proporcionada por um dicionário italiano de peso, que descreve o exílio como uma sanção que, desde a antiguidade, era um substituto da pena de morte, e, como tal, uma pena de suma gravidade. "Em um sentido geral, [o exílio é] uma medida que as autoridades no poder forçam sobre um indivíduo, legal ou arbitrariamente, para distanciá-lo de sua pátria principalmente devido a razões políticas" (Battaglia, 1968:349). Em outro dicionário nessa língua, é destacado o fato de que o exílio limita a liberdade pessoal. Ademais, a possibilidade de abandonar voluntariamente a pátria, a fim de escapar da perseguição ou da violência política e civil, é também contemplada (*Vocabolario della lingua italiana*, 1987, v. II, p. 317). É importante destacar, portanto, a partir destas definições, que o exílio pode resultar de procedimentos judiciais ou de decisões arbitrárias, mas em ambos os casos os indivíduos afetados o perceberão como um ato de coação. É assim que o desterro pode ser imposto por governos de fato que sustentam o poder político; mas é também comum que exilados devam tomar o caminho do desterro em situações nas quais a legalidade se mantém e prevalece.

Em francês, a palavra ressoa como "expulsão de alguém de sua pátria com a proibição de regressar; situação da pessoa expulsa", mas também como "o desterro, a deportação, a expatriação, a expulsão, a proscrição, a relegação, o traslado, o ostracismo e a *lettre de cachet*" (*Le Grand Robert de la langue française*, 1989:289). Em outra definição francesa, no *Trésor de la langue française* (1980, v. 8, p. 445-446), fala-se de "distanciamento afetivo ou moral, uma separação que provoca que o ser humano afetado perca sua conexão com um lugar ao qual se achava vinculado", referindo-se neste caso a um sentimento de alienação e perda da pátria. Estas definições dão conta não só do ato físico de desterro, mas também do componente espiritual de perda, ampliando assim as dimensões afetadas pelo exílio político.

Uma pesquisa em dicionários em português revela que estes também incluem esse elemento vivencial e espiritual, ao mencionar o significado da expulsão do lar ("expelir da casa"), o corte das relações sociais ("afastar da convivência social") e a recolocação em um "desagradável lugar" para viver ("lugar desagradável de habitar").

Em português e espanhol, o termo "exílio" está vinculado e precedido historicamente pelos termos "degredo" e "desterro", quer dizer, a separação de uma pessoa da terra em que vive, a expatriação, por motivos políticos. Portanto, é centralizada a dimensão territorial como o núcleo do fenômeno do exílio. O substantivo "degredo" ou o verbo "desterrar" (coativamente fazer com que alguém saia de sua terra natal ou de residência) implica uma ação jurídica que afasta de determinado território ou lugar os que são considerados "daninhos" de um ponto de vista social, moral ou político. A condenação de degredo ou desterro pode implicar uma trasladação que pode ser temporal ou para sempre.

No âmbito ibérico, desde os tempos da Roma imperial, o desterro adquiriu o significado do afastamento de um indivíduo por determinado período — curto, longo ou permanente — a certa distância de seu lugar de residência. As variantes implicadas incluíam a "deportação", quer dizer, a expulsão que tinha lugar por intermédio de um porto a um lugar do outro lado do mar, ou a "relegação", ou seja, um traslado terrestre a um lugar determinado. Embora se reconheça claramente uma figura jurídica, presente em códigos penais e regulamentos, nos tempos modernos o desterro abarcou também uma decisão voluntária, na qual o indivíduo sai da terra "para não voltar nunca".[3]

Contudo, frequentemente, o forte sentido da coação projeta uma sensação de alienação para o contexto sociopolítico que forçou o afastamento, o que origina a tendência a usar o termo também de forma metafórica. Assim, por exemplo, não é inusual encontrar expressões como a da rebelião de 1809

---

[3] "Desterrarse", em Covarrubias Orozco (1943).

encabeçada por Pedro Domingo Murillo em La Paz, que em sua proclamação tentou justificar a rebelião como o meio de corrigir a injustiça, declarando em seu manifesto que "até agora temos tolerado uma espécie de desterro no seio de nossa própria pátria" (Gisbert, 1999:309).

Sophia McClennen (2004) cita o escritor cubano exilado Guillermo Cabrera Infante, que indicou que até 1956 a palavra "exílio" não foi incluída no *Diccionario de la Real Academia de la Lengua Española*. Quando finalmente foi incluída, se referiu à condição de exílio e não à de um indivíduo exilado. Embora as raízes deste viés semântico vão muito longe no tempo nos usos linguísticos do espanhol desde a Idade Média, talvez a explicação de Cabrera Infante (1990:36-37), de que a ditadura do general Franco ignorou a condição dos excluídos da Espanha por questões políticas, tenha um núcleo de verdade. Governantes autoritários costumam fazer caso omisso dos exilados como interlocutores políticos legítimos.

A linha de investigação sugerida no parágrafo anterior, a saber, a condução de investigações em torno da contextualização social e política dos termos empregados, é um filão promissor para os que estejam dispostos a discriminar e compreender os matizes no universo semiótico do exílio. Ainda que reconhecendo a importância do filão investigativo da análise semiótica, devemos ter presente que seu valor central se revela só quando o estudo semântico se liga a estudos contextuais e históricos que permitem apreciar o significado das transformações semióticas que os acompanharam e permitiram sua legitimização.[4]

De maneira similar, na interface entre as definições linguísticas e os processos sociais e políticos, Amy K. Kaminsky assinala a estreita relação do exílio com o espaço e com o movimento no espaço, uma experiência mediada pelo idioma, enquanto destaca a coerção que o desterro desencadeia. "O exílio como o estou usando neste caso é, como o nomadismo, errante... [...] o cruzamento de fronteiras, um processo de movimento e mudança, não unicamente um deslocamento para além de uma fronteira (embora também seja isso)." Kaminsky (1999:xvi, 9) considera o exílio voluntário (a "expatriação") como um oximoro. Em *The Oxford book of exile*, John Simpson (1995:1) indica que

> a experiência definidora do exílio é ser arrancado do lugar, da família, de todo o agradável e familiar, e pela força ser lançado em um mundo frio e hostil, seja porque o agente da expulsão fosse um anjo de Deus ou a NKVD de Stálin. A palavra

---
[4] Nessa linha, ver o artigo de Jensen (2009:19-40).

em si abrange conotações de dor e de alienação, da entrega da pessoa à angustiante força de anos de infrutífera espera. Foi Victor Hugo quem afirmou que o exílio é "um longo sonho de [retorno à] casa".

Hamid Naficy (1999:3) também afirma que "o exílio está inexoravelmente vinculado à pátria e à possibilidade de retorno", embora hoje seja possível inclusive o exílio no lar, conformado por um sentido de alienação e da nostalgia de outros lugares e ideais. Uma vez mais, vemos aqui a ampla tentação de generalizar a condição humana a partir da situação exiliar, que se observa entre os que se aproximam do estudo do exílio da perspectiva dos estudos culturais. É neste marco que devemos passar a analisar a singularidade do exílio político.

A singularidade do exílio político

É verdade que o fenômeno do exílio existe dentro de um espectro mais amplo de fenômenos de indivíduos e grupos em deslocamento. Os seres humanos se deslocam através do espaço, do tempo e da cultura. A dinâmica de tal traslado situa os exilados perto de uma série de outros tipos humanos, como são os migrantes, os refugiados, os beneficiários de asilo, os cosmopolitas errantes, os nômades, os desempregados, as redes que formam as diásporas. Com frequência é difícil separar o exílio desses outros fenômenos. Contudo, o exílio propriamente dito tem uma conotação, gênese e consequências políticas que discutiremos a seguir.

Inclusive se todos estes conceitos estão vinculados à mobilidade, vários analistas têm-se aproximado da tarefa de identificar as distintas conotações e uma série de características só parcialmente compartilhadas pelos distintos fenômenos do deslocamento humano.

Uma linha investigativa sumamente difundida sugere elaborar a especificidade do exílio e dos exilados, ao distingui-los de fenômenos próximos, categorizando-os em forma classificatória. Por exemplo, o intelectual uruguaio Ángel Rama fez a distinção entre o exílio, um período dominado pela precariedade e pela intenção de retorno, e a migração, que alude a um horizonte de assimilação mais definitiva da sociedade de acolhida e sua cultura.[5] Os exilados diferem dos migrantes porque, ao sofrer um desterro, os indivíduos se veem

---
[5] *Nueva sociedad*, mencionado em Ulanovsky (2001).

forçados a abandonar seu país, enquanto os migrantes decidem sair a fim de resolver uma situação econômica difícil. Ademais, os exilados têm o retorno proibido, enquanto praticamente em todo momento os migrantes têm a possibilidade de regressar. Muitos migrantes não têm os meios para voltar, mas não lhes é formalmente denegado o direito a fazê-lo. A possibilidade do retorno predetermina os termos em que indivíduos se percebem a si mesmos e à pátria, separando os projetos pessoais de cada um e encaminhando-os a distintos eixos (Vasquez e Brito, 1993:51-66).

Na mesma linha e seguindo um enfoque cultural, Sharon Ouditt (2002:xiii--xiv) constrói a mesma distinção entre as pessoas deslocadas: "As condições do exilado e do imigrante se diferenciam pelo fato de que o exilado atravessa uma não desejada ruptura com sua cultura de origem, enquanto o imigrante a deixou voluntariamente, com o desejo de ser aceito como membro de uma nova sociedade.

Edward Said distinguia em seus trabalhos entre exilados, refugiados, expatriados e emigrantes. Segundo Said (1984:49-56, citado por Shain, 1988:9), o rótulo de refugiado

> sugere grandes ondas de pessoas inocentes desconcertadas que requerem urgente assistência internacional. Os expatriados são pessoas que vivem voluntariamente em países estrangeiros, geralmente devido a razões pessoais ou sociais. Os migrantes [...] desfrutam de um *status* ambíguo. Tecnicamente, um migrante é todo aquele que emigra para um novo país, tendo em princípio possibilidade de eleição. Embora não tenha sido desterrado, e sempre possa voltar, todavia pode viver com um sentimento de exílio. Os exilados [propriamente ditos] [...] são pessoas que se viram obrigadas a abandonar seus lares, sua terra, suas raízes e se veem separadas de seu passado.

De modo similar, a escritora argentina Luisa Valenzuela distingue entre o exílio e o estranhamento. Segundo Valenzuela, ela teria podido escolher continuar vivendo tranquilamente na Argentina sob o regime militar, mas teria se transformado então em uma pessoa da qual roubaram seu país, quer dizer, em uma expatriada (Kaminsky, 1999:9-10).

Luis Miguel Díaz e Guadalupe Rodríguez de Ita (1999:63-85) distinguem entre os beneficiários de asilo e os refugiados políticos. Os primeiros são perseguidos políticos que pediram proteção em uma sede diplomática e, como tal, não estão sujeitos à extradição, enquanto os segundos são pessoas expulsas ou deportadas ou que fugiram de seu país de origem ou de residência, como as vítimas da guerra, das catástrofes naturais, da agitação política ou da perseguição por diversas razões, incluindo fatores étnicos ou religiosos.

Do mesmo modo, John Durham Peters (1999:19-21) tenta também definir e comparar os conceitos relacionados com a mobilidade, sobretudo o exílio e a diáspora. Para Peters, ambos os conceitos incluem um forte componente de deslocamento variável que pode implicar medidas de coerção e eleição. Contudo, a diáspora alude a redes de compatriotas no estrangeiro, embora em princípio por trás das mesmas exista uma imaginada relação com um centro de pertencimento simbólico. O exílio, por seu turno, sugere uma conexão com o lar, um forte componente de *páthos*, que não aparece com tanta frequência na diáspora. O autor também afirma que o exílio é sempre solitário, enquanto a diáspora implica uma dimensão coletiva, por definição.

Em meu entendimento, esta distinção binária entre um suposto exílio solitário e a sociabilidade das redes da diáspora é demasiado esquemática em seu contraste. O exílio pode ser construído através das redes e da construção da comunidade de desterrados, e pode ser construído por trás do fortalecimento da luta pelo regresso. De forma paralela, a diáspora pode incluir fortes elementos e níveis de alienação, tanto para o país de origem quanto para o de acolhida, assim como fortes sentimentos de solidão.

Uma caracterização mais equilibrada da diáspora foi elaborada por Thomas Tweed em seu livro sobre a religiosidade dos cubanos em Miami. Segundo Tweed, o evento codificado na definição da identidade coletiva e a memória é a dispersão de um centro primigênio. Desta perspectiva, a diáspora pode ser definida como:

> Um grupo de cultura compartilhada que vive fora do território que considera seu lugar nativo, e cujos vínculos de continuidade com a terra de origem são cruciais para sua identidade coletiva… Os migrantes constroem simbolicamente um passado comum e um futuro, e os símbolos que compartilham fazem de ponte entre a pátria e a nova terra [Tweed, 1997:84].[6]

Estas definições interpretam a experiência das diásporas como ligada à experiência dos exilados. Em muitos casos, o exílio supõe o deslocamento for-

---

[6] Sheffer (2003) desenvolve a definição de diáspora em termos etnonacionais, fazendo um chamado para diferenciar entre estas e as redes transnacionais ligadas aos exilados.

çado, mas ele pode tornar-se confuso nos casos dos que optam por sair de um país devido a restrições de caráter institucional. Em geral, os exilados também mantêm contatos regulares ou ocasionais com o que consideram sua pátria e com as pessoas e os grupos dos mesmos antecedentes que residem nos países de acolhida. Para os exilados, a manutenção de uma identidade comum é uma condição *sine qua non* de sua existência, já que vacilam entre seu passado e um possível regresso a casa em seu presente no estrangeiro. Os exilados tendem portanto a estabelecer redes transnacionais com outros exilados e cidadãos, com diversos graus de solidariedade social e política (Hechter, 1987; Banton, 1994:1-19).

Apesar destas semelhanças, devemos ser conscientes de que os processos migratórios têm criado múltiplos cenários transnacionais e têm complicado a possibilidade de definir o exílio político e as diásporas em termos etnonacionais. Isto é especialmente certo nas Américas, no marco da migração em massa, tanto aquela que coincide com a consolidação dos Estados quanto as ondas migratórias mais recentes. Em consequência, em muitos casos — como os criados pela dinâmica política institucional da exclusão na América Latina — o exílio passa a estar centrado em um hiato nas relações entre cidadania e nacionalidade.

Em segundo lugar, o exílio pode ser precursor da criação de novas diásporas, como no caso do Paraguai e de Cuba, onde inclusive a migração por motivos econômicos está impregnada de cor, estratégia e imagens de exílio. Na medida em que regimes autoritários criam situações de exclusão institucionalizada, é provável que um grande número de migrantes utilize reflexivamente as estratégias de sobrevivência dos exilados e as imagens do exílio para defender seus interesses. Sob tais condições, se origina com frequência uma participação social e política proativa afim à dos exilados, orientando-se principalmente para o país de origem, enquanto as atividades nas esferas públicas do país de acolhida e a esfera transnacional serviriam para promover mudanças no país de origem.

Há muitas gradações de exílio. Em seu livro sobre governos no exílio, Alicja Iwanska identifica três grandes círculos dentro de uma diáspora nacional, de acordo com o papel ativo ou potencial nas ações de grupos dos exilados. Em primeiro lugar, se acham os membros ativos das organizações do exílio. No segundo círculo estão os "membros de retaguarda", que participam menos ou não participam ativamente como resultado da falta de tempo, energia ou de acesso a um entorno ideológico. Por último, o círculo externo está composto por outras pessoas que partilham antecedentes culturais, certa solidariedade derivada de um patrimônio cultural comum "e, ao menos, algum latente patriotismo que os membros ativos assumem poderia ser despertado e mobilizado" (Iwanska, 1981:44). Estas redes podem incluir, por suposição, não só pessoas deslocadas pela força, como também os imigrantes e seus descendentes, assim como residentes e estudantes estrangeiros. De nossa perspectiva, tal diferenciação interna nas comunidades de expatriados, migrantes e exilados é fundamental para avaliar a distinta fisionomia e dinâmica das várias comunidades de exilados e sua relativa capacidade de afetar os Estados e espaços transnacionais em que atuam.

Para o desterrado, sair da pátria ou do lugar de residência não costuma ser resultado de uma escolha pessoal. Mesmo quando isso acontece, a decisão costuma estar estreitamente relacionada com uma ameaça de coação ou um marco institucional que deixou pouca escolha para o fugitivo. Em troca, o trabalhador migrante se percebe a si mesmo — com justiça ou injustamente — como o único responsável de sua saída. Se bem longe de casa, o exilado sente-se obrigado a permanecer ali tanto tempo quanto as condições que o levaram à fuga persistirem. Os migrantes sentem que podem regressar por sua vontade, enquanto os exilados esperam que mude o governo ou regime que os levou ao desterro. Isto significa que, analiticamente, a residência no estrangeiro é diferente como experiência em cada uma destas situações (Vasquez e Araujo, 1988).

Martin A. Miller (1986:6-8) distingue entre refugiados, expatriados, exilados e *émigrés*. Os refugiados estão dispostos a reinstalar-se; os expatriados se deslocaram para o estrangeiro por decisão própria; os exilados se viram obrigados a deslocar-se, e em sua maioria não se fixam permanentemente, mas ao mesmo tempo não podem voltar para sua pátria; por último, os *émigrés* são exilados que participam da política. Relacionado a isto, o sociólogo Lewis A. Coser (1984:1) distingue entre os refugiados que têm residência permanente em seu novo país e aqueles que consideram seu exílio temporário e vivem no estrangeiro até o dia em que possam retornar. Yossi Shain conceituou esta distinção nos seguintes termos: "Eu defino como expatriados os exilados políticos que participam da atividade política contra as políticas dos governantes no país de origem, contra o próprio regime no país de origem ou contra o sistema político em seu conjunto, a fim de criar as circunstâncias favoráveis para seu regresso". Shain também oferece uma caracterização psicológica, ao afirmar que "o que distingue o exilado dos refugiados é, antes de tudo, um estado de ânimo [...] o exilado não busca uma nova vida e um novo lar numa terra estrangeira. Ele considera que sua residência no estrangeiro é estritamente temporal e não pode ser assimilado pela nova sociedade".[7] O exílio é concebido pelos que o experimentam como uma fase transitória, uma "vida entre parênteses", situada como que fora da "vida real" que o desterrado manteve em sua pátria (Vasquez e Araujo, 1988).

Em geral, toda a linha anterior de análise leva adiante uma discussão destinada a definir a especificidade do exílio e dos exilados em forma de categorias. Paradoxalmente, na realidade, as categorias se confundem nas comunidades deslocadas, podendo cada indivíduo atravessar distintas etapas em seu caminho forçado fora das fronteiras da pátria. Além disso, tal realidade frequentemente torna inútil a suposta identificação fácil de exilados, refugiados ou migrantes como grupos separados; é antes a observação de sua interação específica nas comunidades diaspóricas e as relações entre sua situação em lugares de reinstalação e redes transnacionais o que pode ajudar a definir seu caráter particular em cada caso. Para se sobrepor a esta dificuldade têm sido sugeridas aproximações — poucas, devo confessar — a partir da filosofia política e da política comparada.

Teorias de exílio político

Até recentemente, podia-se observar a muito escassa elaboração teórica do tema do exílio político na filosofia política e na política comparada, ao menos em comparação com o âmbito da análise do exílio na literatura e nos estudos culturais.

Entre os poucos trabalhos de teoria política dedicados a tema que nos afeta, se destacam as obras póstumas de Judith Shklar, que analisaram o exílio em termos da ruptura das obrigações políticas dos governos para seus cidadãos, e os laços paralelos de lealdade, fidelidade e acatamento voluntário (*loyalty, fidelity and allegiance*), que os exilados poderão manter mesmo fora do Estado de origem, base da cidadania. Nas obras publicadas postumamente, Shklar

---

[7] Ver Shain (1989, especialmente p. 15).

(1998a, 1998b) propôs um programa de investigação sobre as repercussões públicas do exílio, indicando que sua singularidade deriva de uma reflexão existencial e política, que ao desterrar o cidadão, anula as obrigações dos expulsos ou forçados por seus governos a escapar para o estrangeiro:

> Os exilados não podem fazer o mesmo que a maioria das pessoas — aceitar suas obrigações e lealdades políticas como simples hábitos. Deslocados e desarraigados, devem tomar decisões acerca de que tipo de vida que seguirão agora. Como agentes políticos, devem pelo menos refletir sobre essas decisões e [idealizar como] resolver seus diferentes e incompatíveis direitos políticos e vínculos [Shklar, 1998b:57-58].

No âmbito da política comparada, Yossi Shain (1989) estudou o exílio político no marco do Estado-nação, o que sugere que os exilados cruzam a fronteira da lealdade no estrangeiro, em sua interação com seus compatriotas na diáspora e no interior do país de origem, assim como com a comunidade internacional (Simpson, 1995).

Precisamos de elaborações teóricas como as anteriores, que constituem um avanço significativo para além das definições classificatórias que analisei anteriormente. Em seu conjunto, permitem entender a dinâmica da expulsão, do ostracismo e da trasladação em suas consequências não só para os indivíduos desterrados, mas também no âmbito macrossociológico e político.

Mesmo assim, os estudos mencionados têm analisado o exílio político basicamente como uma variável dependente, prestando pouca atenção à configuração de processos de transformação política e cultural operados pelo exílio; ou então a formação de "culturas de exílio", que podem chegar a redefinir as regras da política em planos tais como a esfera transnacional ou o âmbito continental. Uma exceção na área dos estudos latino-americanos são os trabalhos de Brian Loveman (1993, 1999) sobre os regimes de fato na região, nos quais mostra como o exílio político está relacionado com a legislação de emergência, destinada a excluir as oposições do jogo político em todo o continente.

Entender o exílio político como uma variável independente, com efeitos constitutivos sobre as sociedades, os sistemas políticos e o imaginário coletivo de determinadas sociedades — em nosso caso, as ibero-americanas, mas de igual forma a irlandesa ou a tibetana — é um dos maiores desafios que devem assumir a história e as ciências sociais contemporâneas no campo central de investigação deste trabalho.

O estudo do exílio político latino-americano: enfoques predominantes e avanços teóricos

Como um traço generalizado na política ibero-americana, o exílio não pôde ser ignorado nem pelos participantes na ação política nem pelos estudiosos da política. Contudo, ao mesmo tempo, a maioria dos políticos e acadêmicos que abordaram o tema fizeram-no frequentemente no marco das histórias nacionais de cada país. Por conseguinte, até recentemente havia poucos estudos que abordaram o exílio em todo o continente ou de uma perspectiva comparada. Igualmente, havia poucas proposições destinadas a explicar sua recorrente emergência na região de uma perspectiva de longo prazo. Voltarei a isso mais tarde.

A primeira observação é que, apesar de sua ubiquidade na América ibérica, o exílio político foi até pouco tempo um tema pouco investigado. Embora fascinante, até recentemente foi concebido como algo marginal para o desenvolvimento destas sociedades e foi estudado no quadro de conceitos e preocupações tradicionais na história e nas ciências sociais. Não é raro, pois, encontrar numerosas monografias biográficas que mencionam o exílio como uma experiência formativa de figuras políticas, dos tristemente célebres casos de Bolívar ou Perón aos inumeráveis casos de pessoas de menor renome, cujos testemunhos são essenciais para (re)construir uma história coletiva das comunidades de exilados e expatriados.

Do mesmo modo, e não de forma surpreendente, existe uma ampla literatura testemunhal que surge durante a última onda de exílio político, documentando em primeiro lugar as experiências dos brasileiros que foram obrigados a abandonar seu país imediatamente depois do golpe de Estado de 1964, logo ampliado para outros países no Cone Sul, marcando uma tendência que se repete continuamente durante os três decênios posteriores. O número destas biografias e testemunhos tem florescido na última geração, e incluem algumas obras de reflexão penetrante, plenas de sugestões teóricas (Cavalcanti e Ramos, 1978; Jurema, 1978).

Esses trabalhos biográficos e testemunhais de exilados e expatriados contribuem com importantes blocos de construção para a reconstrução das experiências coletivas de exílio.[8] Também indicam a ubiquidade e o profundo

---
[8] Entre eles: Costa et al. (1980); Gómez (1999); Tavares (1999); Ulanovsky (2001); Guelar, Jarach e Ruiz (2002); Trigo (2003); Bernetti e Giardinelli (2003); Roca (2005).

impacto do fenômeno, que é o resultado da exclusão política e da perseguição pelas ditaduras militares das décadas de 1960 a 1980. Contudo, muitos destes testemunhos não têm por objetivo oferecer uma análise sistemática do papel do exílio na política e nas sociedades latino-americanas, e não estão orientados para explicar a recorrência do exílio nem suas transformações no tempo, desde começos do século XIX a finais do século XX.

De forma paralela, nos últimos anos produziu-se uma proliferação de análises literárias e de crítica, centradas no significado universal da experiência do exílio em suas distintas formas, desde o desterro forçado até a expatriação. Esta literatura se baseia em escritos dos finais do século XX, refletindo a marcada incidência da repressão política e das ditaduras militares dos anos 1970 e 1980 no exílio.[9]

Frequentemente, estas obras oferecem uma profunda retrospectiva teórica da experiência existencial de marginalização e das tensões que o exílio gera, especialmente para os escritores arraigados na língua das comunidades que foram silenciadas pela repressão e se submeteram a processos de transformação cultural nos quais os exilados só tiveram papel tangencial ao estar radicados no estrangeiro. A maioria dos que trabalham nesta linha estão fortemente impregnados pelo pós-modernismo e têm sido menos propensos a contribuir para o estudo sistemático do impacto e das repercussões sociais do exílio na política latino-americana.

Outro importante *corpus* de trabalho é o desenvolvido por psicólogos, psicólogos sociais, assistentes sociais e psiquiatras sobre as dificuldades que enfrentam muitos exilados que foram deslocados de sua pátria, junto com suas relações de família e filhos. Estas obras têm elaborado, frequentemente de forma penetrante, os problemas de ajuste, desarticulação pessoal, o estresse mental, a desconfiança e o isolamento, os casos de suicídio, bem como os altos índices de desintegração familiar e divórcio. Um trabalho pioneiro foi o desenvolvido por Ana Vasquez e Ana María Araujo, *Exils latino-américains: la malédiction d'Ulysse*. Nesse trabalho, que se baseia na experiência profissional das autoras com os exilados da América do Sul na França, elaboram uma teoria sobre as etapas adaptativas dos exilados. Segundo sua análise, que também lembra os trabalhos dos Grinberg, os exilados vivem uma fase inicial de dor

---

[9] Além da obra de Queiroz (1998), ver as obras mencionadas na nota 1 e também Vasquez e Brito (1993); Rowe e Whitfield (1997:232-255); Kaminsky (1999); Gonzalez (2000:539-540).

e remorso, seguida por uma etapa de transculturação e uma possível terceira fase de ruptura e um profundo questionamento das ilusões, visões e projetos de vida originais.[10]

Nos últimos anos, podemos identificar avanços fundamentais no estudo do exílio político da América Latina. Um importante desenvolvimento nos últimos anos é a emergência da história contemporânea ou "do tempo presente", sustentada em testemunhos orais e na abertura de arquivos sobre a repressão, que permitem entender em profundidade o entorno transnacional do asilo, a repressão e os contatos entre exilados de distintos países. Estudos realizados dessa perspectiva possibilitam novas aproximações e facilitam passos importantes para a sistematização da pluralidade de experiências do exílio, ao mesmo tempo que dispõem detalhados informes sobre a mecânica de residência fora do país de origem, a vivência exiliar, as relações dentro das comunidades de exilados e os movimentos de solidariedade com as vítimas da repressão.[11]

Outra linha central de avanço deriva de obras coletivas que — combinando os trabalhos realizados por profissionais que ficaram nos países de origem há alguns anos — avançaram na construção de um enfoque global para as comunidades de conacionais exilados durante a última onda de ditaduras militares. Nesse contexto, recentemente, foram publicados estudos, em boa medida sob o formato de obras coletivas, que reúnem o esforço que realizaram de maneira isolada distintos acadêmicos no campo das humanidades e das ciências sociais. Entre os trabalhos abrangentes de distintas diásporas de exilados e emigrados publicados nos últimos anos destacam-se os de Denise Rollemberg, *Entre raízes e radares* (1999); "Exilios: historia reciente de Argentina y Uruguay", *América Latina hoy* (2003); Pablo Yankelevich (coord.), *Represión y destierro* (2004); José del Pozo Artigas (coord.), *Exiliados, emigrados y retornados chilenos en América y Europa, 1973-2004* (2006); Silvia Dutrénit-Bielous (coord.), *El Uruguay del exilio* (2006); Pablo Yankelevich e Silvina Jensen (coords.), *Exilios: destinos y experiencias bajo la dictadura militar* (2007); Luis Roniger e James Green (coords.), dossiê "Exile and the politics of exclusion in Latin America", *Latin American Perspectives* (2007); Pilar González Bernaldo de Quirós (coord.), dossiê no *Anuario de Estudios Americanos* (2007); e Silvia

---

[10] Ver, por exemplo, Barudy et al. (1980); Grinberg e Grinberg (1984); Vasquez e Araujo (1988).

[11] Ver Carneiro e Santos (1999); Quadrat (2004, 2008); Calandra (2006); Green (2009); MacDowell Santos et al. (2008).

Dutrénit Bielous, Eugenia Allier Montaño e Enrique Coraza de los Santos, *Tiempos de exilios* (2008).

A terceira linha que também floresce recentemente aborda o exílio em termos mais amplos que os das histórias nacionais ou da biografia, analisando lugares de exílio ou *lieux d'exil*, tendo Paris como centro de atração para os latino-americanos, mas também em relação a outros polos de atração dos exilados nas Américas. Pioneiros foram os estudos realizados por Keith Yundt e François-Xavier Guerra, até livros como os compilados por Ingrid Fay e Karen Racine e por Pablo Yankelevich.[12]

Também foram publicados excelentes trabalhos monográficos sobre lugares de asilo e residência, desde os pioneiros trabalhos de Erasmo Sáenz Carrete, *El exilio latinoamericano en Francia, 1964-1979*, e Paul Estrade, *La colonia cubana de París, 1895-1898*; livros como o de Anne Marie Gaillard, *Exils et retours: itineraires chiliens*, até os mais recentes trabalhos de Hebe Pelossi, *Argentinos en Francia: franceses en Argentina*, Marina Franco, *Exilio: argentinos en Francia durante la dictadura*, e Silvina Jensen, *La provincia flotante: el exilio argentino en Cataluña (1976-2006)*.[13] É de destacar que, em sua maioria, são trabalhos que, até recentemente, se centravam em locais de exílio europeus e principalmente nos exilados cubanos ou do Cone Sul. Só recentemente começam a aparecer trabalhos sobre lugares de exílio relativamente ignorados como Moçambique, e sobre diásporas menos trabalhadas, como as dos peruanos ou paraguaios.[14]

Os estudos de lugares de exílio são importantes, já que, entre outras coisas, permitem traçar a ambiguidade nas políticas de asilo e o significado dos exílios no contexto dos movimentos massivos de população. Como exemplo paradigmático tomemos o volume coletivo compilado por Yankelevich, *México, país refugio*, que é altamente inclusivo e abarca as múltiplas experiências dos exilados republicanos espanhóis, argentinos, chilenos, alemães, austríacos, russos, franceses, norte-americanos, peruanos e os refugiados judeus.[15]

---

[12] Ver Yundt (1988); Guerra (1989:171-182); Fay e Racine (2000); Yankelevich (2002).

[13] Ver Sáenz Carrete (1995, escrito originalmente em torno de 1980); Estrade (1984); Gaillard (1997); Pelossi (1999); Franco (2007); Jensen (2007).

[14] Por exemplo, ver Prestes Massena (2009:67-92); Bergel (2009:41-66); Luque Brazán (2009:93-116).

[15] Disponível em: <www.lehman.edu/ciberletras/v10/calvoisaza.htm>. Acesso em: 12 mar. 2009.

Uma tarefa a empreender seria mover a análise do exílio ibero-americano para a "longa duração", para o âmbito transnacional e para os estudos comparativos. Em tal linha, em *The politics of exile in Latin America*, com Mario Sznajder tratamos de ilustrar as tendências a longo prazo nas modalidades do exílio com o objetivo de explicar seu uso recorrente como um mecanismo institucionalizado de exclusão na e da América Latina, sobre uma base transnacional, assim como suas profundas transformações através dos séculos. No caso da América Latina, começamos a desentranhar coletivamente as formas em que se converteu em uma prática política importante, já em princípios do século XIX. Em condições de montagem da violência e de Estados autoritários como regra geral e começando com o exemplo dos pais fundadores dos Estados, o exílio se converteu em uma prática política importante e um fator permanente na cultura política da América Latina. Em princípios do século XIX e durante muito tempo depois, o exílio político teve uma dinâmica regional e transnacional, vinculado ao nascimento conflitivo dos distintos Estados independentes, onde o exílio foi instrumental na definição das novas regras do jogo político. Por conseguinte, podemos analisar como o exílio — além da confrontação política, que a literatura destaca — contribuiu para esclarecer as definições nacionais, os imprecisos limites territoriais e culturais compartilhados e a institucionalidade política. Mais concretamente, temos tratado de desentranhar este desenvolvimento a partir de vários eixos de análise: a tensão entre a estrutura hierárquica destas sociedades e os modelos políticos que predicavam uma participação política ampla, a tensão entre as ideias de unidade continental e a realidade de fragmentação e conflito territorial das fronteiras e a evolução das facções na política moderna, que produziram guerras civis, violência política e polarização. Nesta fase, foi característica do exílio possuir uma estrutura triádica, onde os exilados, os países de origem e os países de destino se impactaram mutuamente (Sznajder e Roniger, 2009).

Quando a participação e a mobilização política se ampliaram e se tornaram massivas, o exílio evoluiu de sua fisionomia seletiva e elitista para se transformar em um fenômeno que afetou a vida de muitos indivíduos, incluindo os de classe média e baixa. Além disso, nesta etapa uma nova dinâmica transnacional se desenvolve para as comunidades de exilados e expatriados, devido ao surgimento de redes mundiais de solidariedade, organizações não governamentais e associações internacionais, por meio das quais as vicissitudes dos exilados readquiriram ampla ressonância. Configura-se então uma dinâmica de quatro fatores, em que, à dinâmica tradicional de interação entre os desterrados, os países de origem e os de residência, se soma a esfera pública internacional, que outorga aos exilados um tipo diferente de projeção política no âmbito internacional. Seguindo estes pontos de vista analíticos, sugerimos que é importante chegar à compreensão dos processos tanto de cristalização quanto de transformação do exílio como prática política e mecanismo de exclusão, com um impacto próprio nas esferas públicas dos países ibero-americanos.

Essa linha de investigação se baseou em desenvolvimentos recentes na ciência política, na história, na sociologia, na antropologia e nas relações internacionais, com avanços teóricos que puseram em relevo a centralidade das diásporas e dos estudos transnacionais, e a relocalização da transitoriedade, da hibridização cultural e das modernidades múltiplas. Em consequência destes desenvolvimentos, sugerimos que o estudo do exílio da América Latina pode converter-se em um tema de preocupação central, em estreita relação com problemas teóricos básicos e controvérsias nestas disciplinas. Em paralelo, se sugere que o estudo sistemático do exílio também promete dar lugar a novas leituras de desenvolvimento da América Latina, longe das tradicionais leituras das histórias nacionais e rumo a um plano mais regional, transnacional ou inclusive de dimensões continentais.

No plano teórico, o estudo do exílio destaca a existência de uma tensão entre o princípio de pertencimento nacional e o princípio da cidadania. Uma vez que uma pessoa é empurrada para o exílio, ela pode perder os direitos ligados à cidadania, mas, ao mesmo tempo, pode-se chegar a gerar uma adesão mais profunda àquilo que o desterrado percebe como a "alma nacional". Na cidadania existe uma latente porém clara dimensão de identidade coletiva subjacente, que é assumida sem reflexão no trabalho cotidiano dos que residem em determinado território. Essa dimensão de identidade é necessariamente questionada e reconhecida no desterro. Em consequência, tem sido no estrangeiro que muitos dos deslocados têm descoberto, redescoberto ou então inventado a "alma coletiva" de sua nação em termos primordiais ou espirituais. Embora alguns residentes e migrantes desenvolvam uma sensibilidade transnacional e se convertam em parte de uma diáspora desterritorializada, muitos outros trataram de reconstruir seus laços de solidariedade em termos da identidade coletiva das sociedades de origem, abrindo assim um fascinante âmbito de contestação política e elaboração cultural nessas sociedades, sobretudo se a democracia é restaurada e quando se abrem as esferas públicas ao debate.

Tais debates em torno da identidade nacional costumam ser abertos de forma explícita depois de períodos de crise que produzem um grande número de exilados. Com a esperança de regressar algum dia a seu país de origem, com frequência os exilados tratam de redefinir os termos da identidade coletiva diante dos que criaram as condições que os levaram ao desterro. Ao abrir-se a perspectiva do retorno, os que ficaram no país de origem e os que tiveram de trasladar-se para o estrangeiro buscam fazer prevalecer suas próprias definições de como foi afetada e como se deve recompor a identidade coletiva nacional. Ao mesmo tempo, os desterrados podem ter construído novos vínculos com os exilados de "nações irmãs", no reforço de uma dinâmica de reconhecimento mútuo e na identificação de problemas e interesses transnacionais compartilhados dentro do sistema interamericano. Em muitos casos, o exílio parece haver desempenhado papel importante na América Latina, na definição ou redefinição dos planos nacional e da identidade panlatino-americana.[16]

Ao mesmo tempo que os exilados pretendem constituir-se nos verdadeiros representantes do povo, ao residir no estrangeiro interagem na sociedade de acolhida, devem aprender novos modelos de comportamento cotidiano e fazer frente a novos modelos de organização que os transformam voluntária ou inconscientemente. Isto impõe um grande dilema para todo exilado em termos pessoal, psicológico, familiar e coletivo: como se relacionar com a sociedade de acolhida e a possibilidade de formar parte dela, além do nível instrumental da vida cotidiana, e inclusive desenvolver identidades híbridas e novos compromissos. Por outra parte, se são instalados no que percebem como uma sociedade mais desenvolvida, que presta mais atenção ao meio ambiente ou então se regula de modo diferente, enfrentam este dilema de modo mais angustiante. Quanto mais tempo o exilado passa no desterro, é mais provável que se produza uma nova amálgama ou fragmentação de identidades, uma heterogeneidade de visões, e uma heteroglóssica vivência, que alguns podem celebrar e outros, lamentar. A experiência no exílio obriga as pessoas deslocadas a reconsiderar os ideais que trouxeram consigo da pátria que deixaram para trás e/ou atuar taticamente para poder transmitir sua mensagem em termos de

---

[16] A história ibero-americana apresenta inumeráveis casos como os do colombiano José María Torres Caicedo, a quem se atribui a criação do termo e da ideia de América Latina durante seu exílio em Paris; ou então o cubano José Martí e o porto-riquenho Eugenio María de Hostos y Bonilla, que desenvolveram bandeiras de luta e identidade mais amplas que a da terra natal. Ver Sznajder e Roniger (2009:73-90).

novos discursos que antes ignoravam ou ainda denunciavam a partir do compromisso político. Um exemplo é a adoção do discurso dos direitos humanos, através do qual os exilados poderiam denunciar a repressão que, em termos do discurso revolucionário, era o preço que todo combatente devia poder enfrentar em sua luta pela revolução. Uma vez no desterro, os exilados da última onda repressiva descobriram o poder mobilizador do discurso emergente dos direitos humanos e, embora não o adotassem a partir de um princípio em forma total mas de uma forma tática, com o passar dos anos e a época que lhes permitia reformular solidariedades e alianças transnacionais, os direitos humanos se projetaram como um núcleo central nas estratégias de luta e denúncia dos exilados, como analisa, por exemplo, Vania Markarian para o caso uruguaio, ou então Roniger e Sznajder ou Thomas Wright para os outros casos do Cone Sul (Markarian, 2005; Roniger e Sznajder, 1999; Wright, 2007). Deu-se assim um profundo processo de redefinição da diversidade cultural, social e política, crucial para entender sua contribuição para as futuras transformações de seus países de origem e, em alguns casos, de retorno.

Este enfoque leva a sugerir que o exílio político é importante em vários sentidos. É ao mesmo tempo o resultado dos processos políticos e um fator constitutivo dos sistemas políticos. Quanto à causalidade, sendo um mecanismo de perseguição política que não aniquila de forma total a oposição, o exílio fala — em termos gramscianos — de um modelo autoritário da política e da hegemonia, com independência da definição formal do sistema político. Estes padrões da política se baseiam na exclusão e são o resultado de um compromisso entre uma situação em que o ganhador do jogo político leva todo o poder e os perigos de uma luta de morte (de "soma zero") no jogo ampliado de uma possível ou efetiva guerra civil.

Embora como consequência destas formas de competência política o uso recorrente do exílio tenha se instalado na cultura política destes países, o que reforça a exclusão são as regras do jogo político na América Latina. Nas etapas precoces de desenvolvimento político, a prática generalizada de exílio limitou a institucionalidade democrática, embora tenha projetado uma maior pressão política para além do território que seria reclamado como nacional. Em etapas subsequentes, a democracia se viu afetada pela limitação da representação e pelo ostracismo político, o que obstaculizou o alcance da liberdade de debate e a possibilidade de impugnar o poder estabelecido pelos canais abertos da participação democrática.

Conclusões e agendas de investigação

Na introdução a um dossiê especial sobre exílio e política na América Latina publicado na revista *Eial*, Pablo Yankelevich e eu indicávamos que nos últimos anos vêm sendo produzidos projetos de investigação e trabalhos que cristalizam propostas teóricas que permitem vislumbrar o desenvolvimento dos estudos sobre o exílio sob novas perspectivas. A partir de avanços teóricos que, entre outras coisas, puseram em relevo a centralidade dos estudos transnacionais, a análise do exílio passa a ser parte de um universo mais amplo que inclui os migrantes e as diásporas, os sujeitos em trânsito, a hibridização cultural e as modernidades múltiplas. Impulsionados por estas preocupações, os estudos sobre os exílios latino-americanos se converteram em um tema de ponta, que tem conseguido estabelecer uma relação estreita com propostas teóricas e controvérsias centrais nas ciências sociais e nas humanidades. Nesta etapa se abriu um rico debate em torno de uma variedade de tópicos teóricos e metodológicos; por exemplo, tem-se questionado a divisão categórica entre deslocamento político e migração econômica, repensando a pertinência de estudar os exilados, os refugiados e os asilados como parte de uma migração política. Nesta mesma direção, são examinados os vínculos entre as categorias de exilados, asilados e refugiados, cujo correlato apela para significantes discursivos e pragmáticos diferentes, bem como essas categorias são investigadas em suas manifestações cotidianas entre e dentro das distintas comunidades das diásporas latino-americanas (Roniger e Yankelevich, 2009:7-18).

Nesta nova e fascinante etapa de investigação, se abrem também novas perspectivas e se geram debates em torno da seleção de fontes, das aproximações metodológicas, das hipóteses de trabalho, da hermenêutica dos testemunhos orais e das categorias de análise. Os estudos sobre o exílio se prestam a aproximações disciplinares diferentes que prometem visualizar, a modo de um caleidoscópio, as múltiplas facetas dessa experiência. De forma paralela, esses estudos prometem novas leituras sobre a conformação e as crises da ordem política na América ibérica, em um marco que transcende as histórias nacionais para instalar-se em mirantes ou em perspectivas regionais, continentais e transcontinentais.

Entre os temas que pressentimos ocuparão parte de nossa agenda coletiva de investigação se encontram: ser estrangeiro, a alienação e a adaptação; a mulher no exílio, o ativismo político no estrangeiro; as relações entre os exilados, os refugiados e as diásporas; a perda e a mudança de identidade; os exilados de distintos países e a redescoberta de problemas continentais e transnacionais; os exilados e o pertencimento de classe; a experiência exiliar, o retorno e a reforma do Estado; a dinâmica das comunidades de exilados; as políticas de recepção e os processos de integração; as redes de apoio e solidariedade; as motivações pessoais e a segunda geração. Trabalhar esses temas em um marco histórico comparativo implicará ligar o estudo da política com a análise das identidades pessoais e coletivas, a imigração e os fenômenos transnacionais, o multiculturalismo, as redes internacionais e as relações diplomáticas.

Permitam-me uma vez mais destacar que nosso entendimento do exílio continua sendo parcial. É necessário prestar mais atenção à dinâmica interativa de grupos de exilados, comitês de solidariedade, associações de defesa dos direitos humanos, com toda sua dinâmica interna e as contradições políticas ante os regimes militares que expulsaram seus oponentes (Calandra, 2006; Franco, 2007; Jensen, 2007). Também precisamos de mais estudos que analisem o papel dos exilados nas campanhas internacionais contra a tortura, por exemplo, e a forma em que influem nas políticas governamentais em relação ao tratamento dos dissidentes encarcerados. Que efeitos concretos tiveram as atividades dos exilados em censurar as ditaduras e afetar assim os processos políticos de seus países? Ao mesmo tempo é importante entender como as campanhas sustentadas pelos exilados impactaram os países de acolhida. Pode-se medir o efeito do exílio sobre milhares de não latino-americanos que receberam as pessoas desterradas ou que fugiram, lhes ofereceram apoio e participaram junto com elas em um amplo movimento de solidariedade internacional? De que modo pôde a interação entre os exilados e seus anfitriões criar uma dinâmica política nos países de recepção e asilo?

Os estudos futuros devem também ser capazes de indicar se existem impactos palpáveis a longo prazo da experiência do exílio nas sociedades que estiveram uma vez sob o poder militar. De especial interesse é a análise das formas em que os antigos exilados construíram a história de suas experiências no estrangeiro na esfera pública, como políticos ou então figuras públicas, e o peso simbólico do capital humano de ter estado no exílio. De forma paralela, devemos entender se os exilados superaram o estigma que frequentemente enfrentaram em seu regresso e qual é o eco atual do exílio nas imagens e representações, uma vez que as lembranças dos anos da repressão política se desvanecem.

Devemos igualmente perguntar-nos se a experiência de desenraizamento que muitos viveram em territórios desconhecidos, e em muitos casos a abertura a novas formas de relação pessoal e experiência, tem gerado formas inovadoras de pensar na mudança política e social para além do renovado ativismo nos partidos políticos e movimentos de esquerda.

Ao estar expostos à evolução das ideologias e dos acontecimentos políticos no país de asilo e na esfera transnacional, foi afetada a forma em que estes ativistas participaram na reconstituição das alianças políticas e dos projetos? Como as novas ideias sobre raça, gênero, classe e identidade que os exilados encontraram no estrangeiro mudaram suas perspectivas, sua visão dos países de nascimento? Por último, devemos indagar sobre qual tem sido o impacto a longo prazo dos repatriados. Têm desempenhado papel moderado e pragmático na centro-esquerda apontando coalizões eleitorais para a conciliação? Os líderes políticos que viveram no estrangeiro trouxeram uma mais sofisticada compreensão dos processos globais que lhes permitiram entender melhor processos internacionais no plano econômico, social ou político e os desequilíbrios de poder e dos recursos de modo mais eficaz?

A maioria destas perguntas abertas de investigação apontam para que meçamos os múltiplos impactos do exílio nas pessoas, os processos políticos nacionais e as memórias fraturadas dos anos de repressão política. Enquanto os estudiosos estão olhando a macrodinâmica do exílio, os investigadores devem prestar igual atenção à recopilação e preservação dos arquivos pessoais e institucionais e obter as histórias orais dos que sofreram o exílio. Um desafio especial será conectar a micro-história e os testemunhos no estudo sistemático da macrodinâmica do exílio. Um desafio paralelo será dar maior ênfase às tendências políticas transnacionais na América Latina e além do continente.

Referências

América Latina Hoy. Exilios. Historia reciente de Argentina y Uruguay. v. 34, ago. 2003.

BANTON, Michael. Modeling ethnic and national relations. *Ethnic and Racial Studies*, v. 17, n. 1, p. 1-19, 1994.

BARAHONA, Marvin. *Honduras en el siglo XX*: una síntesis histórica. Tegucigalpa: Guaymuras, 2005.

BARUDY, Jorge et al. *Así buscamos rehacernos*: represión, exilio y trabajo psico-social. Santiago: Colat-Celadec, 1980.

BATTAGLIA, Salvatore. *Grande dizionario della lingua italiana*. Torino: Torinese, 1968.

BERNALDO DE QUIRÓS, Pilar González (Coord.). Dossiê: Emigrar en tiempos de crisis al país de los derechos humanos. Exilios latinoamericanos en Francia en el siglo XX. *Anuario de Estudios Americanos*, Sevilla, v. 64, n. 1, p. 293-328, ene./jun. 2007.

BERNETTI, Jorge Luis; GIARDINELLI, Mempo. *México*: el exilio que hemos vivido. Buenos Aires: Editorial de la Universidad Nacional de Quilmes, 2003.

BERGEL, Martín. Nomadismo proselitista y revolución: notas para una caracterización del primer exilio aprista (1923-1931). *Estudios Interdisciplinarios de América Latina y el Caribe*, v. 19, n. 2, p. 41-66, 2009.

BOMILLA, Emma. *Continuismo y dictadura*. Tegucigalpa: Litográfica Comyagüela, 1989.

CABRERA INFANTE, Guillermo. The invisible exile. In: GLAD, John (Ed.). *Literature in exile*. Durham: Duke University Press, 1990. p. 36-37.

CALANDRA, Benedetta. *L'America della solidarietà l'accoglienza dei rifugiati cileni e argentini negli Stati Uniti (1973-1983)*. Roma: Nuova Cultura, 2006.

CARNEIRO, Maria Luiza Tucci; SANTOS, Viviane Teresinha dos. *Inventário Deops — Módulo II*. Estudantes: os subversivos das arcadas. São Paulo: Arquivo do Estado, 1999.

CAVALCANTI, Pedro Celso Uchôa; RAMOS, Jovelino. *Memórias do exílio*: Brasil 1964/19??. São Paulo: Livramento, 1978.

COSER, Lewis A. *Refugee scholars in America*. New Haven: Yale University Press, 1984.

COSTA, Albertina de Oliveira et al. *Memórias das mulheres do exílio*: obra coletiva. Rio de Janeiro: Paz e Terra, 1980.

COVARRUBIAS OROZCO, Sebastián. *Tesoro de la lengua castellana*. Barcelona: S.A. Horta, 1943.

CUNHA-GABBAI, Gloria da. *El exilio*: realidad y ficción. Montevideo: Arca, 1992.

DEL POZO ARTIGAS, José (Coord.). *Exiliados, emigrados y retornados chilenos en América y Europa, 1973-2004*. Santiago: RIL, 2006.

DÍAZ, Luis Miguel; RODRIGUEZ DE ITA, Guadalupe. Bases histórico-jurídicas de la política mexicana de asilo diplomático. In: DUTRÉNIT-BIELOUS, Silvia; RODRIGUEZ DE ITA, Guadalupe (Comps.). *Asilo diplomático mexicano en el Cono Sur*. Mexico: Instituto Mora; SRE, 1999. p. 63-85.

DUTRÉNIT-BIELOUS, Silvia (Coord.). *El Uruguay del exilio*: gente, circunstancias, escenarios. Montevideo: Trilce, 2006.

_____; ALLIER MONTAÑO, Eugenia; LOS SANTOS, Enrique Coraza. *Tiempos de exilios*: memoria e historia de españoles y uruguayos. Colonia Suiza: CeAlCI — Fundación Carolina e Instituto Mora, 2008.

EL DICCIONARIO OXFORD. Oxford: Clarendon, 1989.

ESTRADE, Paul. *La colonia cubana de París, 1895-1898*. La Habana: Editorial de Ciencias Sociales, 1984.

FAY, Ingrid E.; RACINE, Karen (Eds.). *Strange pilgrimages*: exile, travel and national identity in Latin America, 1800-1990s. Wilmington: Scholarly Resources, 2000.

FRANCO, Marina. *Exilio*: argentinos en Francia durante la dictadura. Buenos Aires: Siglo XXI, 2007.

GAILLARD, Anne Marie. *Exils et retours*: itineraires chiliens. Paris: Ciemi; L'Harmattan, 1997.

GISBERT, Teresa. Situación jurídica de la Audiencia de Charcas y primeros levantamientos. In: DE MESA, José; GISBERT, Teresa; GISBERT, Carlos D. Mesa. *Historia de Bolivia*. La Paz: Gisbert, 1999.

GOLDEBERG, Florinda. Latin American migrant writers: "nomadic, decentered, contrapuntal". In: RONIGER, Luis; WAISMAN, Carlos H. *Globality and multiple modernities*: comparative North American and Latin American perspectives. Brighton: Sussex Academic Press, 2002. p. 285-312.

GÓMEZ, Albino. *Exilios (porqué volvieron)*. Rosario: Homo Sapiens, 1999.

GONZALEZ, Mike. Exile. In: BALDERSTON, Daniel; GONZALEZ, Mike; LÓPEZ, Ana M. *Encyclopedia of contemporary Latin American and Caribbean cultures*. London; New York: Routledge, 2000. v. 2, p. 539-540.

GREEN, James. *We cannot remain silent*: opposition to the Brazilian military dictatorship in the United States. Durham: Duke University Press, 2009.

GRINBERG, Luis; GRINBERG, Rebeca. *Psicoanálisis de la migración y del exilio*. Madrid: Alianza, 1984.

GUELAR, Diana; JARACH, Vera; RUIZ, Beatriz. *Los chicos del exilio*: Argentina (1975- -1984). Buenos Aires: El País de Nomeolvides, 2002.

GUERRA, François-Xavier. La lumière et ses reflets: Paris et la politique latino-américain. In: *Le Paris des étrangers*. Paris: Edition de l'Imprimerie Nationale, 1989. p. 171-182.

GUILLÉN, Claudio. *Múltiples moradas*. Barcelona: Tusquets, 1998.

HECHTER, Michael. *Principles of group solidarity*. Berkeley: University of California Press, 1987.

IWANSKA, Alicja. *Exiled governments*. Cambridge: Schenkman, 1981.

JENSEN, Silvina. Representaciones del exilio y de los exiliados en la historia argentina. *Estudios Interdisciplinarios de América Latina y el Caribe*, v. 19, n. 2, p. 19-40, 2009.

_____. *La provincia flotante*: el exilio argentino en Cataluña (1976-2006). Barcelona: Casa de América Cataluña, 2007.

JUREMA, Abelardo. *Exílio*. João Pessoa: Acauá, 1978.

KAMINSKY, Amy K. *After exile*: writing the Latin American diaspora. Minneapolis: University of Minnesota Press, 1999.

LAGOS-POPE, María Inés. Testimonies from exile: works by Hernán Valdés, Eduardo Galeano y David Viñas. In: _____ (Comp.). *Exile in literature*. Lewisburg: Bucknell University Press, 1999.

LE GRAND ROBERT DE LA LANGUE FRANÇAISE. Paris: Le Robert, 1989.

LOVEMAN, Brian. *The constitution of tyranny*. Pittsburgh: University of Pittsburgh Press, 1993.

_____. *For la patria*: politics and the Armed Forces in Latin America. Wilmington: Scholarly Resources, 1999.

LUNA, Félix. *Historia general de la Argentina*. Buenos Aires: Planeta, 1995. v. 5.

LUQUE BRAZÁN, José Carlos. Los refugiados peruanos y sus asociaciones políticas en Santiago de Chile (1990-2006). *Estudios Interdisciplinarios de América Latina y el Caribe*, v. 19, n. 2, p. 93-116, 2009.

MACDOWELL SANTOS, Cecília; TELES, Edson Luís de Almeida; TELES, Janaína de Almeida (Orgs.). *Desarquivando a ditadura*: memória e justiça no Brasil. São Paulo: Hucitec, 2008.

MARKARIAN, Vania. *Left in transformation*: Uruguayan exiles and the Latin American human rights networks, 1967-1984. London: Routledge, 2005.

MCCLENNEN, Sophia A. *The dialectics of exile*. West Lafayette: Purdue University Press, 2004.

MENDEZ-FAITH, Teresa. *Paraguay, novela y exilio*. Sommerville: Slusa, 1992.

MILLER, Martin A. *The Russian revolutionary emigrés, 1825-1870*. Baltimore: Johns Hopkins University Press, 1986.

NAFICY, Hamid. Framing exile: from homeland to homepage. In: _____ (Comp.). *Home, exile, homeland*: film, media and the politics of place. New York: Routledge, 1999.

OUDITT, Sharon. Introduction: dispossession or repositioning? In: OUDITT, Sharon (Comp.). *Displaced persons*: conditions of exile in European culture. Aldershot: Ashgate, 2002.

PELOSSI, Hebe. *Argentinos en Francia*: franceses en Argentina. Buenos Aires: Ciudad Argentina, 1999.

PETERS, John Durham. Exile, nomadism and diaspora: the stakes of mobility in the Western canon. In: NAFICY, Hamid (Ed.). *Home, exile, homeland*: film, media and the politics of place. New York: Routledge, 1999. p. 19-21.

PRESTES MASSENA, Andreia. Entre Brasil e Moçambique: os caminhos percorridos no exílio. *Estudios Interdisciplinarios de América Latina y el Caribe*, v. 19, n. 2, p. 67--92, 2009.

QUADRAT, Samantha Viz. Muito além das fronteiras. In: REIS, Daniel Aarão; RIDENTI, Marcelo; MOTTA, Rodrigo Patto Sá (Orgs.). *O golpe e a ditadura militar*: quarenta anos depois (1964-2004). Bauru: Edusc, 2004.

_____. Solidariedade no exílio: os laços entre argentinos e brasileiros. In: JORNADAS DE HISTORIA RECIENTE, 4, Rosario, maio 2008. *Anais...* Rosario: Facultad de Humanidades y Artes de la Universidad Nacional de Rosario, 2008.

QUEIROZ, Maria José de. *Os males da ausência, ou a literatura do exílio*. Rio de Janeiro: Topbooks, 1998.

Revista de Ciencias Sociales, Universidad de Salamanca, n. 34, ago. 2003.

ROCA, Pilar. *Ismael Viñas*: ideografía de un mestizo. Buenos Aires: Dunken, 2005.

ROLLEMBERG, Denise. *Entre raízes e radares*. Rio de Janeiro: Record, 1999.

RONIGER, Luis; GREEN, James (Coords.). Dossier "Exile and the politics of exclusion in Latin America". *Latin American Perspectives*, v. 34, n. 4, jul. 2007.

_____; SZNAJDER, Mario. Los antecedentes coloniales del exilio político y su proyección en el siglo 19. *Estudios Interdisciplinarios de América Latina y el Caribe*, v. 18, n. 2, p. 31-51, 2008.

_____; _____. *The legacy of human rights violations in the Southern Cone*: Argentina, Chile and Uruguay. Oxford: Oxford University Press, 1999.

_____; YANKELEVICH, Pablo. Exilio y política en América Latina: nuevos estudios y avances teóricos. *Estudios Interdisciplinarios de América Latina y el Caribe*, v. 19, n. 2, 2009. Dossier especial sobre exilio y política en América Latina.

ROWE, William; WHITFIELD, Teresa. Thresholds of identity: literature and exile in Latin America. *Third World Quarterly*, v. 9, n. 1, p. 232-255, 1997.

SÁENZ CARRETE, Erasmo. *El exilio latinoamericano en Francia*: 1964-1979. México: Potrerillos, 1995. (Escrito originalmente em torno de 1980.)

SAID, Edward. The mind of winter: reflection on life in exile. *Harper's Magazine*, p. 49-56, Sept. 1984.

SHAIN, Yossi. *In search of loyalty and recognition*. Dissertation (Ph.D.) — Yale University, New Haven, 1988.

_____. *The frontier of loyalty*: political exiles in the age of the nation-states. Middletown: Wesleyan University Press, 1989.

SHEFFER, Gabriel. *Diaspora politics at home and abroad*. Cambridge: Cambridge University Press, 2003.

SHKLAR, Judith N. Obligation, loyalty, exile. In: _____. Edited by Stanley Hoffman. *Political thought and political thinkers*. Chicago: University of Chicago Press, 1998a. p. 38-55.

_____. The bonds of exile. In: _____. Edited by Stanley Hoffman. *Political thought and political thinkers*. Chicago: University of Chicago Press, 1998b. p. 56-72.

SIMPSON, John. *The Oxford book of exile*. Oxford: Oxford University Press, 1995.

SZNAJDER, Mario; RONIGER, Luis. *The politics of exile in Latin America*. New York: Cambridge University Press, 2009.

TABORI, Paul. *The anatomy of exile*: a semantic and historical study. London: Harrap, 1972.

TAVARES, Flavio. *Memórias do esquecimento*. São Paulo: Globo, 1999.

TRÉSOR DE LA LANGUE FRANÇAISE. Paris, 1980. v. 8.

TRIGO, Abril. *Memorias migrantes*: testimonios y ensayos sobre la diáspora uruguaya. Buenos Aires: Beatriz Viterbo; Montevideo: Trilce, 2003.

TWEED, Thomas A. *Our lady of the exile*: diasporic religion at a Cuban Cathlolic shrine in Miami. New York: Oxford University Press, 1997.

ULANOVSKY, Carlos. *Seamos felices mientras estamos aquí*. Buenos Aires: Sudamericana, 2001.

VASQUEZ, Ana; ARAUJO, Ana María. *Exils latino-américains*: la malediction d'Ulysse. Paris: Ciemi; L'Harmattan, 1988.

_____; BRITO, Angela Xavier de. La situation de l'exilé: essai de généralisation fondé sur l'exemple de réfugiés latino-américains. *Intercultures*, n. 21, p. 51-66, 1993.

VOCABOLARIO DELLA LINGUA ITALIANA. Rome: Istituto della Enciclopedia Italiana, 1987. v. II.

WRIGHT, Thomas. *State terrorism in Latin America*: Chile, Argentina, and international human rights. New York: Rowman & Littlefield, 2007.

YANKELEVICH, Pablo. *México, país refugio*: la experiencia de los exilios en el siglo XX. México: Inah; Plaza y Valdés, 2002.

_____ (Coord.). *Represión y destierro*: itinerarios del exilio argentino. La Plata: Al Margen, 2004.

_____; JENSEN, Silvina (Coords.). *Exilios*: destinos y experiencias bajo la dictadura militar. Buenos Aires: Libros del Zorzal, 2007.

YUNDT, Keith W. *Latin American States and political refugees*. New York: Praeger, 1988.

PARTE II

Experiências dos exílios latino-americanos pelo mundo

3. OS EXÍLIOS LATINO-AMERICANOS*

Mario Sznajder**

Os problemas do exílio são múltiplos, e é difícil reduzi-los a um breve trabalho. Centrar-se nas pautas do exílio e do exílio serial é somente apresentar dois aspectos de um fenômeno muito amplo e complexo. Contudo, as pautas do exílio definem uma parte do fenômeno em forma dinâmica, enquanto o exílio em série não só acentua o dinamismo do fenômeno, como, por meio de casos pessoais e detalhes, acentua sua complexidade e mudanças. Se tomarmos como base o modelo triangular de país expulsor/exilado/país anfitrião, poderemos observar que tanto as pautas do exílio quanto o exílio em série se relacionam a estes três lados do triângulo. Se juntarmos a estes a esfera pública internacional, que agregaria um quarto lado ao modelo, veremos que os três primeiros se relacionam, com o correr da segunda metade do século XX, mais e mais com este quarto lado. As interações são complexas e, embora seja fácil assinalar a relação causal entre políticas autoritárias e exílio, tanto o modelo triangular quanto o quadrangular não nos permitem descartar a possibilidade de uma relação causal entre democracia e exílio. É verdade que políticas de exílio caracterizam os governos autoritários. Mas, sob governos democráticos instáveis, violentos ou limitados,

---

* Este texto foi preparado no âmbito do grupo de estudos "Contesting liberal citizenship", realizado no Institute for Advanced Studies (IAS) da Universidade Hebraica de Jerusalém entre março e setembro de 2009.
**Professor titular do Departamento de Ciência Política da Universidade Hebraica de Jerusalém. Pesquisador associado do Truman Institute for the Advancement of Peace [Instituto Truman para a Promoção da Paz]. Publicou diversos artigos em periódicos científicos sobre fascismo, direitos humanos, democracia e Oriente Médio. Autor e organizador de inúmeras publicações, entre elas *The birth of fascist ideology* (com Zeev Sternhell e Maia Asheri, 1989); *Constructing collective identities and shaping public spheres* (com Luis Roniger, 1998); *Politics, social ethos and identity in contemporary Cuba* (com Luis Roniger, 2001).

não se pode excluir o exílio como produto direto da situação política reinante em um país que já não é expulsor institucional, mas vive uma situação que gera exílio.

Pautas do exílio

Aqueles que se foram de seus países não seguiram uma só pauta de expatriação, exílio e fuga. Houve muitos que conseguiram ingressar numa embaixada estrangeira, onde receberam asilo político, para ir-se logo para um país anfitrião de acordo com normas inter-regionais e internacionais de asilo. Outros escaparam de seu país de origem e buscaram refúgio em um país estrangeiro. Também houve aqueles que, temendo por suas vidas, partiram com a ajuda de organizações de direitos humanos ou de refugiados internacionais. Houve os que foram induzidos a exilar-se depois de serem excluídos de qualquer possibilidade de encontrar trabalho, serem despedidos e incluídos na lista negra de "problemáticos".[1] Finalmente, houve indivíduos que deixaram seu país de origem depois de passar tempos na prisão, libertados pelo governo repressor sob a condição de que fossem recebidos por outro país (Tarres, 2007:23).

Frequentemente, após a última onda de ditaduras latino-americanas, o exílio começou como um deslocamento voluntário de pessoas que, sem terem sido parte do governo derrubado, simpatizaram com este ou eram ativistas. Em um esquema de governo autoritário tradicional, esses indivíduos geralmente deixam de ser perseguidos. Ao cessar seu envolvimento político, ficavam liberados de possível repressão e talvez pudessem retomar sua vida normal, desconectados de qualquer envolvimento político. Tinham sido politicamente "desmobilizados". Nesta situação, quando a esfera política se fecha, ficam abertos os campos na esfera pública, desde que o ocorrido nesta não interfira na política dos governantes e desde que as massas continuem efetivamente despolitizadas e desmobilizadas. Esse foi o caso do Brasil desde o golpe de 1964 até a mudança institucional que teve lugar em dezembro de 1968. Neste período, enquanto o sistema político era controlado de cima pelas Forças Armadas e os

---

[1] No caso da Argentina houve uma lei (Ley de Prescindibilidad, nº 21.260/76) que permitiu despedir empregados públicos suspeitos de estar conectados com atividades "subversivas". Esta lei foi tão ambígua como foi a Ley de Seguridad Estatal, que apontou pessoas consideradas inimigos do Estado ou da nação. Legislação similar havia existido em outros países também desde a independência, como é analisado por Loveman (1994).

Os exílios latino-americanos

governantes civis derrubados escapavam do país para o exílio, ainda era possível levar uma vida acadêmica e intelectual de forma mais ou menos aberta, com textos marxistas e debates públicos pujantes, embora os elementos mais radicais na esquerda ainda perseguissem o caminho da rebelião armada e da guerrilha (Krishnan e Odynak, 1987:385-397; Schwarz, 1992:126-159).

Os países expulsores

[Mapa da América Latina indicando os países expulsores de exilados, com os seguintes dados:]

- México — anos 1910-1920
- Guatemala — anos 1980
- Cuba — 1959-anos 2000
- Haiti
- República Dominicana — anos 1930-1950
- Honduras
- El Salvador — anos 1980
- Costa Rica
- Nicarágua — anos 1930-1970
- Panamá — anos 1980
- Venezuela
- Colômbia — anos 1990-2000
- Equador
- Peru
- Brasil — anos 1880; anos 1920-1930; anos 1960-1970
- Bolívia
- Paraguai
- Chile — anos 1820-1830; anos 1970-1980
- Argentina — anos 1830-1850; anos 1970-1980
- Uruguai — anos 1810; anos 1970-1980

Tamanho relativo das ondas de exílio:
- • Pequeno
- ● Médio
- ⬤ Grande
- ✴ Muito grande

Período de exílio:
- ○ Século XIX
- ● Século XX

As décadas são indicadas em particular quando um período se destaca em relação a indivíduos expulsos ou que fugiram

0 — km — 2.500

67

Em situações políticas nas quais os governantes adotaram enfoques mais totalitários em sua luta contra a esquerda, como na Argentina entre 1976 e 1983, e no Chile entre 1973 e 1990, a penetração e "limpeza" da sociedade civil de influência marxista e de mobilização política veio em conjunto com um forte fechamento da esfera pública. Nestas situações, o governo repressivo buscou redefinir os princípios básicos da sociedade de forma que demonizasse um amplo espectro das forças sociais e políticas, definindo-as como "inimigos da nação". Mesmo certas disciplinas e profissões eram consideradas subversivas "por natureza" e partidárias da insurreição da guerrilha, como o caso da psicologia e da psicanálise na Argentina. As mudanças passadas por estas profissões na década de 1960 e 1970 foram o terreno para sua perseguição.

Todos aqueles que caíam em uma das "perigosas" categorias eram factíveis de converter-se em vítimas de perseguição ou repressão. Esta pauta gerou uma iniciativa muito forte de deslocamento. Dessa forma, muitos indivíduos, que vinham de distintos âmbitos do espectro político e da sociedade civil, optaram por partir — como se fosse voluntário —, tornando difícil poder traçar uma linha divisória entre expulsão e fuga. Deste modo, até indiretamente, o fechamento da esfera pública nestas últimas situações reviveu as velhas opções do século XIX de *encierro, destierro o entierro*: a prisão, o exílio ou a execução.

Em situações desesperadas, muitos perseguidos não tiveram a possibilidade de eleger seu destino, já que precisaram partir por intermédio da primeira embaixada disponível ou para o primeiro país que os deixasse entrar. Aqui, algumas vezes as origens étnicas e nacionais cumpriram um papel. Recorrer às origens étnicas e nacionais para obter documentos e a possibilidade de entrar no país de origem ancestral foi uma possibilidade. Indivíduos perseguidos e ameaçados se dirigiram aos representantes da Espanha, Itália, Alemanha, Inglaterra, Suíça e outros países europeus. Destacado foi o caso de Israel, cujos representantes foram contatados por pessoas perseguidas de origem judia que, na maior parte dos casos, como militantes da esquerda, se opunham ideologicamente ao sionismo e às políticas do governo de Israel.[2]

Em princípio, embora limitados em suas decisões da mesma forma que em exílios passados, os exilados do século XX tiveram vias mais amplas. Em particular, o âmbito da arena global dividida por convicções ideológicas determi-

---

[2] Os vínculos entre a fuga e o exílio merecem uma análise especial e serão examinados em uma seção seguinte deste capítulo, especialmente em conexão com os casos de Israel e Itália, sobre os quais há mais documentação.

nou que a questão do asilo se tornasse intimamente conectada a considerações de política exterior e à luta contra a propaganda política do campo ideológico oposto.

O outorgamento de asilo a um refugiado é uma crítica implícita ao tratamento de outro país a seus cidadãos, pelo qual os Estados são geralmente rápidos em aceitar refugiados de seus inimigos, mas duvidosos de aceitar os de amigos. Uma política de asilo assim foi comum durante a Guerra Fria [...] Os Estados Unidos na década de 1980 geralmente admitiram a entrada de pessoas da Nicarágua e cubanos, mas rechaçaram exilados e refugiados de El Salvador e Haiti [Steiner, 2000:3-4].

Este âmbito, que facilitou o movimento de exílios para países com um sistema de valores próximo ao próprio, foi repetido no extremo oposto do espectro político por exilados de esquerda e refugiados que foram a Cuba e a países comunistas na Europa Oriental, como no caso dos membros do Partido Comunista do Chile, muitos dos quais se exilaram na Alemanha Oriental.[3]

Com o crescente desenvolvimento de meios de transporte, muito mais indivíduos puderam mover-se para destinos a grande distância de seus lares, deste modo ressaltando fatores como as oportunidades políticas e socioeconômicas de instalar-se em países da Europa ou da América do Norte. Muitos latino-americanos se exilaram na Suécia, na Inglaterra, na França, na Itália, na Alemanha Ocidental, na Holanda, na Bélgica, no Canadá e nos Estados Unidos.

A Suécia, que se converteu em um polo de recepção de exilados políticos por muitas razões, merece atenção especial. Desde 1968, o governo social-democrata de Olof Palme desenvolveu uma política de efetiva neutralidade orientada para o Terceiro Mundo e simpatizante dos movimentos de libertação. A Suécia foi um país de imigração desde as vésperas da II Guerra Mundial, mas restringiu de forma crescente suas políticas de recepção. Em 1972, a Suécia tomou a decisão de permitir a entrada e residência só de refugiados políticos por motivos humanitários ou de unificação familiar. Por conseguinte, a infraestrutura desenvolvida para facilitar a absorção de imigrantes, que incluiu assistentes sociais, professores do idioma sueco, assessores ocupacionais e um ambiente de bem-providos campos de refugiados pôde ser redirecionado para atender as necessidades de refugiados políticos provenientes da América

---

[3] Testemunho de José Rodríguez Elizondo em Jerusalém, março de 2000 e 1996.

do Sul quando se produziram tomadas de poder por militares. O país foi particularmente receptivo a vítimas da perseguição de Pinochet, que chegaram desde 1973. Uma simpatia com o experimento de Allende com o socialismo democrático afetou a sensibilidade da social-democracia Sueca e gerou o estabelecimento de um comitê de solidariedade ao Chile em 1971, logo reproduzido em comitês similares de solidariedade a outros países da América Latina. Este comitê ampliou destacadamente suas atividades depois do golpe de 1973. Publicou um boletim bimensal, com tiragem de 20 mil cópias em seu começo. O comitê foi dissolvido 20 anos depois de sua fundação, em 1991, quando o Chile retornou à democracia. Exilados e migrantes chilenos se converteram na maior comunidade de latino-americanos na Suécia, alcançando um total de 27.841 de 47.980 pessoas registradas no Centro Estatístico da Suécia (SCB) em 1990.[4] Além de oportunidades de estudo e trabalho, liberdade e estabilidade, o centro de países do Ocidente desenvolvido também deu acesso à esfera pública internacional, e os principais domínios não eram só da política, mas também eram discutidas as violações de direitos humanos e se pôde atuar contra os governos autoritários de origem.

Proximidade cultural ou geográfica, especialmente se vinculada com um governo democrático e/ou receptivo, também eram fatores importantes. Por exemplo, muitos chilenos — entre eles o Prêmio Nobel Pablo Neruda — foram para a Argentina em fins dos anos 1940, quando o Partido Comunista foi proscrito. Uma vez mais, depois do golpe militar de 1973 no Chile, outras ondas de exílio, incluindo o general Carlos Prats, o constitucionalista comandante do Exército do Chile durante o governo de Allende, cruzaram os Andes. Em 1974 havia em torno de 15 mil chilenos exilados na Argentina e 1.500 no Peru. Em 1976, a tomada do poder militar na Argentina pôs em perigo os exilados chilenos e refugiados ali. O Alto Comissariado das Nações Unidas para Refugiados (Acnur) interveio e reinstalou cerca de 30 mil refugiados chilenos em outros países da América Latina, Europa e Austrália (Angell, 1989:215-245).

Por conseguinte, as figuras indicam uma dispersão progressiva enquanto os países da América Latina passaram a estar sob controle militar. Dados parciais de 1984 refletem esta tendência em relação aos expatriados chilenos: cerca de 47% deles ainda estavam na América Latina, agora principalmente na Vene-

---

[4] Em 1989 havia 26.292 chilenos na Suécia, mas só 2.396 uruguaios, 2.341 argentinos e 1.907 bolivianos (Moore, 1993:161-183).

zuela (que albergava 44% deles); 37% na Europa Ocidental (Espanha, 10%; França, 8,3%; Itália, 6,6% e Suécia, 5,5%); e 8% na América do Norte (com 6,7% dos mesmos no Canadá). Até a Austrália recebeu 5%, e a Europa Oriental e a África, 3%. Naquele tempo, os exilados chilenos estavam estabelecidos em cerca de 120 países (Llambias-Wolff, 1993:579-597).

De forma similar, ao longo do século XX, a maioria dos exilados paraguaios foi para a Argentina enquanto tentava escapar da perseguição política de seu país. Contudo, depois de 1954, o general Alfredo Stroessner construiu uma rede intrincada de espiões e colaboradores para infiltrar-se nesta comunidade de exilados e imigrantes com a intenção de controlar as atividades opositoras dos elementos políticos ativos entre eles.

O caso do Uruguai sob mando militar é também ilustrativo dos efeitos combinados de eleição de países vizinhos como lugares para sua fuga, subsequentemente suplantados por caminhos expandidos de dispersão. Em torno de 1973, muitos refugiados políticos uruguaios e exilados foram para a Argentina, onde encontraram refúgio até que grupos locais antiesquerda e os militares que tomaram o poder os perseguissem. O exílio de uruguaios foi acompanhado por uma onda de migração com motivações socioeconômicas e políticas misturadas, composta por centenas de milhares de pessoas. Em finais da década de 1970 e de 1980, cerca da metade do número havia migrado para a Argentina, mas os Estados Unidos e a Austrália também haviam atraído um significativo número de expatriados uruguaios.

Outro caso de deslocamento em termos de proximidade geográfica e cultural incluiu a transferência de ativistas da bacia caribenha e da América Central para o México na década de 1950, um período de turbulência política em todas essas áreas. Como foi analisado antes, o México outorgou hospitalidade e asilo político às forças progressistas e antiditatoriais ali perseguidas.

Depois da revolução cubana, além de escapar para os Estados Unidos, importantes grupos de cubanos, muitos deles exilados, se reinstalaram na Costa Rica, na Colômbia, no México e no Panamá, ampliando algumas das redes prévias de conacionais estabelecidos nesses países.

A regra "refúgio do outro lado ou além da fronteira" se torna mais acentuada em situações de guerra civil, como se vê naqueles que escaparam de El Salvador ou da Guatemala na década de 1980. O número de salvadorenhos vivendo no estrangeiro em 1980 totalizou 750 mil, o que representava 16,2% da população desse país. A migração de princípios dos anos 1980 agregou mais a esse número. De acordo com o Acnur, o número de refugiados salvadorenhos alcançou 245.500 em 1984. Estavam distribuídos da seguinte maneira: 175 mil na Nicarágua, 120 mil no México, 70 mil na Guatemala, 20 mil em Honduras, 10 mil na Costa Rica, 7 mil em Belize e mil no Panamá (Mármora, 1986:275--293).[5] Muitos deles se moveram em busca de melhores oportunidades econômicas e, entre emigrados e refugiados, acabaram instalando-se 1 milhão destes nos Estados Unidos (Montes, 1988:107-126).

O fator de proximidade também teve peso no caso dos exilados do Haiti, onde foi mais central ainda, devido à pobreza original dos refugiados haitianos. Apesar de terem sido vistos com desconfiança e animosidade desde o começo da invasão no século XIX, e de falarem um idioma diferente dos dominicanos, muitos haitianos se deslocaram para a República Dominicana, quando tiveram de deixar seu país de origem por perseguições políticas ou opressão. Ao longo do século XX, entre 250 mil e 500 mil haitianos se instalaram na República Dominicana. Um número mais reduzido se mudou para os Estados Unidos, enquanto deslocar-se para a França estava além dos limites para muitos, apesar da afinidade linguística e de a França ser um país próspero e estável. Só cerca de 4.500 haitianos residiam na França na década de 1980, de acordo com a Ofpra, uma agência responsável por determinar o *status* de refugiados. É difícil diferenciar entre haitianos expulsos pela instabilidade política e os que migraram por preocupações de subsistência econômica, mas a eleição da República Dominicana reflete o peso da proximidade. Outros destinos foram mais atraentes em termos de perspectivas econômicas apenas, como o deslocamento de muitos dominicanos vivendo ilegalmente em Porto Rico, buscando trabalho e possivelmente uma entrada nos Estados Unidos.

Talvez as variáveis mais importantes intervindo em selecionar os caminhos do exílio tenham sido o entorno político e o estabelecimento cultural nos eventuais países anfitriões. A maioria dos exilados escapando da perseguição de governantes ditatoriais preferiu instalar-se em países democráticos. Um país próximo de seu lar original, com um respeitável nível de "liberdade" e "democracia", era uma das possibilidades mais bem-vistas. Manuel Jirón, um nicaraguense que teve que fugir de seu país de origem

---

[5] As estimativas demográficas com respeito aos salvadorenhos incluem tanto refugiados quanto emigrados por motivos econômicos e outros.

tanto sob a ditadura de Somoza quanto depois sob os sandinistas, lembra a comunidade de conacionais em exílio formada nos tempos de Somoza em San José de Costa Rica, com seus membros — entre eles Pedro Joaquín Chamorro, sua esposa Violeta Chamorro, o "atormentado poeta" Manolo Cuadra, Teño López e o intelectual Gonzalo Rivas Novoa — argumentando e discutindo os problemas da Nicarágua em voz alta nas casas de café de San José (Jirón, 1983).

Todavia, inclusive se o país de recepção não era democrático, como foi o caso da Nicarágua em fins dos anos 1940 e nos anos 1950, podia fornecer um ambiente hospitaleiro para os exilados que fugiam da Costa Rica depois da guerra civil de 1948. Somoza deu boas-vindas na Nicarágua àqueles perseguidos pelo governo de José Figueres, principalmente indivíduos associados ao anterior presidente Rafael Angel Calderón Guardia, ao movimento trabalhista associado com os comunistas e partes da oligarquia. Anastasio Somoza, que havia apoiado Calderón na guerra civil, recebeu os exilados. Quando em 1954 Figueres permitiu aos exilados da Nicarágua na Costa Rica montar e executar uma invasão em seu país de origem para derrubar Somoza, o presidente da Nicarágua adotou represálias iniciando uma invasão da Costa Rica em janeiro de 1955, integrando exilados da Costa Rica no ataque que quase custou a Figueres sua presidência, não fosse pela rápida intervenção da Organização dos Estados Americanos e dos Estados Unidos (Atkins, 1997:106). Como no passado, a proximidade com o país de origem era uma vantagem, já que mantinha a esperança de um retorno rápido.

Se o deslocamento era para um lugar distante, como a Europa, a afinidade cultural podia pesar a favor da Espanha sobre outros destinos. Embora fosse relativamente subdesenvolvida em comparação com outros destinos europeus durante o auge da repressão na América Latina na década de 1970, o fato de compartilhar o idioma espanhol foi um fator importante de atração, inclusive antes da democratização, e se acentuou depois da morte de Franco e da abertura democrática espanhola. Testemunhos de exilados latino-americanos na Suécia e em Israel dão conta da atração que exerceram a Espanha e o México sobre eles, apesar das melhores condições que lhes deram as autoridades suecas ou israelenses.[6]

---

[6] Entrevista com Elda Gonzalez, Madri, 26 jun. 1998; Guelar, Jarach e Ruiz (2002); Gazit (2005).

Caminhos cruzados

Os lugares de exílio

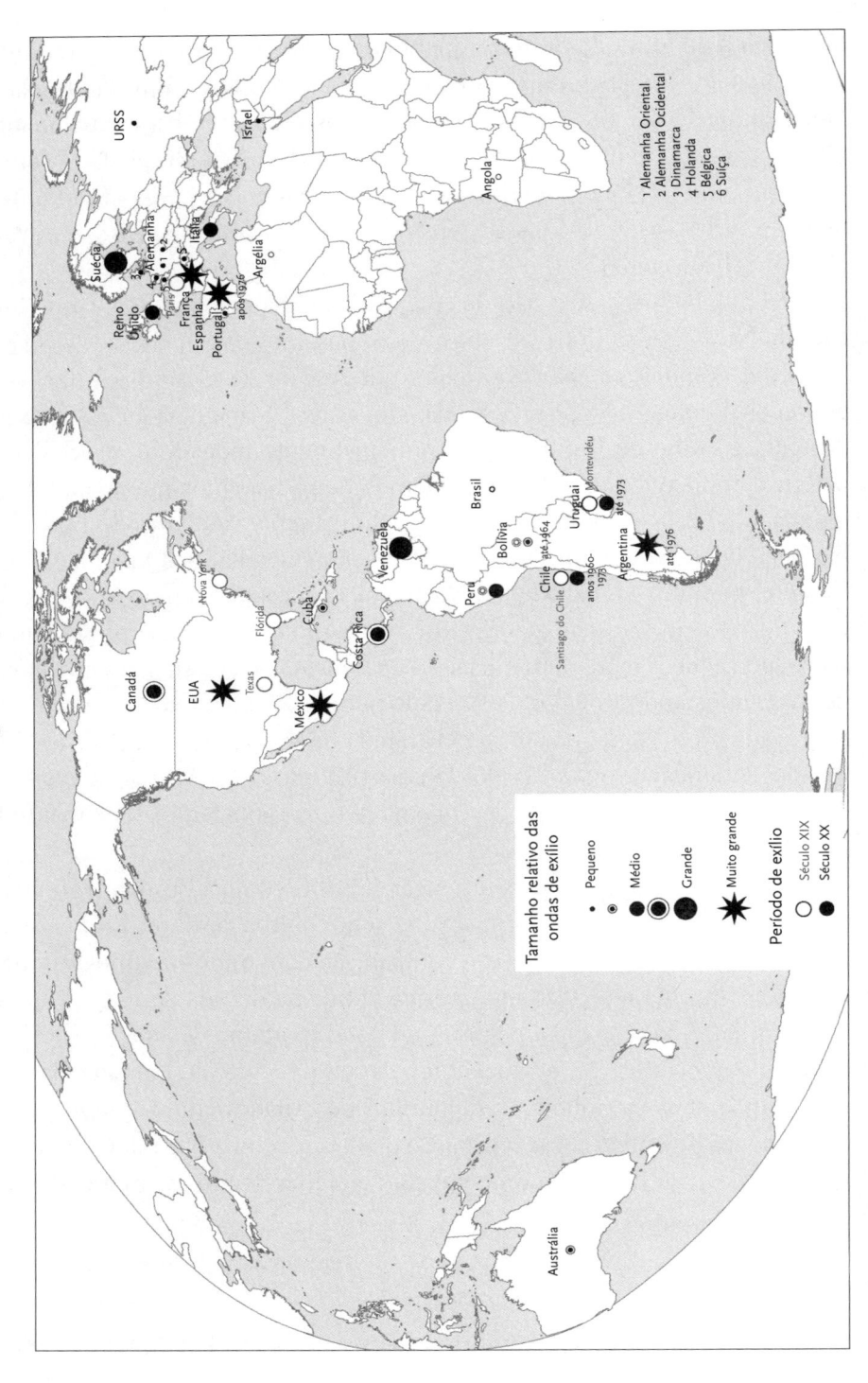

Tamanho relativo das ondas de exílio
- · Pequeno
- ⊙ Médio
- ○ ● Grande
- ● Muito grande
- ✸ Muito grande

Período de exílio
- ○ Século XIX
- ● Século XX

1 Alemanha Oriental
2 Alemanha Ocidental
3 Dinamarca
4 Holanda
5 Bélgica
6 Suíça

Locais identificados no mapa: URSS, Israel, Suécia, Reino Unido, Alemanha, Itália, França, Espanha, Portugal (após 1926), Argélia, Angola, Canadá, Nova York, EUA, Texas, Flórida, Cuba, México, Costa Rica, Venezuela, Brasil, Peru, Bolívia, Chile (até 1964), Santiago do Chile (anos 1960-1973), Uruguai, Montevidéu (até 1973), Argentina (até 1976), Austrália.

74

A Espanha atraiu de forma crescente o maior número de exilados latino-americanos e refugiados dentro da Europa, em paralelo com a chegada de muitos migrantes motivados por questões econômicas. Entre os latino-americanos, os grupos mais numerosos na Espanha em meados dos anos 1980 eram argentinos (42.358), chilenos (28.717), uruguaios (10.966) e dominicanos (8.818). Outras estimativas situam esses números ainda mais alto. O consulado argentino em Madri estimou que 25 mil conacionais residiram na cidade. Cerca de 9 mil argentinos tiveram residência permanente enquanto outros 3 mil tinham residência temporária. Estimavam-se outros 25 mil não documentados. O consulado em Barcelona estimou que mais de 25 mil argentinos tinham se instalado na Catalunha, enquanto supunha-se que 5 mil/6 mil residiam no Sul da Espanha e alguns milhares mais nas Ilhas Baleares. No mesmo período, 2.809 chilenos tinham obtido a cidadania espanhola; 4.301 possuíam permissão de residência; e 1.877 eram residentes permanentes. Cerca de 20 mil chilenos eram estimados como não documentados na Espanha, a maioria deles nas áreas de Madri (mais de 15 mil) e Barcelona (cerca de 5 mil). No mesmo período, a maioria dos uruguaios na Espanha estava na área de Barcelona (mais de 5 mil). Estas cifras parciais são uma indicação da atração da Espanha para os exilados, representada principalmente por argentinos, chilenos e uruguaios, assim como para migrantes, representados majoritariamente por dominicanos. É difícil distinguir entre a afinidade cultural e econômica e a atração política, que se tornou cada vez mais importante no caso da Espanha. Lembranças e memórias pessoais dão testemunho do peso do primeiro fator, embora antes que a Espanha se tornasse um país aberto política e economicamente. Os fatores atrativos sobrepuseram distâncias para possíveis exilados da América Latina, deste modo invertendo as pautas de fins do século XIX e primeiras décadas do século XX, de emigração e exílio espanhóis nas Américas.[7]

Outros destinos europeus como Suécia ou França receberam um número muito menor de exilados e refugiados. Quando os fatores anteriores tiveram papel secundário em situar as rotas de fuga, conexões políticas afetaram o número diferencial de indivíduos transferidos de vários países da América Latina. Então, como vimos, muito mais chilenos que outros sul-americanos chegaram à Suécia, devido às conexões da social-democracia chilena e o partido Democratas Suecos (SD) no poder no país nórdico. Outros países escandinavos

---

[7] A fonte destas cifras é o governo espanhol, UNHCR-Acnur e ONGs em Cispla (1982).

também receberam exilados latino-americanos, se bem que em número menor. Por exemplo, até agosto de 1987, a Dinamarca só havia recebido 800 chilenos (Moore, Frykman e Rossielo, 1993:164-165).

Exílio em série

O desejo político dos exilados por continuar com a luta contra a ditadura em seus lugares de origem é um fator maior na constituição do fenômeno do exílio em série. Definimos o exílio em série como o subsequente e às vezes recorrente deslocamento de um lugar de exílio a outro, dado que os países nos quais os indivíduos se refugiam restringem sua liberdade de ação.

Essas restrições se dão geralmente devido a políticas de asilo, a pressões do país de origem, ou o caso de um país anfitrião entrando em um período de repressão política e ditadura. Estes fatores existiram já no século XIX, e servem de exemplo os casos de Simón Bolívar e José Martí. No século XX, o fenômeno se intensificou. Na década de 1970, Peru, México e Venezuela eram considerados países estáveis e lugares seguros de refúgio. Desse modo, por exemplo, depois do golpe militar de Pinochet em 1973, esquerdistas chilenos cruzaram a fronteira peruana. Muitos, como o exilado Hugo Álvarez, pensaram que o Peru "era um dos poucos lugares possíveis [de refúgio] que eram próximos e seguros" (Baron, Del Carril e Gómez, 1995:410).

Mas as autoridades do Peru restringiram as atividades de exilados políticos e muitos, incluindo Álvarez, se sentiram pressionados a ressituar-se em um segundo *lieu d'exil*, em seu caso, na Suécia. A redemocratizada Venezuela, e especialmente Caracas, atraiu exilados de toda a América Latina. Entre aqueles instalando-se havia líderes do Partido Revolucionario de Izquierda Nacionalista (Prin) da Bolívia, e do Movimiento de Izquierda Revolucionaria (MIR), o líder Leonel Brizola, do Partido Trabalhista do Brasil, ativistas políticos de Curaçao e Aruba, líderes do Partido Social-Democrático Panameño (PSDP), e os *febreristas* paraguaios. Representantes de distintos partidos políticos do Cone Sul, vivendo no exílio em Caracas, criaram um comitê coordenador das forças democráticas, a Junta Coordinadora de las Fuerzas Democráticas del Cono Sur. Esta organização contou entre suas fileiras com Aniceto Rodríguez, do Partido Socialista de Chile, Adolfo Gass, do Partido Radical na Argentina, Oscar Maggido, da Frente Amplio de Uruguay, Elpidio Yegros, do Partido

Os exílios latino-americanos

Os exílios e voltas de Simón Bolívar

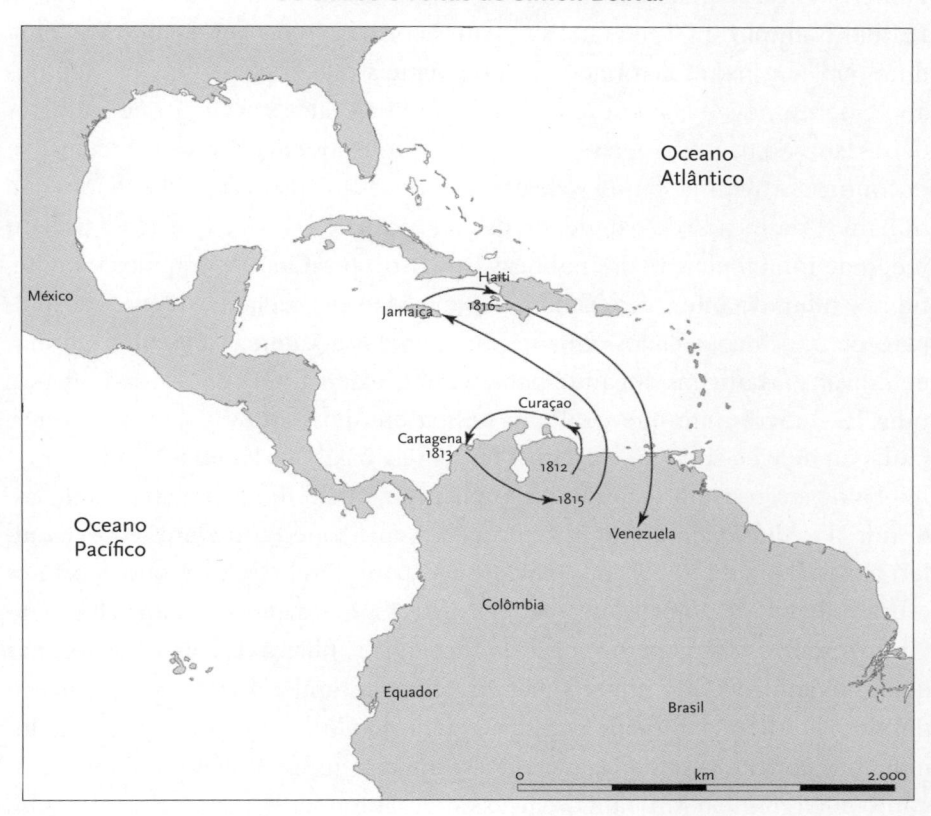

O exílio em série de José Martí

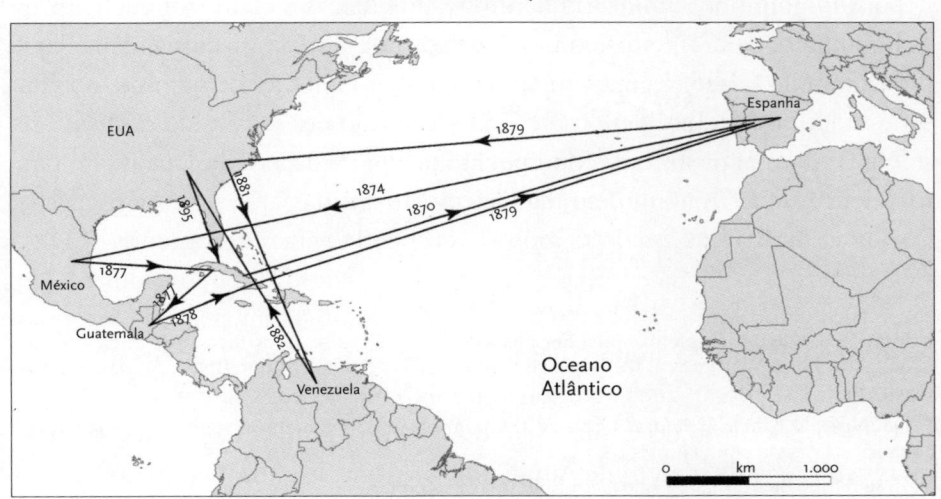

Febrerista do Paraguai, Erwin Moller, do Prin da Bolívia, e Mario Astorga, do Partido Radical do Chile, que tentaram coordenar suas ações contra as ditaduras em seus países de origem.[8] A democracia venezuelana desenvolveu nos anos 1990 uma situação de polarização política que provocou que milhares deixassem seu país de origem para o exílio. Junto aos cidadãos venezuelanos se encontravam algumas famílias de um número estimado de 30 mil cubanos que tinham se deslocado do país depois da revolução de Castro e que agora tinham medo de uma repetição das políticas de Castro por Chávez. Paradoxalmente, filhas e filhos de anteriores exilados cubanos na Venezuela recentemente compareceram aos consulados cubanos em Caracas e Valencia buscando formas de provar suas origens cubanas, para beneficiar-se da Acta de Ajuste Cubano, uma lei que permite que qualquer pessoa que possa provar que nasceu em Cuba ou de pais cubanos alcance a residência legal nos Estados Unidos.[9]

Sair para o exílio geralmente implica ser uma vítima de circunstâncias, devido à necessidade de fugir, sem opções, tampouco um claro leque de alternativas. Típico é o caso dos exilados e expatriados brasileiros que deixaram o Brasil depois do golpe militar de 1964. Muitos deles encontraram refúgio no Chile e se filiaram a organizações de ideologia similar à das organizações nas quais haviam militado em seu país de origem. Também apoiaram o projeto político de Allende e foram forçados a fugir do Chile quando os militares tomaram o poder em setembro de 1973. Somaram-se aos exilados chilenos, encontrando refúgio temporário no México. As autoridades mexicanas, contudo, discriminaram claramente entre exilados chilenos e brasileiros que chegaram depois do golpe no Chile. Enquanto os chilenos recebiam os benefícios do asilo político, os brasileiros e outros exilados de diversas nacionalidades, que procediam do Chile, receberam ajuda mas não foram autorizados a trabalhar ou estudar no México. Sendo precária a situação em termos de *status* de residência, esses exilados buscaram possibilidades de asilo e deslocamento para fora do México. "Tentamos com todas [as embaixadas] que se possa imaginar: Paquistão, Índia, Luxemburgo, sempre recebendo respostas negativas."[10]

---

[8] Informe da missão da Internacional Socialista da América Latina, 15-25 mar. 1978. Socialist International Archives (1951-1988) at the International Institute of Social History (IISG), Amsterdam, files 1.125-1.129.

[9] Double exile. *Miami Herald*, 28 Oct. 2007. Disponível em: <www.archives.econ.utah.edu/archives/cubanews>. Acesso em: 12 jun. 2008.

[10] Testemunho de Marijane Lisboa, em Rollemberg (1999:12).

Alguns receberam vistos de turista por um ano na Iugoslávia, enquanto as autoridades mexicanas estavam preparadas para assumir os custos dos voos. Em sua estada na Bélgica esperando no dia seguinte viajar para a Iugoslávia, muitos ficaram ali. Uma vez na Bélgica, as autoridades locais que ajudavam e asilavam os exilados chilenos, se recusaram a reconhecer esse *status* a brasileiros e outros exilados seriais. Por conseguinte, tentaram ter sua condição de refugiados reconhecida pelo escritório local da UNHCR-Acnur. Muitos ficaram ali e em outros países europeus de forma irregular e ilegal. Sua maior preocupação foi desviada da ação política coletiva para a sobrevivência pessoal. Enquanto estavam no Chile, mantiveram seus ideais revolucionários, e desde que entraram no processo de exílio em série foram forçados a concentrar-se em encontrar trabalhos mínimos e buscar um modo de sobrevivência. Os países anfitriões não contemplaram a necessidade de exilados em série encontrar asilo político. De uma perspectiva psicológica e política, o golpe chileno de 1973 foi a *cause célèbre*, enquanto a tomada militar do poder no Brasil em 1964 já havia sido esquecida. Os exilados chilenos eram vistos como solicitantes "legítimos" de asilo, enquanto os brasileiros estavam relegados a uma área cinzenta de migrantes não documentados. Sua única via para sair desta condição seria um reconhecimento internacional de seu *status* como refugiados. Este caso ajuda a explicar por que muitos refugiados andaram por distintos países antes de encontrar um país receptor, seguindo trajetórias problemáticas procurando asilo e oportunidades de emprego (Gaillard, 1997).

Em muitos casos, os exilados eram forçados a deslocar-se de lugar em lugar devido a pressões dos governantes locais no país de origem, chocados com a falta de predisposição política para criar um desequilíbrio de poder com o país de origem. Casos bem conhecidos de pressões que derivaram em deslocamentos e exílio em série são aqueles de Raúl Haya de la Torre, Juan Domingo Perón e Rómulo Betancourt.

Raúl Haya de la Torre foi o fundador da Alianza Popular Revolucionaria Americana ou Apra. O ritmo de suas mudanças de país de exílio foi muito intenso, motivado e condicionado pelo desenvolvimento de suas ideias continentais e panlatino-americanas. Devido a sua atividade política, Haya de la Torre foi desterrado do Peru e deportado ao Panamá em 1919. No Panamá desenvolveu seus ideais anti-imperialistas e bolivarianos, e foi a Cuba, onde participou ativamente na organização da união estudantil e em difundir ideias revolucionárias. Viajou ao longo do México depois da Revolução e, depois de fundar a Apra, em 1924, viajou aos Estados Unidos e à União Soviética. Devido a uma enfermidade, mudou-se para a Suíça, mas foi rapidamente expulso dali. Depois da intervenção do governo peruano, as autoridades suíças o consideraram um perigo à ordem pública. Em 1925, visitou Florença, Londres e Paris. Nesta última cidade, foi ativo na comunidade de imigrantes peruanos, intelectuais, trabalhadores, artistas e estudantes e fundou uma seção da Apra dentro da Asociación General de Estudiantes Latinoamericanos (Agela). Depois foi a Oxford, onde dividiu seu tempo entre o ativismo político e estudos antropológicos. Suas visões continentais se tornaram mais refinadas, e elaborou sua Terceira Posição contra o imperialismo ocidental e o comunismo, uma posição que lhe valeu também o repúdio dos partidos comunistas latino-americanos. Depois de completar seus estudos em Londres, voltou para Nova York e dali ao México, onde se envolveu em algumas atividades revolucionárias. Depois foi a vários países da América Central e foi encarcerado na Guatemala e em El Salvador. Pressões internacionais levaram a sua libertação e se deslocou para Berlim, de onde escreveu para a imprensa internacional. Em 1930, produziu-se uma "revolução" em Arequipa contra Augusto Leguía, e o general Luis Miguel Sánchez Cerro assumiu o poder no Peru. Haya de la Torre quis voltar mas não pôde obter a aprovação presidencial e teve que ficar na Europa, desenvolvendo a "doutrina índia" de sua ideologia. Depois de dois anos em Berlim e de muitos anos de exílio, pôde finalmente voltar ao Peru em 1931 como candidato da Apra à presidência do país (Pomar, 1939).

Perón deixou a Argentina em outubro de 1955, depois de ser derrubado pelas Forças Armadas. Primeiro chegou ao Paraguai, convidado pelo presidente-general Stroessner, e foi acolhido entusiasticamente pela população que lembrou a decisão simbólica de Perón de devolver os troféus ganhos pela Argentina na Guerra da Tríplice Aliança — 1864-1870. Depois de pressões do governo argentino sobre o Paraguai, Perón teve que deixar o país. Convidado por Anastasio Somoza a residir na Nicarágua, foi transferido no avião pessoal de Stroessner, mas decidiu ficar no Panamá durante nove meses. Esteve sob constante proteção e vigilância, recebendo ameaças de células antiperonistas. Depois viajou para a Venezuela, onde Marcos Pérez Jiménez lhe deu refúgio de agosto de 1956 a janeiro de 1958. As autoridades argentinas exerceram constante pressão sobre o governo venezuelano para que se restringisse a liberdade de Perón. O mesmo se absteve de atacar as autoridades argentinas, respeitando as regras do asilo político. Contudo, sua vida foi ameaçada em várias tentativas que fracassaram. Em seguida à queda do governo de Pérez Jiménez, Perón encontrou asilo com Isabelita, que se tornaria sua terceira esposa em 1961, e outros seis companheiros próximos, na embaixada da República Dominicana. Em fins de fevereiro de 1958 obteve um salvo-conduto para deixar a Venezuela indo para a República Dominicana, onde manteve excelentes relações com o governante local Rafael Leónidas Trujillo. Recebeu um visto espanhol, e se deslocou para Madri em janeiro de 1960 estabelecendo-se ali por quase 13 anos. Na Espanha, apesar de sua imagem positiva e boas relações com o general Francisco Franco desde 1946, quando havia providenciado produção agrícola livre para a faminta Espanha, Perón também teve de ser muito cuidadoso para não exceder os termos do asilo e foi forçado a abster-se de dirigir-se abertamente aos governantes argentinos, o que poderia gerar tensões entre os dois países. Apesar disto, sua residência foi um centro da peregrinação de líderes sindicais, políticos e ativistas argentinos que solicitavam suas diretrizes e conselhos. Em dezembro de 1969, Perón tentou viajar secretamente para a Argentina, no que foi conhecido como a "Operação Retorno". A tentativa ocorreu depois das declarações do presidente Umberto Illia — derrubado pelos militares em 1966 —, que havia afirmado do âmago de seu governo democrático que não havia exilados da Argentina, mas só expatriados sem desejo de voltar. Perón partiu às escondidas de Madri. O plano era voar para Montevidéu e depois deslocar-se dali para Assunção, onde estabeleceria seu quartel-general até que um levantamento popular na Argentina criasse as condições para seu retorno. Contudo, o voo da Ibéria foi forçado a aterrissar no Brasil. Franco estava indignado e ordenou a expulsão da Espanha daqueles asilados que haviam viajado com Perón, enquanto o próprio Perón foi posto sob vigilância estrita e pressionado para que se abstivesse de atividades políticas. Só em 1972, seguindo os desdobramentos políticos em seu país, pôde o envelhecido líder visitar a Argentina e depois voltar permanentemente em 1973, sendo eleito para governar seu país de origem como presidente, e exerceu este cargo até sua morte em julho de 1974 (Civita, 1975; Martinez, 1996:116-126).

Rómulo Betancourt é talvez o caso mais exemplar de um exílio em série entre os líderes políticos do século XX forçados a fugir de seus países de origem por longos períodos. Em 1928 Betancourt deixou a Venezuela pela primeira vez, por sete anos, depois de estar envolvido em uma insurreição militar-estudantil fracassada contra o presidente Juan Vicente Gómez. Seguindo os passos de Simón Bolívar, fugiu primeiro para Curaçao, onde esteve ativamente envolvido com a comunidade de exilados e trabalhadores venezuelanos. Depois seguiu para a República Dominicana, onde concebeu uma estratégia de aliança de classe para lutar contra a ditadura. Dali para a Colômbia, onde criou a Alianza Revolucionaria de Fuerzas de Izquierda (Ardi); e finalmente para a Costa Rica, de onde pôde retornar para a Venezuela só depois da morte de Gómez em dezembro de 1935. Tendo voltado em finais de 1936, Betancourt logo se viu implicado em protestos contra a draconiana Lei de Ordem Pública e foi expulso por um ano pelo governo de Eleazar López Contreras, junto com outros 36 líderes políticos e ativistas. Betancourt aderiu à clandestinidade para evitar a expulsão do país, mas em 1939 a polícia o localizou e ele foi forçado a ir para o Chile, onde esteve em contato com ativistas socialistas, entre eles Salvador Allende. Voltou em 1940 para a Venezuela e se converteu em uma figura-chave no partido Acción Democrática (AD), alcançando um acordo com Marcos Pérez Jiménez para levar a cabo um golpe e converter-se na cabeça da Junta Revolucionaria de Gobierno em 1945. Depois do golpe de Pérez Jiménez e outros militares contra o presidente eleito Rómulo Gallegos da AD, em novembro de 1948, Betancourt se viu forçado a procurar asilo e deixar a Venezuela partindo para uma terceira série de exílio.

Sendo já um bem conhecido líder político, Betancourt procurou asilo na embaixada colombiana e foi autorizado a ir para Cuba em 1949. Em Havana, foi vítima de uma tentativa de assassinato, talvez ordenado por Pérez Jiménez ou por Rafael Leónidas Trujillo, ditador da República Dominicana. Depois se transferiu para a Costa Rica, onde sua presença foi severamente controlada devido a pressões exercidas pela Venezuela e também pela Nicarágua, onde tinha havido um complô contra o governo. Betancourt foi visto como o cérebro por trás desse complô e, sob demandas nicaraguenses, recebeu ordem de deixar a Costa Rica em 1954 junto com outros exilados, os mais importantes dos quais eram os dominicanos Juan Bosch, Pompeyo Alfaro e Sérgio Pérez, o hondurenho Marcial Aguiluz, e uma longa lista de nicaraguenses. Betancourt tinha se convertido no anátema de todos os ditadores caribenhos. A Venezuela, em particular, se ressentiu do asilo outorgado pela Costa Rica a exilados da AD. Os Estados Unidos puderam dissipar a crise organizando-se para que Betancourt fosse para os Estados Unidos e ficasse em Porto Rico. Aqui também os representantes do governo da Venezuela pressionaram os homens do Congresso dos Estados Unidos para conseguir sua deportação. Só um ano depois da queda de Pérez Jiménez em 1958, Rómulo Betancourt voltou à Venezuela e foi eleito presidente para o período 1959-1964.[11]

O que aqui se estuda é o caráter do ambiente político e institucional dos países anfitriões, que, dando asilo sob o espírito da irmandade latino-americana, desejam ou são pressionados a controlar as atividades políticas dos exilados entre eles. Considerações pessoais podem desempenhar um papel nos mecanismos do exílio em série. Amizades ou inimizades com aqueles no poder; romances, casamentos e divórcios; bens pessoais ou a falta deles; tudo isso pesa na decisão do exilado de estabelecer-se em certo país anfitrião. Em geral, os países anfitriões são inflexíveis em permitir aos exilados interferir em suas políticas internas, embora algumas vezes tolerem suas atividades, enquanto estejam restritas contra os governos de seus países de origem. Esta política se fez cumprir, exceto se a coincidência de interesses entre o país anfitrião e os governos do país de origem criasse um contexto que forçasse a um novo deslocamento. Em casos extremos, o refúgio podia converter-se em uma armadilha para os exilados, enquanto o país anfitrião não desejasse ou pudesse garantir-lhes sua segurança pessoal.

Uma mudança política radical nos países anfitriões ou a criação de governos que se parecem com o governo repressivo no país expulsor tem um efeito similar. Já nos referimos antes ao caso dos expatriados brasileiros que deixaram o Brasil em 1964. Enfoquemos um caso paradigmático de exílio em série, o caso de Maurício Paiva. Depois do golpe de 1964, Paiva encontrou seu primeiro refúgio na Argélia. Depois foi para Cuba, já que muitos membros da organização política à qual ele pertencia estavam lá, e percebeu vínculos ideológicos próximos aos da Revolução Cubana. Depois de sentir-se decepcionado com o estilo de vida cubano se transferiu para o Chile durante o governo de Allende. Com o golpe de Pinochet se mudou para a Argentina sob a proteção da UNHCR-Acnur. Ali, no contexto de uma crescente polarização política, a Polícia Federal pressionou muitos solicitantes de asilo a deixar a Argentina. Em finais de abril de 1974, quando o regime autoritário português de Salazar--Caetano caiu, Paiva regularizou seus documentos para ir para Portugal. Para facilitar sua entrada, contatou velhos amigos do Partido Socialista Português que tinham se exilado no Brasil e já estavam de volta a Lisboa. Ele pen-

---

[11] Ver Alexander (1982). Depois de deixar a presidência, viajou aos Estados Unidos, Ásia e se instalou na Europa, permanecendo como uma figura influente mas abstendo-se de envolver-se diretamente na política de seu país até sua morte em 1981.

sou que, depois de entrar na Europa através de Portugal, poderia facilmente mover-se para outro país europeu. Por último, conseguiu um visto de turista para ir à Noruega, onde o autorizaram a ficar por um curto período. E depois finalmente foi para Portugal em meados de agosto. Viajou pelo Pacífico para evitar ir ao Brasil no caso de o avião ser forçado a aterrissar ali em situação de emergência. Depois do golpe de Portugal em fins de 1975, Paiva ficou nesse país até setembro de 1979, quando voltou ao Brasil. Este é um caso de alguém que se exilou em série em países com governos próximos da sua ideologia, e foi forçado a deslocar-se de um a outro devido a golpes militares (Paiva, 1986).

Esta dinâmica pode ser ilustrada em detalhe quando se segue o caso de João Goulart. O presidente brasileiro João Goulart foi derrubado do poder por um golpe militar em 1964 e teve que deixar seu país. Como muitos outros em sua situação, o lugar preferido para o exílio foi o Uruguai, devido à proximidade com o Brasil e a uma administração ainda democrática e compreensiva com os exilados (Machado, 1979:29-31). A opção alternativa da Bolívia era de algum modo minimizada nesses tempos, devido ao problema que o governo de Paz Estensoro, sofrendo de instabilidade, representava para os exilados brasileiros cujos movimentos eram vigiados pela polícia política. Durante vários meses a Bolívia recebeu um pequeno grupo de exilados como José Serra, presidente do fórum estudantil nacional, o coronel Emanuel Nicols, o jornalista Carlos Olavo da Cunha Pereira e o ex-parlamentar Neiva Moreira. Eles até fundaram um periódico que apoiava a parte progressista do MNR boliviano. Pouco depois do golpe de novembro de 1964 na Bolívia, alguns se mudaram para o Chile até 1974, quando foram forçados a fugir novamente, desta vez para a França (Cavalcanti e Ramos, 1976:153-156).

Goulart foi para o Uruguai, onde viveu por cerca de uma década como asilado. Sua presença no Uruguai, perto da fronteira brasileira, assim como de outros políticos como Leonel Brizola, foi um foco de atração para outros que fugiam. Em 1967, Goulart criou junto com Carlos Lacerda, ex-governador da Guanabara e adversário de Vargas e Goulart, um bloco que tentou restaurar eleições livres e democracia no Brasil. O movimento pôde mobilizar manifestações apoiadas por líderes políticos e trabalhadores, mas foi prontamente proibido em abril de 1968. Durante sua estada no Uruguai, Goulart estabeleceu uma granja de produção de arroz usando irrigação artificial e contribuindo para fazer dessa indústria o exportador líder não tradicional do país anfitrião. Sua situação econômica era melhor que a de outros exilados, aos quais ajudou financeiramente como principal contribuinte de um fundo de ajuda coletiva, e politicamente, por meio de seus altos contatos na administração uruguaia. Muitos líderes sindicais e políticos ficaram temporariamente em sua granja em Tacuarembó.[12]

Contudo, especialmente depois da mudança autoritária que teve lugar no governo de Bordaberry em junho de 1973, sua situação estava longe de ser segura. Uma vez que as autoridades brasileiras não renovaram seu passaporte, tanto Stroessner quanto Perón lhe ofereceram ajuda. Finalmente, se foi do Uruguai para a Argentina democrática em 1974, instalando-se em Buenos Aires. Em dezembro de 1976, nove meses depois da tomada do poder dos militares na Argentina, Goulart foi encontrado morto em seu quarto. Embora a versão oficial fosse um infarto, as misteriosas mortes paralelas de líderes oposicionistas como Marcos Freire e Carlos Lacerda contribuíram para a credibilidade de teorias conspirativas.[13]

Além da proximidade, como foi o caso do Uruguai, outro fator importante de atração foi o entorno político do país anfitrião. O caso do Chile reflete claramente essa tendência para os exilados brasileiros. Como analisamos, tinham permitido aos brasileiros e a outros estrangeiros participar ativamente na política chilena e nos partidos políticos chilenos. Ventos internacionais sopravam fortemente no processo político local. Muitos dos exilados, provenientes de movimentos de resistência armada em seus países de origem, se alinharam com as partes mais extremas da esquerda chilena. Esses exilados se perceberam como uma vanguarda popular revolucionária com experiência política, expressaram livremente suas visões e estenderam seus conselhos a seus amigos chilenos. Demandaram do governo de Allende remunerações que lhes pudessem permitir continuar com seu trabalho político no Chile. Até houve uma intenção de tomar a embaixada brasileira em Santiago e estabelecer um governo revolucionário no exílio, no Chile, mas esta ação foi rapidamente sufocada pelo governo chileno de Salvador Allende.

---

[12] Depoimento de Herbert José de Souza em Cavalcanti e Ramos (1976:35-37).

[13] Ver Otero (2001). Goulart foi só um entre muitos políticos brasileiros importantes e intelectuais forçados a exilar-se. Entre aqueles que se mudaram para o Uruguai estavam Renato Acher, Amaury Silva, Ivo Magalhães, Claudio Braga, Darcy Ribeiro e Leonel Brizola. Brizola viveu no Uruguai de 1964 a 1977, quando foi deportado por "violar as normas do asilo político". O caráter crescentemente autoritário do Uruguai forçou os exilados a deslocar-se. Enquanto Goulart foi para a Argentina, Brizola encontrou refúgio na Embaixada dos Estados Unidos, e se transferiu para os Estados Unidos e depois para Portugal, antes de voltar ao Brasil em 1979.

Uma vez que houve uma ruptura radical no ambiente do país anfitrião, como no Chile em 1973, os exilados consideraram que era tempo de deslocar-se novamente. Houve também brasileiros que pediram asilo em várias embaixadas. Enquanto Argentina, Peru e Uruguai consideraram ajudar seus conacionais no Chile, a embaixada brasileira em Santiago se recusou a considerar essa possibilidade.[14] Alguns deles se foram para a então ainda democrática Argentina, só para se encontrar a si mesmos dois anos e meio depois com a necessidade de um novo deslocamento, quando o país foi vítima de um golpe militar. Ali se uniram com muitos chilenos que tinham se exilado na Argentina após o golpe militar de setembro de 1973. A maioria teve êxito em escapar graças a grupos internacionais que organizaram saídas para a Europa quando os países latino-americanos se recusaram a aceitá-los. Também houve brasileiros que pediram e obtiveram asilo na Embaixada do Panamá. O golpe no Chile alterou significativamente a distribuição da diáspora brasileira, forçando os exilados a recolocar-se em lugares mais distantes, em países como França, Suécia, Bélgica e República Federal da Alemanha, já que muitos dos países da América Latina não os aceitaram mais. A UNHCR-Acnur teve papel decisivo em obter vistos de refugiados para alguns deles na Europa, Austrália ou outros países latino-americanos. O número de pessoas recolocadas sob essas condições, de acordo com estimativas, é de 30 mil (Angell, 1989:215-245).

Esta situação foi paradigmática também dos caminhos tomados por muitos chilenos. O casal Manuel e Ana María procurou primeiro refúgio na Argentina, já que era o país de nascimento dela, onde as condições podiam permitir a ele encontrar um trabalho equivalente ao que tinha no Chile. Mas os chilenos que chegavam nesse momento eram considerados comunistas *a priori*. Depois de dois anos de residência e ainda sob um regime civil débil, a polícia emitiu uma ordem de expulsar Manuel, já que foi considerado uma ameaça à segurança nacional. Sua esposa, sendo nativa da Argentina, não podia ser legalmente expulsa. Manuel havia escrito a muitas universidades na França, no México e nos Estados Unidos em busca de trabalho, e, depois que uma universidade francesa o aceitou, o casal se foi com uma promessa de segurança profissional, um tanto rara entre os exilados e refugiados. Na maioria dos

---

[14] O embaixador brasileiro no Chile, Antônio da Câmara Canto, foi galardoado com um reconhecimento pelo governo militar chileno, enquanto um oficial brasileiro das Nações Unidas que conseguiu encontrar refúgio para seus conacionais foi detido depois que voltou ao Brasil. Ver Machàdo (1979:110).

casos, os procedimentos formais de transferência internacional de indivíduos que fogem de um país a outro eram suficientemente complicados para dissuadir aqueles sem boas razões e um intenso desejo (Gaillard, 1997).

Provocar deslocamento e exílio em série também foi o medo do governo anfitrião pelo impacto econômico dos exilados e refugiados na sociedade local e na economia. Isso foi especialmente certo no caso dos refugiados haitianos na República Dominicana e no deslocamento com motivações políticas de populações e deslocamentos forçados de massas de centro-americanos durante as guerras civis na Nicarágua, em El Salvador, na Guatemala e em Honduras. Os exilados e refugiados eram percebidos como uma pesada carga nas estruturas de países que enfrentaram a pressão da residência desses grupos.[15] Na maioria dos casos, contudo, os fatores políticos foram centrais, com exílio massivo em série conformado principalmente pelas circunstâncias políticas cambiantes do país anfitrião interagindo com o desejo permanente de muitos dos indivíduos transladados de continuar lutando contra os governos que os forçaram ao exílio.

Um último ponto deve ser mencionado. No plano individual há grande diferença entre o exílio dos "notáveis" — personagens políticos famosos — e o exílio comum dos exilados seriais. O exilado notável tem mais dificuldades que a média para sair para o exílio. É conhecido na esfera pública e na política de seu país e em geral é perseguido por aqueles que controlam seu país. Foi assim em todos os casos antes mencionados. É considerado especialmente perigoso e muitas vezes paira um real perigo sobre sua vida. Isto não é necessariamente real para a média dos exilados. São geralmente anônimos, pouco conhecidos e às vezes não particularmente identificados pelos repressores. O perigo que paira sobre estes é potencial, mais que real e direto, e estão identificados mais como categoria que individualmente. Já no exílio, a fuga ou deslocamento do primeiro país anfitrião para um segundo país — começo do exílio em série — é mais fácil para o exilado notável que para o comum. O exilado notável consegue, em geral, usar sua fama para alcançar repetidas vezes um refúgio posterior. O exilado anônimo não possui este tipo de capital, e sua saída para o segundo exílio e para os posteriores é vista com suspeita pelos possíveis países

---

[15] Relief Web. *Central America: main refugee flows during the 1980s*. Disponível em: <www.reliefweb.int/rw/RW.NSF/db900SID>. Acesso em: 8 jul. 2007; NCHR Refugee Program. *Beyond the bat eyes*. Disponível em: <www.nchr.org/reports/bateyes.pdf>. Acesso em: 8 jul. 2007.

anfitriões. Estas categorizações são gerais e indicam tendências, mais que fatos absolutos, mas são dignas de consideração.

Conclusões

O exílio massivo intensificou a probabilidade de que a diáspora de latino-americanos incluísse comunidades de conacionais — em algumas das quais os exilados cumpriram papel maior como atores proativos na mobilização de outros residentes —, a ativação de redes de solidariedade transnacional e os contatos com agências nacionais e internacionais com uma crescente presença na arena global. Esta dimensão transnacional, que transformou a estrutura do exílio político, funcionou contra o reclamado monopólio do Estado-nação sobre as esferas públicas locais e a política. Concedeu poder aos exilados em termos de influência e ressonância de sua voz na arena global, afetando as políticas dos países expulsores e redefinindo o papel e o impacto das comunidades de exilados.

As pautas do exílio foram mudando com a redistribuição de influência política e até poder gerados pela centralização da esfera pública internacional. O exílio em série é e foi um dos fatores que situaram o tema no cenário internacional de forma clara, por meio do publicismo, da política, de organizações de exilados e seus laços com organizações nos países anfitriões e com organizações internacionais. As diferenças entre exilados notáveis e exilados "comuns" ou medianos agregam outro ponto à problemática do exílio. A presença pública internacional de um exílio massivo, presente em muitos lugares e em forma consecutiva, reverberou sobre as esferas públicas e políticas, tanto dos Estados geradores de exílio quanto dos anfitriões. Os exilados foram aprendendo as novas regras do jogo público, político e institucional e as empregaram, muitas vezes de forma muito efetiva. Embora a maioria absoluta dos países da América Latina tenha transitado para as democracias formais, as peculiaridades destas fazem com que o fenômeno do exílio político e suas políticas estejam ainda longe de desaparecer.

Referências

ALEXANDER, Robert Jackson. *Romulo Betancourt and the transformation of Venezuela*. New Jersey: Transaction, 1982.

ANGELL, Alan. La cooperación internacional en apoyo de la democracia política: o caso de Chile. *Foro Internacional*, v. 30, n. 2, p. 215-245, 1989.

ATKINS, G. Pope. *Encyclopedia of the inter-American system*. Westport: Greenwood, 1997.

BARON, Ana; DEL CARRIL, Mario; GÓMEZ, Albino. *Por qué se fueron*. Buenos Aires: Emecé, 1995.

CAVALCANTI, Pedro Celso Uchoa; RAMOS, Javelino. *Memórias do exílio*. São Paulo: Livramento, 1976.

CISPLA. *Latinoamericanos*: refugiados políticos en España. Valencia: [s.n.], 1982.

CIVITA, Cesar (Ed.). *Perón, el hombre del destino*. Buenos Aires: Abril Educativa y Cultural, 1975.

ELIZONDO, José Rodríguez. *La pasión de Iñaki*. Santiago: Andrés Bello, 1996.

GAILLARD, Anne Marie. *Exiles et retours*: itineraires chiliens. Paris: Ciemi; L'Harmattan, 1997.

GAZIT, Orit. "*No place to call home*": political exile, estrangement and identity processes of identity construction among political exiles from Latin America to Israel, 1970-2004. Jerusalém: Shaine Working Papers nº 11, 2005.

GUELAR, Diana; JARACH, Vera Jarach; RUIZ, Beatriz. *Los chicos del exilio*. Buenos Aires: País del Nomeolvides, 2002.

JIRÓN, Manuel. *Exilio S.A.*: vivencias de un nicaragüense en el exilio. San José: Radio Amor, 1983.

KRISHNAN, Parameswara Krishnan; ODYNAK, Dave. A generalization of Petersen's typology of migration. *Internacional Migration*, v. 25, n. 4, p. 385-397, 1987.

LLAMBIAS-WOLFF, Jaime. The voluntary repatriation process of Chilean exiles. *International Migration*, v. 31, n. 4, p. 579-597, 1993.

LOVEMAN, Brian. *The constitution of tyranny*. Pittsburgh: University of Pittsburgh Press, 1994.

MACHADO, Cristina P. *Os exilados*. São Paulo: Alfa-Omega, 1979.

MÁRMORA, Lelio. Hacia la migración planificada inter-latinoamericana: salvadoreños en Argentina. *Estudios Migratorios Latinoamericanos*, v. 1, n. 3, p. 275-293, 1986.

MARTINEZ, T. E. *Las memorias del general*. Buenos Aires: Planeta, 1996.

MONTES, S. J. Migration to the United States as an index of the intensifying social and political crises in El Salvador. *Journal of Refugees Studies*, v. 1, n. 2, p. 107-126, 1988.

MOORE, Daniel. Latinoamericanos en Suecia. In: KARLSSON, Weine; MAGNUSSON, Ake; VIDALES, Carlos (Eds.). *Suecia-Latinoamerica*: relaciones y cooperación. Stockholm: Lais, 1993. p. 161-183.

_____; FRYKMAN, Olsen; ROSSIELO, Leonardo. La literatura del exilio latinoamericano en Suecia (1976-1990). *Revista Iberoamericana*, n. 59, p. 164-165, 1993.

OTERO, Jorge. *João Goulart, lembranças do exílio*. Rio de Janeiro: Casa Jorge, 2001.

PAIVA, Maurício. *O sonho exilado*. Rio de Janeiro: Achiamé, 1986.

POMAR, F. Cossio del. *Haya de la Torre*: el indoamericano. México: América, 1939.

ROLLEMBERG, Denise. *Exílio*: entre raízes e radares. Rio de Janeiro: Record, 1999.

SCHWARZ, Roberto. *Misplaced ideas*: essays on Brazilian culture. London: Verso, 1992.

STEINER, Niklaus. *Arguing about asylum*. New York: St. Martin's, 2000.

TARRÉS, Maria Luisa. Miradas de una chilena. In: YANKELEVICH, Pablo; JENSEN, Silvina (Eds.). *Exilios*: destinos y experiencias bajo la dictadura militar. Buenos Aires: Ediciones del Zorzal, 2007.

4. A "SOLIDARIEDADE" ANTE OS EXÍLIOS DOS ANOS 1970: REFLEXÕES A PARTIR DO CASO DOS ARGENTINOS NA FRANÇA

Marina Franco[*]

"SOLIDARIEDADE" É UM TERMO COM LONGA TRADIÇÃO, ESPECIALMENTE nas esquerdas políticas. Historicamente tem estado ligado a uma forma de entender o apoio internacional baseado na afinidade ideológica. Contudo, os exílios latino-americanos das décadas de 1960 a 1980 são um bom exemplo de novas e complexas formas de solidariedade nas quais se misturam os parâmetros ideológicos tradicionais com novos paradigmas humanitários — não por isso menos políticos.

Em um estrito nível metodológico, "solidariedade" deveria ser considerada uma categoria nativa — própria dos atores da época — e seu uso deveria incluir uma adequada contextualização e um olhar atento aos pressupostos que suporta uma noção que, na prática, encobre uma diversidade de situações empíricas historicamente situadas. Em um nível histórico, deve-se observar, além disso, que tanto o discurso quanto a prática da "solidariedade" foram utilizados pelos próprios atores das sociedades de acolhida com uma atribuição de sentidos autolegitimadores e, portanto, como um capital político.[1]

Com base no caso dos exilados argentinos na França,[2] o propósito deste trabalho é discutir a complexidade com que se manifestou essa "solidariedade"

---

[*] Codiretora do Mestrado em Estudos Latino-americanos da Universidade Nacional San Martín (Unsam). Pesquisadora do Consejo Nacional de Investigaciones Científicas y Técnicas (Conicet). Publicou diversos trabalhos em periódicos científicos e livros. Organizadora e autora de inúmeras obras, entre elas *El exilio: argentinos en Francia durante la dictadura* (2008) e *La historia reciente en Argentina* (com Florencia Levín, 2007).

[1] Agradeço a Silvina Jensen a formulação do problema em termos de capital político.

[2] Para uma análise detalhada dos temas mencionados neste texto e sobre o exílio argentino na França, remetemos a Franco (2006, 2008).

e mostrar a importância analítica de considerar certos elementos, como as particularidades do momento histórico da sociedade de acolhida e as formas, repertórios e motores da ação coletiva próprios da sociedade e época consideradas, assim como a dinâmica interna dos grupos locais implicados. Embora estes elementos próprios da sociedade local de recepção não possam ser considerados fora de uma análise relacional que atenda à interação com os grupos exilados, neste trabalho poremos a ênfase nos grupos locais com o objetivo de mostrar até que ponto suas lógicas coletivas e seus repertórios de ação epocais determinaram, relativamente e além da interação com os exilados, as formas de ajuda desenvolvidas.

Os argentinos na França

A ditadura argentina que se iniciou em 1976 pôs em marcha um sistema de repressão política feroz, mediante sequestros, assassinatos e torturas. Seu mecanismo central foi a desaparição forçada e sistemática de pessoas e um sistema de campos clandestinos de detenção, com o posterior assassinato e desaparição dos corpos. Esta repressão levou ao exílio muitíssimos argentinos vítimas da perseguição política em suas diversas manifestações, tanto por não poder exercer suas profissões com liberdade quanto por ameaças e violência física direta sobre eles ou seus parentes. Contudo, o processo de emigração política forçada se iniciou antes do regime militar, desde 1973 em diante, quando começaram a atuar forças paraestatais como a Triple A, por meio de atentados, sequestros e assassinatos de opositores políticos, especialmente ativistas de esquerda e profissionais da cultura.[3]

Em relação aos que se exilaram na França, trata-se de um número relativamente reduzido; muitos deles chegaram a esse país devido à ajuda institucional que oferecia o sistema de refúgio numa situação de máximo desamparo e urgência material como era a emigração forçada. Ao chegar, encontraram uma sociedade que sabia pouco e entendia menos da situação política argentina.

---

[3] Desde então começou o processo de saída do país de perseguidos políticos, agravando-se especialmente a partir de 1975 e alcançando seu ponto máximo entre 1976 e 1978. Embora não haja números totais de emigrados políticos durante o período, os demógrafos calculam uma estimativa global em torno de 300/500 mil pessoas. Entre elas, de 2 mil e 2.500 se instalaram na França, e a metade delas contou com o estatuto de refugiado concedido pelo governo francês (Franco, 2008).

A "solidariedade" ante os exílios dos anos 1970

Mesmo depois do golpe de Estado, o exterior demorou longo tempo para conhecer a gravidade da repressão posta em marcha pelo regime militar argentino. Contudo, dois fatos significaram um salto qualitativo na difusão pública do caso argentino na França. Além da existência de 22 desaparecidos franceses ou franco-argentinos, em fins de 1977 houve o sequestro e assassinato de duas religiosas francesas, Alice Domon e Léonie Duquet, da congregação francesa "Missions Étrangères", que trabalhavam em comunidades rurais do noroeste argentino vinculadas ao movimento das Ligas Agrárias. O fato teve repercussão na imprensa em ambos os países; provocou um problema diplomático pelas reclamações do governo francês, e por suas circunstâncias é hoje um dos episódios mais conhecidos da história da repressão na Argentina.[4]

Segundo lembram muitos emigrados, o sequestro e assassinato das duas religiosas permitiu uma maior divulgação do caso argentino na França e facilitou a tarefa de denúncia dos emigrados: "Havíamos pedido entrevista para ir ver o bispo [de Paris]... 'Não, não, não, não.' Resposta negativa. [...] Até que ocorreu o sequestro e desaparecimento das freiras em dezembro de 1977, é preciso dizê-lo. Foi duro, mas aqui nos abriu as portas" (entrevista com V.S., Paris, 3 jul. 2003).

O segundo fato, mais decisivo ainda, foi a realização da Copa do Mundo na Argentina em 1978. A França foi o epicentro de um boicote ao evento desportivo que teve uma grande repercussão pública e foi tema de debate em todos os meios de comunicação franceses entre janeiro e junho de 1978. A mobilização francesa contra a Copa abarcou organizações políticas, humanitárias, sindicais e mobilizou uma percentagem significativa da população (particularmente em setores juvenis e escolares) e permitiu a divulgação da situação argentina

---

[4] *Le Monde* [LM, daqui em diante], 20 dez. 1978. A partir de 14 de dezembro de 1977, o fato apareceu na imprensa francesa todos os dias durante o mês de dezembro. Domon foi sequestrada na Iglesia de la Santa Cruz, no centro da cidade de Buenos Aires, junto com um grupo de Mães da Praça de Maio, ao sair de uma reunião em 8 de dezembro de 1977, e Duquet, dois dias depois, na Iglesia de San Pablo. A operação repressiva do primeiro caso se efetuou graças à infiltração do capitão Alfredo Astiz, que se fez passar por irmão de uma desaparecida para se integrar ao grupo de mães que depois foram sequestradas. Dias depois, de fato, a agência *France Presse* na Argentina recebeu um comunicado dos *montoneros* reivindicando o ato, junto com uma carta manuscrita de Alice Domon e uma fotografia na qual se viam ambas as religiosas em situação de cativeiro e uma bandeira dos *montoneros* em suas costas. Contudo, ambas as monjas foram vistas em um dos centros de detenção, a Esma, por vários sobreviventes. Por este caso, Alfredo Astiz foi condenado em ausência na França em 1990, mas não pôde ser extraditado devido à negativa da justiça argentina. Em 2005, foi recuperado de uma vala comum e identificado o corpo de Léonie Duquet. (Os detalhes do destino das religiosas são contados em Cadhu, 1979; sobre a infiltração de Astiz na Iglesia de la Santa Cruz, ver Goñi, 1996; García, 1995.)

em torno da existência de uma enorme maquinaria repressiva associada aos modelos nazistas de extermínio e às ditaduras fascistas europeias.[5]

A estes dois temas específicos do caso argentino deve-se juntar a existência na França de uma nova sensibilidade de esquerda para a América Latina, que remonta à década de 1960, mas cujo impulso mais forte foi a derrubada de Salvador Allende, a oposição à ditadura chilena de Augusto Pinochet e a chegada de uma onda de refugiados dessa origem a partir de 1973. De fato, já desde 1970, a ascensão da Unidad Popular ao poder tinha sido acompanhada com máximo interesse pela esquerda francesa — plenamente identificada com o projeto socialista e de coalizão de esquerdas chileno. Por isso, a queda de Allende gerou grande comoção e uma intensa mobilização para receber refugiados, e a chegada desse exílio modificou a sensibilidade do espaço público francês em relação às ditaduras latino-americanas e às violações dos direitos humanos. O dado mais significativo é que a ampliação do sistema de asilo e o primeiro dispositivo francês de ajuda para os demandantes de asilo e refugiados foi posto em marcha depois da chegada dos chilenos entre 1973 e 1974.[6] Neste contexto de sensibilidade com a situação política da região, somaram-se o golpe de Estado uruguaio nesse mesmo ano e o argentino em 1976.[7]

De todo modo, além de certos círculos intelectuais e políticos em que havia maior aproximação do tema, o conhecimento da situação argentina não ultrapassou a descrição de uma "ditadura fascista" com um enorme nível repressivo, a existência de "desaparecidos" e, um pouco mais tarde, a difusão da figura emblemática das Mães da Praça de Maio. Mas foi justamente a visão limitada a estes tópicos — somada ao antecedente da mobilização pelo Chile — o que permitiu a significativa demonstração da "solidariedade francesa" — nestes termos — que todos os emigrados argentinos mencionam haver recebido.

---

[5] Analisamos o tema em Franco (2008); para as campanhas de denúncia e boicote em âmbito mundial, ver Franco (2007).

[6] A partir de 1973, ante a chegada massiva de refugiados chilenos, o Estado francês organizou um dispositivo de alojamento, alimentação, ajuda para a regularização de documentação, procura de emprego e aprendizagem da língua baseado em uma rede de associações humanitárias, entre as quais se destacaram France Terre d'Asile e Cimade. Mais tarde, este dispositivo tornou-se permanente e se estendeu ao conjunto dos solicitantes de asilo e refugiados de todo o mundo que chegam à França. Com algumas modificações é o sistema que está em vigor até hoje.

[7] Entre 1964 e 1979, algumas estimativas calculam a presença de 15 mil migrantes políticos latino-americanos na França e, entre eles, 10 mil refugiados (Carrete, 1995). Em 1973 havia 1.218 residentes chilenos na França e em 1983, 8.585, dos quais 4.977 tinham o estatuto de refugiados (Gaillard, 1997).

A "solidariedade" ante os exílios dos anos 1970

Esta "solidariedade" se concretizou em níveis muito diversos: o sistema de proteção social e política do Estado francês que acolheu muitos emigrados com o estatuto de refugiados,[8] uma vasta trama de redes associativas e humanitárias que colaboraram e sustentaram ativamente esse sistema de proteção oficial, partidos políticos, sindicatos e uma enorme solidariedade interpessoal manifestada na interação cotidiana em lugares de trabalho, de estudo e em áreas de bairros compartilhados por argentinos e franceses.

Contudo, cada um destes âmbitos de "solidariedade" respondeu a lógicas e razões de ação coletiva muito diversos. Nas páginas que seguem serão analisados dois exemplos: por um lado, as formas de ação dos organismos estritamente humanitários e, por outro, as dos partidos políticos. Não se trata de mostrar as diferenças entre uns e outros, sem dúvida, óbvias dada a natureza diferente de ambas as formas de organização, mas mostrar a complexidade dos mecanismos e motivos da ação coletiva, normalmente qualificados como "solidários", e seus limites e tensões na França da época.

A mobilização "humanitária"

Na França, a instalação do "caso argentino" como causa mobilizadora de ações coletivas se originou progressivamente, a partir de uma série de mobilizações escalonadas no tempo e lideradas por distintos atores, principalmente um quadro interorganizacional francês autodefinido por seu caráter "humanitário" ou de "defesa dos direitos humanos": em particular, o Comité Inter-mouvements Auprès des Évacués (Cimade), a Association Chrétiens contre la Torture (Acat), a France Terre d'Asile, o Groupe d'Accueil et Solidarité (GAS); a Amnesty Internacional-Section Française e a Droits Socialistes de l'Homme (DSH). A estes haveria que se agregar um grupo particular, o único de vítimas diretas formado por franceses, a Association de Parents et Amis des Français Disparus en Argentine et Uruguay. A estas organizações podem juntar-se, ainda, outras similares implicadas em aspectos parciais, como a Association Internationale de Défense des Artistes Victimes de la Répression dans le Monde

---

[8] Segundo nossos cálculos, cerca de 50% dos emigrados políticos estavam em condições de refugiado ou algum dos membros de seu núcleo familiar tinha esse estatuto (Franco, 2008).

(Aida) ou o Mouvement International de Juristes Catholiques (MIJC). A alguns destes grupos dedicaremos esta seção.

Por fora do quadro estritamente humanitário, encontravam-se as forças políticas e sindicais, por exemplo, o Partido Socialista, a Liga Comunista Revolucionária e a central operária Confédération Française Démocratique du Travail (CFDT), assim como uma série de comitês políticos franceses que foram especialmente criados por ativistas de esquerda em "solidariedade com o povo argentino". Os mais duradouros e ativos foram o Comité de Soutien aux Luttes du Peuple Argentin (CSLPA) e o Comité de Boycott au Mondial de Football en Argentine (Coba).[9]

No processo de mobilização para chamar a atenção pública sobre a situação argentina, foi central pôr em marcha uma série de ações coletivas, entre elas, as manifestações e atos públicos; a difusão de testemunhos de vítimas da repressão; a realização de uma série de eventos na Assembleia francesa e a apresentação do caso argentino ante as cortes de justiça internacionais (com repercussão na imprensa local); a publicação de materiais documentais por intermédio de livros, artigos na imprensa etc.[10] Como já se mencionou, neste processo o momento mais efetivo em termos de convocatória e sensibilização pública vinculada à situação política argentina foi a Copa do Mundo de 1978. A isto se somou um segundo boicote: ao Congresso Mundial de Cancerologia, realizado em Buenos Aires em outubro de 1978,[11] embora com menor difusão e alcances pela natureza científica do evento.

Dessa série de ações coletivas, devem-se mencionar, muito especialmente, as "marchas das quintas-feiras" — as únicas mobilizações que tiveram continuidade mesmo depois de terminada a ditadura na Argentina. Durante seis anos, entre 5 de outubro de 1978 e 5 de outubro de 1984, um grupo de pessoas e organizações argentinas — sobre as quais não nos deteremos nesta ocasião — e francesas se reuniram diante da embaixada argentina em Paris para se manifestar contra a violação aos direitos humanos cometida pelo regime militar e para reclamar pelos "desaparecidos". Estas manifestações se efetuavam em

---

[9] Para uma análise detalhada de cada grupo, ver Franco (2006).

[10] Entre os eventos mais notáveis se realizou um colóquio na Assembleia da França, "Colloque de Paris. La politique de disparition forcée de personnes" (jan./fev. 1981). Entre os materiais editados na França de caráter jurídico ou testemunhal, ver Gaaef (1982); Cadhu (1978); Gabetta (1979).

[11] Em 1978, formou-se um coletivo de cientistas e médicos franceses e norte-americanos que publicaram numerosos artigos na imprensa e chamados ao boicote científico; o mais célebre: Schwartzenberg (1978).

A "solidariedade" ante os exílios dos anos 1970

paralelo com os protestos que, todas as quintas-feiras, desde 30 de abril de 1977, faziam as Mães da Praça de Maio em Buenos Aires, reclamando por seus filhos desaparecidos diante da casa de governo argentino.

A iniciativa surgiu em 1978 de um pequeno grupo de franceses que acabava de formar uma organização de direitos humanos chamada Droits Socialistes de l'Homme (DSH), e a partir do vínculo que tinham com alguns "amigos argentinos" exilados em Paris, ante os quais se sentiam muito "comovidos" e "solidarizados" pela situação do país. A DSH estava muito próxima ideológica e praticamente do Partido Socialista francês, cujos dirigentes participaram de algumas marchas, embora nunca reivindicassem oficialmente um nexo direto com a DSH.[12]

No caso dos franceses participantes da DSH, além do papel assumido durante as mobilizações, sua identidade vinculada à "solidariedade com as vítimas" e "a justiça humanitária" foi constituindo-se também como um compromisso mais durável em torno do tema dos direitos humanos, já que a mobilização pelo caso argentino deu espaço e forma para que a associação se transformasse depois em uma ONG internacional.[13]

A Acat foi outro pilar das "marchas das quintas-feiras". Fundada em 1974, esta associação estava integrada por mulheres com forte prática e inserção institucional religiosa que se propunham a lutar contra a tortura no mundo. Em 1976, a associação começou a participar das campanhas e "ações urgentes" pela Argentina que realizava a Amnesty International e, a partir dali, começou a envolver-se no tema e entrou em contato com alguns argentinos exilados na França. A intensidade da tarefa desenvolvida se manifestou na presença permanente das anciãs militantes cristãs em todas as quintas-feiras diante da embaixada até 1990, seis anos depois de as mobilizações serem oficialmente concluídas pelo grupo da DSH.[14]

---

[12] O vínculo entre o PS e a DSH não era oficialmente reconhecido, mas sim conhecido publicamente e utilizado para difundir as manifestações quando auxiliava algum alto dirigente partidário como François Mitterrand.

[13] A DSH mudou de nome em 1985, passando a se chamar Nouveaux Droits de l'Homme. Com sede em Buenos Aires, está dirigida pelo ex-senador radical Hipólito Solari Irigoyen, participante das mobilizações na embaixada e amigo do francês que as impulsionou.

[14] Em 1984, com o fim da ditadura na Argentina, a DSH decidiu suspender as marchas, mas a Acat resolveu mantê-las, sustentando que seu motivo eram os desaparecidos, e não a ditadura militar. A Acat constituiu um vínculo durável com as organizações de direitos humanos na Argentina: em 1980, juntou uma enorme quantidade de dinheiro entre seus membros para enviá-la a familiares de vítimas da repressão no país; em 1981, entrou em contato com associação de Avós da Praça de Maio

O terceiro setor francês que integrou as "marchas das quintas-feiras" foi a associação de familiares que se havia formado em 1º de fevereiro de 1978 para nuclear os familiares de desaparecidos franceses (ou de dupla nacionalidade) na Argentina e no Uruguai. Este grupo funcionou por meio do vínculo direto com o governo francês, exercendo pressão constante para que este interpelasse a Junta Militar argentina — e os governos constitucionais que lhe seguiram desde 1983 — pelos franceses vítimas da repressão.

Assim, a articulação destas mobilizações das quintas-feiras com as outras formas de ação mencionadas foi configurando, no curso do período 1978-1979, o "caso argentino" como um tema que transcendia o interesse particular de alguns para afetar o interesse geral, apelando para um público mais amplo e para as autoridades, quer dizer, foi-se configurando como um *problema público* ligado à desaparição de cidadãos franceses e à dimensão inusual da violação dos direitos humanos nesse país.[15]

Novas sensibilidades, novos discursos

A bagagem de dispositivos tendentes a promover essa sensibilização e mobilização públicas francesas pelo caso argentino esteve baseada em um regime de discurso específico, os *direitos humanos*, e no recurso a uma série de tópicos da denúncia humanitária que por então começavam a convocar uma opinião pública cada vez mais disposta a comprometer-se com esse tipo de causas. Efetivamente, o discurso dos direitos humanos estava em pleno processo de emergência política em fins das décadas de 1970 e 1980. Recordemos que já em 1948, sob os efeitos da II Guerra Mundial, a ONU havia adotado a Declaração Universal dos Direitos Humanos, que depois foi complementada progressivamente com os Pactos Internacionais de Direitos Humanos de 1966 e os Acordos de Helsinski de 1975. Estes últimos buscavam regular as relações entre o mundo ocidental e o soviético estabelecendo uma série de princípios

---

e organizou um sistema de "apadrinhamento" para seguir os casos pontuais de crianças desaparecidas e apropriadas pelos militares. Entre 2002 e 2003, a Acat participou na compra e equipamento de um Banco de Dados Genéticos para a identificação, pela análise de DNA, de crianças desaparecidas. A coordenação entre os 150 grupos franceses da Acat e das organizações argentinas permitiu um trabalho permanente até hoje (entrevista com J.D., membro diretivo da Acat, Paris, 3 jun. 2004; Acat, 1985-2003; Acat-Abuelas de Plaza de Mayo, 2002/2003).

[15] Sobre a noção de problema público na teoria da ação coletiva, cf. Boltanski e Thévenot (1991); Boltanski (1990).

que incluíam o respeito aos direitos humanos e às liberdades fundamentais. Assim, a década de 1970 foi o momento em que os direitos humanos se incorporaram como critério importante na agenda política e nas relações exteriores de muitos países, por exemplo, para a outorga de ajudas financeiras. Mas, como mostram as histórias dos exílios latino-americanos, o processo transcendeu amplamente as políticas internacionais e estatais, envolvendo amplas camadas das sociedades civis ocidentais. De maneira geral, intelectuais e políticos, naquele mesmo momento, explicavam o direcionamento para os direitos humanos como o resultado de um esvaziamento do "horizonte de expectativas" das esquerdas ocidentais após a descoberta da realidade autoritária do modelo soviético.[16]

Assim, no espaço público francês, a progressiva hegemonia do discurso dos direitos humanos naqueles anos facilitou a instalação do tema argentino — ligado à violação dos direitos humanos de maneira tão íntima e aberrante como o era a própria figura do "desaparecido" — como um problema público que partia de percepções, linguagens e conceitos já conhecidos, inteligíveis e atendíveis por essa sociedade. Contudo, a inteligibilidade e recepção desse discurso dependia do ajuste a certas "regras", próprias do universo humanitário: nas formas de denúncia não havia espaço para reivindicações setoriais, para identidades partidárias ou políticas definidas. Por isso mesmo, foi característico da denúncia e da mobilização pública pró-argentina a omissão do passado e da experiência política das vítimas que pudesse fazê-las suspeitas de terrorismo, violência, populismo ou esquerdismo, segundo o caso. Para que a causa particular dos argentinos e dos familiares franceses afetados fosse mobilizante e pudesse transformar-se em uma causa humanitária, em um problema público, devia haver "vítimas inocentes", não militantes políticos. Nem a política nem o conflito inerente tinham espaço na causa humanitária, sob risco de impedir sua transformação em um problema público. Tal como recorda o francês organizador das marchas: "Nos víamos com todos os grupos que lutavam contra uma ditadura, não íamos nos imiscuir em seus assuntos internos, não nos interessava [...] o que nos interessava não era a política, mas o político...".[17]

---

[16] Em 1981, Claude Lefort (1994:83), por exemplo, indicava que o problema dos direitos humanos era a nova preocupação dos que ao abandonar o comunismo não se refugiavam no pensamento religioso ou moral e requeriam novos meios de pensamento e ação.

[17] Entrevista com L.G., Paris, 8 out. 2004, em francês, tradução de Marina Franco.

Por seu turno, a nova hegemonia ideológica dos direitos humanos teve forte impacto em um processo paralelo de transformação das formas tradicionais do compromisso político do século XX. Desde fins de 1960 e 1970, começou a produzir-se um deslocamento das militâncias político-partidárias para o trabalho em causas mais concretas, locais e limitadas, que iam do humanitário ao pacifismo, a ecologia ou os direitos gays. Embora se trate de um processo complexo de alcance ocidental, no âmbito francês estas mudanças nas formas do compromisso político estiveram relacionadas com o processo de institucionalização política da esquerda nos anos 1980, mas também com a desilusão e o fim da onda de mobilização política gerada na França em maio de 1968.

Neste contexto de sociedade, a conformação de uma pequena "arena pública"[18] sobre o problema dos direitos humanos na Argentina foi-se gestando e foi adquirindo legitimidade a partir de uma variedade de mobilizações e ações nas quais o tema foi tomando forma e fazendo-se inteligível e legítimo, comprometendo meios de imprensa, partidos políticos, sindicatos, associações humanitárias e uma série de cenários de mobilização urbana. Como dissemos, o processo implicou a transformação de um tema de interesse particular e moral em um problema de caráter público pelo qual se apelava às autoridades.[19]

Mas, ao indagar as motivações que explicam esta solidariedade francesa de corte humanitário, explicitamente ligada aos direitos humanos como princípio ideológico de mobilização, há uma série de razões que se repetem. Um dos membros do DSH, por exemplo, manifesta que foi o contato direto com argentinos na França, vítimas da situação em seu país, o que os sensibilizou para o tema, mas que foi sobretudo conhecer a experiência das Mães da Praça de Maio na Argentina o que os empurrou a uma ação que se propunha como um paralelo solidário com as mobilizações daquelas. Se tomamos o caso das

---

[18] Segundo algumas correntes da sociologia da ação coletiva, o conceito de "arena pública" tem a dupla conotação de "lugar de combate" e "cena de performances" que tendem à teatralização e à busca de publicidade de suas ações. Não se trata de um espaço-tempo homogêneo e uniforme, mas que se dispersa em uma multidão de cenas públicas (Cefaï, 2002). Sobre as formas de ação coletiva, cf. Cefaï (2001); e também Boltanski e Thévenot (1991) e Boltanski (1990).

[19] A efetiva intervenção do governo francês em diversas ocasiões dá conta da eficácia do processo de mobilização sobre a situação argentina: no curso de 1978, Giscard d'Estaing se viu obrigado a várias ações diplomáticas pelo caso dos franceses desaparecidos na Argentina; em 1979 recebeu o almirante Emilio Massera para se informar sobre a situação de certos cidadãos desaparecidos e isso facilitou a libertação de quatro pessoas; a Assembleia Nacional da França enviou nesse mesmo ano uma missão de deputados para se informar sobre a situação de seus cidadãos vítimas da repressão; várias associações de juristas na França enviaram missões de observação e em 1978 o Parlamento Europeu emitiu uma declaração de condenação da ditadura militar argentina.

mulheres vinculadas à Acat, elas também manifestam uma "indignação" semelhante ante as violações dos direitos humanos na Argentina e sua comoção ante a dor das Mães da Praça de Maio,[20] canalizada pelos contatos diretos que começaram a ter com outras mães de desaparecidos e alguns membros do Cosofam, a única organização argentina na França que reunia familiares de desaparecidos e vítimas diretas da repressão. Inclusive os que organizaram o boicote à Copa do Mundo, militantes de forte tradição partidária na extrema esquerda francesa, declaram tê-lo feito porque era "simplesmente inconcebível", "um escândalo" que se jogasse futebol onde se torturava.[21] Estes mesmos militantes também assinalam que as formas de solidariedade mudaram; primeiro se tratava de "uma mobilização mais de tipo política, de solidariedade anti-imperialista, e aos poucos a questão de direitos humanos apareceu como mais importante: tinha que ajudar as pessoas, denunciar a tortura…".[22]

Assim, o compromisso destes setores franceses parece fundado em uma autêntica comoção emocional e ético-humanitária, em uma revolta individual ou privada do que se considera "intolerável", e logo se transforma — por efeito da ação coletiva — em uma causa pública ligada ao bem comum e construída em termos de justiça (Boltanski e Thévenot, 1991); quer dizer, como denúncia das violações aos direitos humanos. Isto permite considerar como a causa privada e mais íntima, vinculada à própria dor, dos "amigos argentinos", ou das mães distantes, foi adquirindo um sentido coletivo e público de "revolta moral" para os franceses mobilizados da época. De fato, voltando à entrevista anterior do participante francês do boicote, poderíamos perguntar-nos se, tal como ele indica, foi causa argentina o que se modificou ou se, pelo contrário, o que mudou a sensibilidade dos que estavam envolvidos nas ações coletivas pela Argentina. Ou talvez ambas as coisas se retroalimentaram de maneira simultânea.

A centralidade destas motivações não deve ocultar a existência de outras razões, encobertas ou complementares do humanitário. Por exemplo, o peso de certa racionalidade instrumental no caso da DSH, já que a iniciativa de denúncia e mobilização tomada pela associação se produzia quando esta começava a emergir e "competir" na arena pública dos direitos humanos na França,

---

[20] Este vínculo fundado no emocional se revela no fato de que esta associação se envolverá depois de maneira absoluta na busca de crianças nascidas em cativeiro e apropriadas na Argentina.

[21] Entrevistas com R.T., Paris, 18 dez. 2003, e Z.I., Paris, 12 fev. 2004.

[22] Entrevista com R.T., Paris, 18 dez. 2003, original em espanhol.

situação que seu fundador não deixa de indicar ao dizer que as manifestações lhes permitiram e ajudaram fazer-se conhecidos, crescer e projetar-se como associação até a atualidade.

Em qualquer caso, as motivações de corte ético-humanitário parecem prevalecer e ter-se transformado em um motor da mobilização coletiva na França da época. Que isso hoje seja evidente e esperável, não o era nos anos 1970, nem muito menos natural, e o peso significativo desses argumentos como motores da ação solidária dá conta da emergência de uma nova sensibilidade de época.

A solidariedade partidária

As posições dos partidos políticos franceses ante a situação argentina e sua relação com os emigrados é outro exemplo do complexo quadro da "solidariedade francesa". Como é compreensível, dadas as características do regime militar argentino e dos grupos especialmente perseguidos — organizações político-militares revolucionárias e de esquerda —, a situação suscitou maiores apoios à esquerda do espectro político francês. Os partidos de direita, por seu turno, se mantiveram ausentes das ações de "solidariedade", exceto em ocasiões contadas em que a tomada de posição pública ante os franceses desaparecidos se impôs por cima de outras lógicas ideológico-partidárias. Isto indica um dado relativamente esperável: a primeira forma de definição da solidariedade partidária emanava de alinhamentos políticos; contudo, como veremos, o problema é bastante mais complexo e devemos avaliar como esse princípio político central se articulou com os motores epocais já analisados da ação coletiva.

Na continuação, examinaremos de modo mais detido o papel do Partido Socialista (PS) e do Comunista (PCF). São as duas forças majoritárias da esquerda francesa e cada uma delas desempenhou um lugar específico quanto a sua relação com a situação ditatorial argentina. Enquanto os socialistas hoje são vistos pelos antigos emigrados argentinos como o partido solidário por excelência, o Partido Comunista representa para eles, unanimemente, o símbolo da falta de solidariedade e da primazia dos interesses geopolíticos internacionais por cima de qualquer prioridade humanitária.[23]

---

[23] A Liga Comunista Revolucionária também teve papel significativo por sua proximidade com a esquerda trotskista argentina, com a qual manteve vínculos frequentes embora não ausentes de certa ambivalência.

A "solidariedade" ante os exílios dos anos 1970

Na década de 1970, o PS francês estava em pleno processo de ascensão eleitoral até chegar a ser, em 1978, o primeiro partido de esquerda (23% do eleitorado), invertendo a relação de forças tradicional com o PCF. Após sucessivas transformações, o partido tomou sua forma atual a partir de 1971 e em 1975 já contava com 150 mil filiados (Portelli, 2001:87). Este processo de ascensão política incidiu sobre o papel visível e destacado que o PS teve no respaldo de toda denúncia humanitária vinculada à situação argentina e ao apoio dado à maioria das "campanhas de solidariedade" realizadas pelos emigrados políticos argentinos na França. Assim, junto com a DSH, o PS foi o impulsionador das "marchas das quintas-feiras" — nas quais esteve muitas vezes presente François Mitterrand, líder do partido e presidente da França desde 1981. Além disso, o partido assinou e promoveu diversos documentos parlamentares de denúncia contra a ditadura argentina, assinou declarações individuais e coletivas sobre o tema e interveio numa enorme quantidade de pedidos ante o governo argentino e também ante o governo francês de Giscard d'Estaing (1974-1981) e as Nações Unidas.[24]

Provavelmente, o primeiro motivo da participação do PS em favor da Argentina foi a continuidade do impacto produzido na França — muito forte no socialismo francês — pelo golpe de Estado no Chile, e isso está relacionado com uma segunda razão: uma posição universal de defesa dos direitos humanos que se manifestou em todas as intervenções partidárias desde a década de 1970. Tal como sintetiza o assessor sobre América Latina de Lionel Jospin, que então era secretário de Relações Internacionais do PS:

> Então, quando começaram a chegar aqui eh... revolucionários argentinos exilados, a prioridade do PS — e eu fui encarregado disto — foi estabelecer uma relação tipo direitos humanos e de solidariedade [...] então a posição do PS foi muito clara: "Não nos preocupemos com quem são estes, que não sejam ideologicamente gente com quem estamos muito..., nos sentimos muito próximos, mas

---

[24] Por exemplo: entre as intervenções do PS denunciando especificamente a situação argentina, artigos em *LM*, 17 jul. 1979, 29 ago. 1979; Assemblée Nationale, "Aux membres de la Commission Tiers Monde"; 8 set. 1977. Documentos partidários: "Argentine", comitê diretivo PS, 3-4 abr. 1976; declaração de Lionel Jospin contra a Lei de Presunção de Falecimento anunciada pela ditadura militar, *LM*, 3 set. 1979. Solicitações coletivas assinadas pelo PS ou seus membros diretores: *LM*, 27-28 abr. 1976, 20-21 jul. 1976, 3 abr. 1979, 31 maio/1º jun. 1981; contra a Lei de Ponto Final: *Clarín*, 19 dez. 1986; carta de François Mitterrand ao presidente da Comissão de Direitos Humanos da ONU pedindo a inclusão do caso argentino na ordem do dia, 7 fev. 1978.

sim que são gente perseguidos [sic] por um regime horroroso, e que escapam de uma repressão criminosa". [...]

De quem nos ocupamos a fundo tinha sido dos chilenos, porque estes sim, comunistas, socialistas ou radicais, eram nossos irmãos, e então, sim, nos ocupamos. [...]

E a massa socialista, dos filiados, a massa dos militantes viu isso [a solidariedade pela Argentina] como a sequência natural do que havíamos feito para os chilenos, eles começaram a chegar em fins de 1973, que era uma coisa massiva, e a massa dos franceses — não só dos socialistas — via muito pouco a diferença entre os latino-americanos. Então era uma coisa de solidariedade... [R.I., 18 nov. 2004, Paris, original em espanhol.]

Como este testemunho deixa ver nas entrelinhas, os vínculos do PS com os emigrados argentinos na França e com as organizações argentinas no exterior não eram nem claros nem lineares. O partido manteve certas reticências e ambiguidades e permanentemente pôs como condição para qualquer apoio o "assegurar-se do caráter humanitário" e não partidário das iniciativas; como diz o testemunho, só se tratava de solidariedade com "gente perseguida".[25]

Estas ambiguidades e receios do PS se dirigiam, em primeiro lugar, para todo o espectro peronista dos exilados, mas também para os movimentos armados em geral. Por exemplo, ao colocar as dificuldades para a solidariedade com os exilados argentinos, o PS deixava claros seus limites:

O terrorismo frequentemente indiscriminado, a política do pior e a irresponsabilidade muitas vezes flagrante dos movimentos de guerrilha não receberão nossa aprovação. [...] É necessário [...] multiplicar os contatos com as organizações democráticas argentinas e não deixar-se fechar em um diálogo com os honoráveis interlocutores da guerrilha [Assembleia Nacional, Grupo do Partido Socialista e do Movimento Radicais de Esquerda, "Aux membres de la Commission Tiers Monde", p. 3 e 6, 8 set. 1977].

Estes fatores de tensão que limitaram a ajuda aos setores exilados não são novidades, têm sido igualmente revelados pelas investigações sobre o exílio argentino em outros destinos e estão vinculados à relação entre os grupos de

---

[25] Por exemplo, um convite do Cais para que o PS participasse de um ato de solidariedade "Argentina resiste", encontrado nos arquivos do partido, está acompanhado da seguinte nota manuscrita de um dirigente do partido: "Devemos ir se temos a completa segurança de que sua intervenção é humanitária" (Cais, "Soirée Argentine résiste", 14 maio 1977).

solidariedade, os exilados argentinos e suas tradições políticas.[26] Contudo, o ponto que aqui nos interessa enfatizar é que estes elementos não são suficientes para entender as práticas de mobilização solidária dos países receptores nem suas dificuldades ou limites. A eles devem-se somar outros, às vezes mais definidores, que estão relacionados com as lógicas internas dos atores considerados e as formas e motores da ação coletiva de cada época. Neste caso, a força do paradigma dos direitos humanos nas formas de solidariedade do PS se misturava com os conflitos intrapartidários, a competência eleitoral com o PCF, os alinhamentos internacionais com respeito à União Soviética e as estratégias de geopolítica partidária.

Um exemplo interessante são as relações do socialismo francês com a organização peronista argentina Montoneros. Entre 1977 e 1979 houve várias iniciativas de aproximação e demonstração de apoio socialista à organização armada; entre elas, uma conferência de imprensa *montonera* na sede do PS, reuniões entre dirigentes franceses e *montoneros* etc.[27] Contudo, ante a realização da conferência dos *montoneros* na sede socialista, na qual se apresentou o testemunho de um sobrevivente de um campo clandestino de detenção, o PS não deixou de marcar publicamente suas diferenças e a apresentação do evento foi objeto de discussões prévias e recomendações. Nessa ocasião, Lionel Jospin recomendou a François Mitterrand apresentar os *montoneros* da seguinte maneira: "Surgido do peronismo, o Movimiento Montonero que fez a guerrilha comporta ambiguidades. Até agora nossas relações com os Montoneros se dirigiram para uma solidariedade ampla, mais que a proximidades ideológicas ou políticas".[28] Nessa mesma instância, os *montoneros* agradeceram enfaticamente ao PS sua solidariedade com "a resistência argentina [...] que prepara as condições para a contraofensiva popular que porá fim à derrota".[29]

---

[26] Entre outros, Jensen (2007), para a Catalunha, e Bernardotti e Bongiovanni (2004), para a Itália.

[27] Em junho de 1977, Jospin se reuniu com o dirigente *montonero* Fernando Vaca Narvaja e o antigo governador peronista da província de Buenos Aires, Oscar Bidegain (*LM*, 17 jun. 1977); em setembro de 1978, Mitterrand e Jospin emitiram uma declaração de apoio aos *montoneros* pelo caso de Jaime Dri, dirigente recém-saído da prisão (*LM*, 23 set. 1978), e o Partido Montonero realizou uma conferência de imprensa na sede do PS francês com a presença de Dri e do próprio Mitterrand (*LM*, 23 set. 1978).

[28] Carta de Jospin a Mitterrand recomendando um discurso deste tipo por ocasião da conferência, 20 set. 1978.

[29] Por seu turno, os *montoneros* também tentaram sucessivas vezes aproximar-se da Internacional Socialista (IS) que nucleia os partidos social-democratas europeus, mostrando seu vínculo com os dirigentes da IS e tentando ser visto como um partido de massas nessa linha (entrevista com E.T., Paris, 1º jul. 2005; Gasparini, 1999:103).

O evento costuma ser lembrado pelos emigrados argentinos, em especial de origem *montonera*, como a grande mostra da solidariedade do PS para com eles. Contudo, além das reticências mencionadas, um setor dos líderes socialistas explica a aproximação pública dos *montoneros* e o PS como resultado de uma luta interna entre a ala de esquerda do PS — partidários da reunião pública de apoio aos *montoneros* — e o setor de Mitterrand — que se opunha absolutamente ao encontro porque ia ser visto como uma "aliança estratégica" com a guerrilha peronista, à qual em algum momento consideraram quase fascista.[30] Apesar dessas reticências, o futuro presidente francês deu sua aprovação para a reunião porque precisava dos 15% dos votos que representavam a esquerda do partido em um congresso interno que devia realizar-se nesse momento.[31]

As ambiguidades do PS ante o peronismo argentino oscilavam entre a distância ideológica e certo interesse em uma aproximação estratégica que transcendia as questões humanitárias — ao menos para uma parte do PS.

Outro exemplo do peso de certos interesses de estratégia política e das ambivalências do PS entre discurso, ideologia e práticas pode ser visto por ocasião do boicote à Copa do Mundo de 1978. Nessa ocasião, por motivos humanitários, o partido se manifestou pública e repetidamente contra a realização da Copa e do envio de jogadores franceses à Argentina, mas de maneira ambígua nunca apoiou o boicote nem empreendeu ações concretas de repúdio. Pelo contrário, finalmente sustentou que a equipe francesa havia ganho seu direito a participar do evento e devia ir. Desta maneira, o PS manteve uma posição ambivalente que lhe permitia obter os rendimentos políticos de uma posição de defesa dos direitos humanos e, ao mesmo tempo, evitar os custos de manifestar-se contra um evento desportivo que convocava paixões nacionais.

Os conflitos vinculados à competência político-eleitoral francesa se manifestaram nessa mesma ocasião da Copa na disputa estabelecida entre o PS

---

[30] Carta de Antoine Blanca a Robert Pontillon, sugerindo que advirta certos dirigentes socialistas suecos para não apoiar financeiramente a Cadhu, dado que forma parte de uma "ofensiva" dos *montoneros* para a social-democracia europeia para apresentar-se como "a única alternativa democrática na Argentina": "Em minha opinião, é perigoso na medida em que um homem como Firmenich era, há apenas alguns anos, um fervoroso admirador de Mussolini" (Paris, 7 fev. 1978).

[31] Entrevista com R.I., Paris, 18 nov. 2004. Durante a década de 1970, as quatro correntes internas do PS (Mitterrand; Pierre Mauroy; Jean Pierre Chevenèment e Michel Rocard) protagonizaram uma disputa interna, ideológica e pessoal muito forte. Em particular o setor denominado "deuxième gauche", liderado por Rocard e integrado por antigos membros do PSU, a CFDT do movimento associativo e de alguns participantes do maio francês impuseram uma forte pressão na ala esquerda do partido (Bergounioux e Grunberg, 2004).

A "solidariedade" ante os exílios dos anos 1970

e o PCF com respeito aos direitos humanos na Argentina, já que denunciar o caso argentino significava fazer o mesmo com a União Soviética em vésperas da realização da Olimpíada de Moscou de 1980 — perspectiva a que o PCF se negava completamente. Assim, ambos os partidos transformaram o evento argentino em uma disputa aberta sobre quem defendia melhor os direitos humanos e era mais solidário com a Argentina. Disputa cujo verdadeiro fundo era a fratura e o conflito da esquerda ocidental em torno da realidade totalitária soviética e o conhecimento público de seus crimes.[32]

Por último, a mobilização pública pelo caso argentino entrava também nas projeções de geopolítica internacional do PS. Assim, por exemplo, em uma nota interna manuscrita dirigida a Lionel Jospin por seu secretário, provavelmente nos primeiros meses de 1976, se lê que deve ser apoiada a ação de alguns comitês de exilados argentinos em Paris porque ali há "talvez uma ponta para afirmar nossa influência na América Latina". Neste sentido, cabe destacar que o projeto de Mitterrand para a América Latina, a partir de 1980, era constituir-se em uma "terceira via" para as forças de centro-esquerda latino-americanas. Para isso, a aproximação com as elites políticas exiladas desses países era essencial e isso explica em boa medida o vínculo com a Unión Cívica Radical argentina, que depois teve continuidade e frutos durante o primeiro período pós-ditatorial na Argentina, sob a presidência do radical Raúl Alfonsín.

É evidente então que as razões vinculadas à defesa dos direitos humanos, que pareciam explicar publicamente o apoio partidário às denúncias argentinas, também se situaram no contexto da carreira de Mitterrand ao poder, que culminou com sua vitória presidencial em 1981.[33] Em um contexto mundial em que as causas de direitos humanos tomavam cada vez maior importância e ante uma esquerda francesa muito sensibilizada com os acontecimentos latino-americanos, o apoio às denúncias argentinas — entre outras latino-

---

[32] Esta mesma disputa aparece também em um informe da Comissão "Terceiro Mundo" da Assembleia Nacional francesa, onde se indica que um dos fatores que freava a solidariedade para os argentinos (além da guerrilha) era a própria posição do PCF (Assembleia Nacional, Grupo do Partido Socialista e do Movimento Radicais de Esquerda, "Aux membres de la Commission Tiers Monde", 8 set. 1977).

[33] Inclusive o próprio embaixador argentino em Paris, Tomás de Anchorena, acusou Mitterrand na imprensa argentina: "Usam nosso país como uma maneira de recuperar a notoriedade perdida" e "talvez [Mitterrand] não quisesse ouvir o protesto argentino de que tinha tão boas relações com um pseudopartido político *montonero*" (*La Nación*, 16 dez. 1978. p. 10).

-americanas — podia ter um efeito público e eleitoral significativo e projeções internacionais ainda maiores.[34]

Quanto ao comunismo francês, a situação é completamente diferente. Com mais de 520 mil membros em 1978 e representando mais de 20% do eleitorado francês, o PCF foi a primeira força da esquerda francesa até a década de 1970. Contudo, justamente naquele momento, começou um declínio acelerado que deixou o PS — com o qual até 1977 o PCF tentou manter um programa comum de esquerda — como a força majoritária. Assim, em 1981, o PCF obtinha o número de votos mais baixo de sua história desde 1945: 15,3% do eleitorado (Greffet, 2001).

Os vínculos do partido com os emigrados políticos argentinos e sua posição diante da situação argentina não apresentam ambiguidades: todos os argentinos enfatizam que o PC esteve sempre ausente nas campanhas de denúncia ou em qualquer ato de solidariedade com a Argentina[35] e não manteve relações com as organizações argentinas de exilados.

Se para o resto do espectro político e humanitário francês o antecedente chileno foi uma das razões fundamentais que explica a boa acolhida recebida pelos argentinos, o PCF marca uma diferença absoluta nesta tradição. Desde o primeiro momento do golpe de Estado chileno, o partido participou intensamente da ação política e solidária desenvolvida na França para denunciar a situação e para acolher os refugiados que chegavam, e muitas dessas ações foram feitas em coordenação com o PS, já que então estavam unidos pelo "Programa comum" de esquerda.[36] Deve ter-se em conta que o PC chileno foi diretamente afetado pelo golpe enquanto partido membro da Unidad Popular derrubada. Contudo, o golpe na Argentina não suscitou as mesmas repercussões no comunismo francês, e os emigrados argentinos nunca receberam apoio político nem público do partido.

---

[34] Esta leitura em chave de estratégia política da solidariedade do PS não pretende pôr em questão o apoio real e efetivo que o partido deu à causa antiditatorial e humanitária argentina. Só se trata de mostrar a complexidade das motivações dessas ações e daquilo que é percebido como simplesmente "solidário" pelos próprios atores da época, indicando até que ponto o discurso dos direitos humanos esteve atravessado pelas considerações de estratégia política interna e internacional do partido.

[35] Exceto um documento conjunto de várias forças de esquerda francesas (PCF, PS, Radicaux de Gauche, CFDT, CGT) no dia seguinte ao golpe de Estado, denunciando a ditadura, o terror fascista e o terrorismo de extrema esquerda que conduziram a esse golpe ("Pour le peuple argentin", 25 mar. 1976; L'Humanité, 27 mar. 1976). Depois deste documento não encontramos outras intervenções do PCF de denúncia da situação argentina.

[36] Sobre a ação do PC no momento do golpe chileno, ver Sáenz Carrete (1995).

A "solidariedade" ante os exílios dos anos 1970

As poucas intervenções oficiais do partido vinculadas à situação argentina se referem ao boicote à Copa do Mundo em 1978, dado que a amplitude que adquiriu o fato obrigou todas as forças políticas a posicionar-se a respeito. Contudo, como já se indicou, nessa conjuntura as posições partidárias sobre o tema refletiram mais os conflitos da política interna francesa que a situação argentina, já que a ocasião deu lugar à citada polêmica entre o PCF e o PS sobre a política de direitos humanos no mundo soviético.

As razões da ausência do PCF nas "ações de solidariedade" remetem diretamente aos alinhamentos políticos internacionais. Em primeiro lugar, o PC argentino não foi proibido pela ditadura, sendo um dos poucos partidos que conservaram sua legalidade e o núcleo de esquerda menos afetado pela repressão — se bem que teve desaparecidos e na França houve uns poucos exilados argentinos dessa origem partidária. Vinculada a isso, a interpretação oficial do partido argentino sobre a ditadura era que o governo estava integrado por uma "linha dura" e uma "linha branda" — "falcões e pombas" —, portanto havia de sustentar a "linha branda" — nesse momento no poder por intermédio da figura de Videla —, para evitar um endurecimento no estilo de Pinochet no Chile e encontrar uma saída negociada para uma convergência cívico-militar. Ao mesmo tempo, se sustentava que não havia desaparecidos ou que ao menos não estava comprovado que os houvesse. Uma das razões fundamentais desta postura do PC argentino estava relacionada com os estreitos vínculos comerciais que o regime militar mantinha com a União Soviética, que também implicavam um mútuo apoio na ONU para bloquear as denúncias por violações aos direitos humanos.[37]

Assim, a configuração de forças internacionais e o alinhamento com a política soviética, próprio de todos os partidos comunistas, impediu ao PC francês — tradicionalmente muito stalinista — toda política de apoio às denúncias sobre a situação argentina. O significativo é que esta posição se respaldou, igualmente, em um discurso de defesa dos direitos humanos e no dever de solidariedade para com a Argentina.[38]

---

[37] Depois do golpe, o PC argentino propôs a assinatura de um "convênio nacional democrático como fundamento de um governo cívico-militar de ampla coalizão democrática" para frear a linha dura do Exército. Por seu turno, e apesar dos cerca de 100 a 200 desaparecidos com que contava o partido, as Forças Armadas declararam que teriam cuidado em "não molestar os comunistas que não estiveram misturados na subversão" (Novaro e Palermo, 2003:185, nota 10).

[38] Este condicionamento reaparecerá em outros momentos críticos como a Guerra das Malvinas, em que o PCF defendeu a posição oficial argentina em oposição a todo o resto da esquerda francesa.

Contudo, nas práticas locais do PCF se desenvolveu uma solidariedade significativa que transcendeu os alinhamentos geopolíticos do partido como força nacional. Trata-se das ajudas recebidas por muitos emigrados argentinos nas municipalidades francesas conduzidas por comunistas (além de socialistas), em termos de ajudas sociais, alojamento, trabalho e outras necessidades básicas dos emigrados. Do mesmo modo, na militância de base do PCF há fortes indícios de mobilização em favor da denúncia das violações aos direitos humanos na Argentina, assim como no boicote à Copa do Mundo.

Em qualquer caso, a posição oficial e pública do PCF foi repetidamente questionada pelo resto dos partidos franceses de esquerda, que consideravam que a reticência comunista era um dos fatores fundamentais que "freavam" a solidariedade da esquerda francesa com as vítimas argentinas.[39] Diante disso, o PCF sustentava que "os comunistas franceses, desde os primeiros instantes, não deixaram de atuar *realmente* para desenvolver a solidariedade com o povo argentino".[40] Este último exemplo, assim como outros citados em relação com o PS e os *montoneros*, deixa visível, ademais, a disputa política e histórica pela apropriação da "solidariedade" e mostra como a noção — por sua forte carga positiva — foi utilizada com efeitos autolegitimadores, tanto para aqueles que a ofereceram quanto para os que a receberam. Por isso mesmo, pode-se dizer que as organizações francesas transformaram em capital político suas práticas de solidariedade para com o exílio argentino. Mais uma vez, estas constatações renovam a preocupação por um uso analítico e não mecânico do conceito.

Conclusões

O espaço público francês estava, em fins dos anos 1970, fortemente sensibilizado pela problemática dos direitos humanos. O contexto antitotalitário derivado da crise do regime soviético, a crise dos paradigmas marxistas clássicos também herdados do contexto libertário da eclosão sociopolítica de 1968 e certas dinâmicas da política local contribuíram enormemente para esta "redescoberta" dos direitos humanos como parte das políticas governamentais, partidárias ou

---

[39] Ver nota 33.
[40] *L'Humánité*, 26 dez. 1977. p. 4, grifo de *L'H*.

associativas na sociedade civil.⁴¹ A denúncia da violação dos direitos humanos por cima de toda consideração política foi parte de um clima de época específico que permitiu a emergência do movimento humanitário e este, por seu turno, como um círculo virtuoso, estimulou a crescente sensibilidade ante o tema. As datas de criação de várias das associações humanitárias ou de direitos humanos que destacamos (Acat, DSH, GAS, Aida) são uma mostra clara desta nova sensibilidade.

Contudo, é importante considerar que se tratou de um fenômeno de alcance mundial: entre 1970 e 1986, o número de organizações não governamentais deste tipo se multiplicou por 100.⁴² De um ponto de vista teórico, o fenômeno de sua eclosão na França — que poderia ser rastreado desde fins da década de 1970, mas cujo apogeu se deu na década de 1990 a partir da intervenção humanitária direta no lugar dos fatos —, foi explicado como a aparição de uma "política da piedade". Isso supõe a formação de dois campos bem diferenciados entre os que sofrem e os que não, e o caráter de "vítima" dos primeiros. Seu *sofrimento* posterga toda discussão e a submete às considerações da *urgência*, que exige um compromisso pela *causa* que se localiza por cima de qualquer problema político ou de justiça.⁴³

Assim, partindo da revolta moral e da comoção diante do sofrimento alheio, a mobilização ligada à Argentina foi possível porque sua construção como problema público foi feita por meio da linguagem dos direitos humanos.

---

⁴¹ A estes elementos teria que se agregar um dado importante que não podemos desenvolver aqui: o peso da experiência para a sociedade francesa da tortura durante a Guerra da Argélia. O uso da tortura na Argélia e na Indochina havia sido muito denunciado na França nas décadas de 1960 e 1970, embora existisse um "esquecimento" e silenciamento sistemático do tema por parte da sociedade civil e, desde então, por parte das autoridades (Stora, 1991).

⁴² A dinâmica associativa francesa — que está na base de várias das formas de solidariedade que analisamos — não deve ser subvalorizada, pois constitui uma tradição de longa data e na década de 1970 estava em um momento de especial auge, em particular por causas humanitárias. Em 1978, segundo o jornal *Le Monde*, a França atravessava naqueles anos um *"boom* associativo", com mais de 100 associações criadas por dia e 300 mil em toda a França, o que significa que um francês de cada dois participava de alguma delas (*LM*, 24 maio 1978. p. 11-12). Em longo prazo, o fenômeno é igualmente significativo: em 1960 foram criadas 10 mil associações e em 2004, 60 mil, com uma marcada tendência à formação de organizações de tipo humanitário ou de direitos humanos (Naquet, 2004).

⁴³ Nesta linha, sustenta Boltanski (1993), o "espetáculo do sofrimento" conduz à compaixão e à piedade através de atos práticos e concretos, a uma forma de *engagement* (compromisso), mas não à política. A distância, o espectador pode relacionar-se com a causa pela denúncia (dirigida aos causadores do sofrimento das vítimas), pelo sentimento (a gratidão que seus gestos geram nos infelizes) ou pelo espetáculo estetizante. O "movimento humanitário" foi tema de fortes debates nos anos 1980 e 1990, entre seus detratores e entre seus críticos a partir de dentro (cf. *Le Débat*, n. 67, 1991, e n. 75, 1993; em especial Kouchner, 1991, e Sebbag, 1993; Ruffin, 1993; Debrè, 1997).

O "caso argentino" construído nesses termos teve então possibilidade de escuta e reprodução.

Seguindo esta lógica, talvez, as dimensões e alcances da solidariedade francesa se explicam menos pela dimensão da urgência argentina que por esta mudança ideológica no "horizonte de expectativas" das esquerdas ocidentais, assim como por uma crescente transformação no regime de compromisso político que se produziu naqueles anos. Esta mudança não significou o abandono da política ou um processo de despolitização, mas uma mudança nas formas da ação política para objetivos mais concretos, locais e limitados.[44] Nesse sentido, a solidariedade pela "causa argentina" também se correspondia com estas novas expectativas e razões de mobilização.

Em qualquer caso, embora a percepção geral dos emigrados políticos argentinos fosse a de uma "sociedade solidária", é evidente que a solidariedade das organizações teve limites claros (que provavelmente não têm o mesmo peso no caso dos vínculos interpessoais). A suspeita de terrorismo e o repúdio dos métodos da guerrilha aparecem como o primeiro fator limitativo; a ele se somaram as suspeitas e o repúdio histórico do peronismo por parte das forças políticas francesas (embora, às vezes, as necessidades da estratégia política pudessem flexibilizar essas distâncias, como no caso do PS). Também poderia agregar-se um terceiro fator resultante da experiência do encontro concreto entre emigrados políticos argentinos e organizações francesas: o nível de conflito interno de algumas organizações do exílio e sua instrumentalização por parte dos grupos político-militares argentinos[45] impediu o trabalho coordenado com os grupos franceses e fez com que estes optassem por uma tarefa de denúncia humanitária, entendendo que sua condição básica era a "apoliticidade" — segundo a terminologia dos atores.

Qualquer destes fatores pode ter introduzido condicionamentos importantes ao apoio francês; se seu efeito negativo foi limitado, isso se deveu à incidência dos fatores humanitários indicados. Isto permite revalorizar o peso dos motivos emocionais e ético-humanitários de mobilização, a importância do "intolerável" como impulsionador da ação solidária francesa da época e sua articulação com a linguagem dos direitos humanos.

---

[44] Ver Cefaï e Pasquier (2003); Boltanski e Thévenot (1991).
[45] O funcionamento das organizações de exilados e sua relação com as organizações da guerrilha é um processo muito complexo sobre o qual remetemos a Franco (2008).

Contudo, como vimos, a causa humanitária teve seus limites. A dinâmica e a natureza das instituições implicadas, especialmente no caso dos partidos políticos, puderam contribuir para a causa humanitária quando esta coincidia com suas necessidades e estratégias internas, nacionais e internacionais. Nesse sentido, o discurso dos direitos humanos das esquerdas francesas formou parte dos discursos em disputa dentro da arena do jogo político e eleitoral (Agrikoliansky, 2004), e as considerações estratégicas frearam ou relativizaram as humanitárias quando estas se interpunham com outros objetivos de política local. Isto pode ser óbvio tratando-se de um partido político que, por definição, obedece a padrões de disputa política em espaços nacionais e internacionais, mas é necessário desnudar esses mecanismos para evitar naturalizações ingênuas sobre a solidariedade recebida pelos exilados.

Por outra parte, como se disse, a solidariedade recebida pelos argentinos é incompreensível fora do "efeito chileno", também presente em outros destinos de exílio. Como se viu, todas as iniciativas analisadas — qualquer que fosse seu caráter e origem — haviam sido ativadas antes pela recepção dos refugiados do país vizinho e a denúncia da ditadura de Pinochet. Sem faltar importância a este fato e seus condicionantes ideológicos — ausentes no caso argentino —, o importante é que este antecedente provavelmente também foi resultado da nova sensibilidade humanitária da época, que se articulou com os motivos mais estritamente políticos. Em qualquer caso, ambos os elementos, a sensibilidade ante o Chile e a nova sensibilidade humanitária, se retroalimentaram promovendo a ação coletiva solidária para com os argentinos e outros grupos.

Em síntese, a análise das formas de ajuda das sociedades de acolhida deve ser tratada como um problema com lógicas próprias, internas à sociedade de recepção e diferenciais segundo os grupos implicados. A "solidariedade" recebida pelos exilados latino-americanos em qualquer de seus níveis não foi um fato natural, sobretudo quando os motivos que parecem tê-la sustentado eram de caráter humanitário. Ainda que a revolta moral contra o "horror" da violência seja um produto histórico, parte de um processo em pleno desenvolvimento na década de 1970, que abarcou tanto a emergência de uma sensibilidade humanitária ao sofrimento e uma "política da piedade" quanto uma prática de defesa dos direitos humanos. Tudo isso se deu em um contexto que permitiu a transformação de ambas as coisas em causa de mobilização pública e ação coletiva.

Referências

ACAT. *Les enfants disparus en Argentine*, nov. 1985/mar. 2003.
ACAT-ABUELAS DE PLAZA DE MAYO. *Correspondência 2002/2003*.
AGRIKOLIANSKY, Eric. La gauche, le libéralisme politique et les droits de l'homme. In: BECKER, Jean-Jacques; CANDAR, Gilles. *Histoire des gauches en France*. Paris: La Découverte, 2004. v. 2, p. 524-541.
BERGOUNIOUX, Alain; GRUNBERG, Gérard. L'union de gauche et l'ère Mitterrand. In: BECKER, Jean-Jacques; CANDAR, Gilles. *Histoire des gauches en France*. Paris: La Découverte, 2004. v. 2, p. 275-296.
BERNARDOTTI, María Adriana; BONGIOVANNI, Bárbara. Aproximaciones al estudio del exilio argentino en Italia. In: YANKELEVICH, Pablo (Comp.). *Represión y destierro*: itinerarios del exilio argentino. Buenos Aires: Al Margen, 2004.
BOLTANSKI, Luc. *L'amour et la justice comme compétences*. Paris: Métailié, 1990.
_____. *La souffrance à distance*: morale humanitaire, médias et politique. Paris: Métailié, 1993.
_____; THÉVENOT, Laurent. *De la justification*: les économies de la grandeur. Paris: Gallimard, 1991.
CADHU. *Argentine*: dossier d'un génocide. Paris: Flammarion, 1978.
_____. *Testimonio de los sobrevivientes del genocidio en Argentina*. Paris, oct. 1979.
CEFAÏ, Daniel. Les cadres de l'action collective: définitions et problèmes. In: _____; TROM, D. (Eds.). *Les formes de l'action collective*: mobilisations dans des arènes publiques. Paris: EHESS, 2001. p. 51-97.
_____. Qu'est-ce qu'une arène publique? Quelques pistes pour une approche pragmatiste. In: _____; ISAAC, Joseph (Dirs.). *L'héritage du pragmatisme*: conflits d'urbanité et épreuves de civisme. La Tour d'Aigues: Editions de l'Aube, 2002.
_____; PASQUIER, Dominique (Eds.). *Les sens du public*: publics politiques, publics médiatiques. Paris: Curapp; Cems; PUF, 2003.
DEBRÈ, Bernard. *L'illusion humanitaire*. Paris: Tribune libre-Plon, 1997.
FRANCO, Marina. *Los emigrados políticos argentinos en Francia 1973-1983*. Tese (doutorado) — Université de Paris 7, Paris; Universidad de Buenos Aires; Buenos Aires, 2006.
_____. Solidaridad internacional, exilio y dictadura en torno al Mundial de 1978. In: YANKELEVICH, Pablo; JENSEN, Silvina (Comps.). *Exilios*: destinos y experiencias bajo la dictadura militar. Buenos Aires: Libros del Zorzal, 2007. p. 147-186.
_____. *El exilio*: argentinos en Francia durante la dictadura. Buenos Aires: Siglo XXI, 2008.
GAAEF (Eds.). *Le refus de l'oubli*: la politique de disparition forcée de personnes. Paris: Berger-Levrault, 1982.
GABETTA, Carlos. *Le diable sous le soleil*. Paris: Atelier Marcel Jullian, 1979.

GAILLARD, Anne-Marie. *Exils et retours*: itinéraires chiliens. Paris: Ciemi-L'Harmattan, 1997.

GARCÍA, Prudencio. *El drama de la autonomía militar*. Madrid: Alianza, 1995.

GASPARINI, Juan. *Montoneros*: final de cuentas. Buenos Aires: Ed. de la Campana, 1999.

GOÑI, Uki. *Judas*: la verdadera historia de Alfredo Astiz, el infiltrado. Buenos Aires: Sudamericana, 1996.

GREFFET, Fabienne. Le PCF: combattre le déclin par la mutation? In: BRÉCHON, Pierre. *Les partis politiques français*. Paris: La Documentation Française, 2001. p. 105-135.

JENSEN, Silvina. *La provincia flotante*: el exilio argentino en Cataluña (1976-2006). Barcelona: Casa Amèrica Catalunya, 2007.

KOUCHNER, Bernard. Le mouvement humanitaire: questions à Bernard Kouchner. *Le Débat*, n. 67, p. 30-40, nov./déc. 1991.

LEFORT, Claude. *L'invention démocratique*. Paris: Fayard, 1994.

NAQUET, Emmanuel. Ligues et associations. In: BECKER, Jean-Jacques; CANDAR, Gilles. *Histoire des gauches en France*. Paris: La Découverte, 2004. v. 2. p. 98-107.

NOVARO, Marcos; PALERMO, Vicente. *La dictadura militar 1976-1983*: del golpe de Estado a la restauración democrática. Buenos Aires: Paidós, 2003. (Historia Argentina, t. 9).

PORTELLI, Hugues. Le Parti Socialiste: une position dominante. In: BRÉCHON, Pierre. *Les partis politiques français*. Paris: La Documentation Française, 2001.

RUFFIN, Jean-Cristophe. *Le piège humanitaire*. Paris: Hachette-Pluriel, 1993.

SÁENZ CARRETE, Erasmo. *El exilio latinoamericano en Francia*: 1964-1979. México: Unam; Unidad Iztapalapa-Potrerillos, 1995.

SCHWARTZENBERG, Léon. Appel aux cancérologues français invités en Argentine. *Le Monde*, Paris, 3 mai 1978.

SEBBAG, Georges. De la purification éthique. *Le Débat*, Paris, n. 75, p. 24-35, mai/août 1993.

STORA, Benjamin. *La gangrène et l'oubli*: la mémoire de la guerre d'Algérie. Paris: La Découverte, 1991.

5. ECOS DA ESTAÇÃO LISBOA: NOTAS SOBRE O EXÍLIO DAS ESQUERDAS BRASILEIRAS EM PORTUGAL

Américo Freire*

AO LONGO DO ANO DE 1974, UMA LEVA DE EXILADOS[1] BRASILEIROS, VINDOS de diferentes direções, desembarcou em Lisboa. Para uns, a capital portuguesa representava, antes de tudo, a oportunidade de fugir do frio belga; para outros, era a hora de deixar para trás a instabilidade política argentina e cair na "festa democrática lusa"; para outros, ainda, era o momento de buscar compreender o que pensavam os "soldados socialistas de Portugal", como também o de reconstruir a trajetória profissional no jornalismo e na academia.

Em meados de 1975, a colônia de exilados brasileiros concentrava-se em Lisboa e em seus arredores e compreendia personalidades e ex-militantes de diversos matizes das esquerdas brasileiras.[2] Da "geração 64", o nome mais conhecido era o do almirante Cândido Aragão — um dos líderes da corrente nacionalista militar radical que fora varrida pelo regime de 1964. Já nos meios intelectuais, a figura de maior peso era a do jornalista e escritor Márcio Moreira

---

* Professor e pesquisador do Centro de Pesquisa e Documentação de História Contemporânea do Brasil da Fundação Getulio Vargas (Cpdoc/FGV).

[1] Neste texto, o termo "exilado" diz respeito aos que se viram obrigados a abandonar o seu país de origem por motivos de ordem política, independentemente da condição jurídica que possam ter assumido nos países que os receberam.

[2] O uso da noção "esquerdas" no texto acompanha a acepção abrangente e plural proposta por Jorge Ferreira e Daniel Aarão Reis (2007:11) no texto de apresentação da coleção *As esquerdas no Brasil*. Afirmam os autores: "Optamos, os organizadores da presente obra, pela acepção proposta por Norberto Bobbio: 'de esquerda seriam as forças e as lideranças políticas animadas pela perspectiva de igualdade'. E acrescentaríamos, mais precisamente: pela mudança — reformista ou revolucionária — no sentido da igualdade. E também, em meio à realidade brasileira, de certo modo correlato com o que já foi enunciado —, animadas e inspiradas pela crítica, mais ou menos contundente, aos valores e às propostas do liberalismo, visto como fonte de desigualdades e, nas condições que foram as nossas, como fonte e força de conservação da ordem tradicional".

Alves, seja pelo seu trânsito com Miguel Arraes, um dos próceres do exílio brasileiro, seja pelos vínculos que construiu com importantes lideranças civis e militares portuguesas. No conjunto, o grupo mais numeroso e ativo era o da "geração 68", isto é, de ex-militantes egressos de organizações comunistas revolucionárias que haviam se envolvido diretamente na luta armada contra a ditadura brasileira. Nesse caso, os nomes mais conhecidos eram os de Maria do Carmo Brito, Almir Dutton, Alfredo Sirkis e Herbert Daniel, da Vanguarda Popular Revolucionária (VPR), assim como os de Domingos Fernandes e Moema São Tiago, da Aliança de Libertação Nacional (ALN), entre outros.[3] Coube particularmente a esse grupo um papel central na articulação junto a intelectuais e políticos portugueses para a criação — e manutenção — do Comitê Pró-Amnistia Geral do Brasil.

A vitória da Revolução dos Cravos também possibilitou o deslocamento para Portugal de militantes do Partido Comunista Brasileiro (PCB) e do Partido Comunista do Brasil (PCdoB). Enquanto os primeiros puderam contar com a estrutura e os contatos nos meios políticos e intelectuais do Partido Comunista Português (PCP) — na ocasião, uma agremiação de ampla penetração social e política —, os militantes do PCdoB, conduzidos por um dos seus principais dirigentes, Diógenes Arruda, passariam a manter estreitos laços com agremiações maoistas portuguesas. Em ambos os casos, os militantes dessas agremiações, por motivos de segurança, optaram por manter distância das atividades desenvolvidas pelo Comitê Pró-Amnistia, como também de boa parte dos membros da colônia brasileira.

Em 1978, Leonel Brizola desembarca em Lisboa e capitaneia a chegada de uma nova leva de exilados para Portugal. Na ocasião, Brizola, depois de amargar um longo exílio no Uruguai e ver-se obrigado a sair às pressas do país, encontrava-se em um momento particularmente favorável de sua atribulada carreira política: já deixara de lado a vestimenta de comandante revolucionário para agora compor-se como líder moderno e inconteste do trabalhismo brasileiro. Para isso, passou inclusive a contar com a boa vontade — e o apoio político e material — de Mário Soares, primeiro-ministro português, e da Internacional Socialista.

---

[3] Sobre o uso da noção de "geração" e sua aplicação para o caso do exílio brasileiro, ver Rollemberg (1999).

O ano da chegada de Brizola em Portugal foi também um momento de inflexão na agenda política das esquerdas brasileiras, seja no Brasil, seja no exterior, dado que o regime militar, a despeito de suas divisões internas e de suas indefinições, acenava com medidas que deveriam acelerar o processo de distensão política, tais como a edição de uma nova Lei de Segurança Nacional e a aprovação de uma anistia parcial, além da extinção do sistema bipartidário. Em razão disso, tornou-se intensa a movimentação dos atores políticos no sentido de construir estratégias para os novos tempos que estariam por vir. Para alguns, por exemplo, era a hora de resistir à imposição da agenda governamental, mantendo-se na frente oposicionista legal — o MDB, depois PMDB. Para outros, era o momento de uma maior afirmação político-ideológica por meio da criação de um partido socialista que agrupasse diferentes grupos e facções das esquerdas. Nesse novo contexto, Brizola busca em Lisboa — e depois em toda a Europa — firmar posições para levar adiante seu projeto de reconstrução do trabalhismo.

De maneira geral, é possível afirmar que a estratégia de Brizola terminou por surtir efeito, pelo menos junto aos exilados brasileiros em Lisboa. A prova disso foi o envolvimento de vários membros da colônia — fossem eles do grupo dos intelectuais, fossem eles da "geração 68" — na preparação e depois na realização, em junho de 1979, do "Encontro de Lisboa" — o evento que serviu de marco para a reorganização da corrente trabalhista e para o relançamento da liderança de Brizola no cenário nacional brasileiro.

Neste capítulo, fruto de uma pesquisa ainda em curso, optei por explorar dois eixos de análise. Em primeiro lugar, examino a maneira pela qual as autoridades portuguesas, no âmbito das relações diplomáticas luso-brasileiras, lidaram com a presença de exilados brasileiros em seu território, grande parte deles, como vimos, oriunda de organizações revolucionárias de esquerda. Em seguida, ao deslocar o foco para o estudo da dinâmica política interna da colônia, busco verificar como os exilados, ou pelo menos parte deles, envolveram-se na campanha pela anistia por intermédio do Comitê Pró-Amnistia Geral no Brasil. Para tal, tomarei como base documental de análise sete números do boletim *Amnistia*, publicados pelo comitê.

O presente trabalho é parte de investigações que venho realizando em torno das relações que foram estabelecidas entre as esquerdas trabalhista e revolucionária no exílio e no contexto da redemocratização brasileira. A frente de pesquisa sobre o exílio tem sido realizada em arquivos portugueses e brasileiros.

Em Portugal, foram consultados fundos no Arquivo Histórico do Ministério dos Negócios Exteriores, na Torre do Tombo, na Casa do Brasil de Lisboa, na Fundação Mário Soares e no Centro 25 de Abril, da Universidade de Coimbra. Já no Brasil, a pesquisa, até o momento, concentra-se no Centro de Pesquisa e Documentação de História Contemporânea do Brasil da Fundação Getulio Vargas e no Arquivo Público do Estado do Rio de Janeiro.[4]

Diplomacia, fiscalização e controle

Os estudos sobre as relações diplomáticas luso-brasileiras costumam chamar a atenção para a nova etapa que se estabeleceu no relacionamento entre os dois países, proporcionada pela posse do general Ernesto Geisel na presidência do Brasil, em março de 1974, assim como pela vitória do Movimento das Forças Armadas em Portugal, no mês seguinte.

No caso brasileiro, o presidente Geisel, ainda antes de assumir o poder, passou a emitir sinais nos meios de comunicação de que iria promover alterações na agenda entre os dois países, particularmente quanto a uma melhor demarcação da diplomacia brasileira diante da tradicional política ultramarina lusa, até então baseada na manutenção, a qualquer custo, do controle sobre as suas possessões na África. Para o general-presidente, não havia por que manter o apoio político, ainda que constrangido, a uma política "atrasada", "ultrapassada", que não atendia aos interesses nacionais brasileiros (D'Araujo e Castro, 1997:343). Nesse contexto, é de fácil entendimento a pressa com que a diplomacia brasileira adiantou-se em reconhecer o novo governo luso oriundo do 25 de Abril.

Já quanto à política portuguesa, o advento da Revolução dos Cravos pôs em pauta a elaboração de uma política externa que reposicionasse o país no concerto internacional, o que na prática significava abandonar o isolacionismo salazarista visando à promoção de um programa de retirada ordenada de Portugal do continente africano. *Pari passu*, a nova chancelaria portuguesa tratou também de formular estratégias no sentido de buscar maior aproximação com os principais países do bloco europeu.[5]

---

[4] A pesquisa contou com o apoio da Fundação Coordenação de Aperfeiçoamento de Pessoal de Nível Superior (Capes).
[5] Sobre as diretrizes da política externa portuguesa no pós-25 de Abril, ver Telo (1998: 275-316).

Quanto às relações com o Brasil, a postura da diplomacia lusa, nos primeiros meses de governo, foi manter certo distanciamento político, ainda que nos discursos o ministro dos Negócios Estrangeiros, Mário Soares, fizesse questão de registrar o protocolar interesse do governo em estreitar os "laços fraternais entre os dois países". Entre os fatores que podem explicar esse distanciamento, há de se registrar o interesse do governo luso em buscar neutralizar uma política mais agressiva por parte da diplomacia brasileira em direção à África de origem portuguesa, haja vista, por exemplo, o incidente proporcionado pela atitude do governo brasileiro de reconhecer a Guiné-Bissau como Estado independente, antes mesmo de serem ultimadas as negociações em curso entre as forças do movimento rebelde e a chancelaria portuguesa.[6]

No decorrer de 1974 e no ano seguinte, o clima de distanciamento entre os países deslizou para uma situação de tensão aberta, haja vista, entre outras razões, a percepção negativa por parte do governo do general Geisel com relação aos rumos da situação política portuguesa, cuja guinada à esquerda tornara-se evidente a partir da queda do governo do general António Spínola, em setembro de 1974, e a consequente afirmação de correntes militares interessadas em levar adiante um projeto revolucionário e popular, contando para isso com o apoio explícito do PCP e de diferentes forças de extrema esquerda.[7]

Além disso, o encaminhamento nas relações diplomáticas luso-brasileiras também esbarrou em problemas decorrentes da escolha do general Carlos Alberto Fontoura, ex-diretor do Serviço Nacional de Informações e homem identificado com a chamada "linha dura" do regime, para o cargo de embaixador em Portugal. Com o advento do 25 de Abril, o nome de Fontoura, que ainda não assumira o cargo, passou a sofrer críticas diretas por parte de diversos setores da esquerda portuguesa, fato que levou a nova chancelaria lusa, já sob o comando de Mário Soares, a realizar gestões junto ao governo brasileiro no sentido de substituir Fontoura. Em reação, o presidente Geisel não apenas não aceitou o veto português, como chegou a ameaçar, em represália, deixar de nomear um representante brasileiro em Lisboa, o que levou a chancelaria brasileira a recuar de sua posição inicial.[8]

---

[6] A respeito do tema, ver Magalhães e Cervo (2000:92-96).
[7] Sobre o processo de radicalização política portuguesa, ver Reis (1996:19-39).
[8] Ver Cpdoc/FGV, Arquivo AAS, MRE/RB 1974.05.23 (pasta 1). Ver ainda D'Araujo e Castro (1997:344).

A despeito dessa situação, o ministro das Relações Exteriores, Azeredo da Silveira, tendo em vista o interesse do governo Geisel em manter abertos os canais de negociação com o governo luso, aceitou o convite de Mário Soares para promover, em dezembro de 1974, a primeira visita de um alto dirigente brasileiro ao "novo Portugal". Na agenda a ser discutida entre os chanceleres estiveram temas como a situação política interna em Portugal e o processo de descolonização das antigas possessões lusas na África, além da questão das "atividades políticas dos nacionais de uma parte do território no território de outra parte", ou seja, haveria uma discussão específica sobre como os dois governos deveriam lidar com os exilados de parte a parte — o exílio cruzado luso-brasileiro.

Ao pesquisar a documentação portuguesa sobre essa reunião, encontrei um relato detalhado, elaborado pelo secretário do Ministério dos Negócios Exteriores (MNE), dos diálogos que foram travados entre Soares e Azeredo sobre os pontos acima mencionados.[9] Vejamos o que ambos disseram sobre o tema do exílio.

Segundo o referido relato, a reunião foi aberta pelo chanceler Mário Soares, que, depois de discorrer sobre os dois primeiros temas acima especificados, passou a dedicar-se à questão dos exilados. Para ele, o governo português não poderia adotar uma postura de rechaçar os "emigrantes políticos brasileiros, tal como não foram muitos portugueses que ao longo de quatro décadas lá encontraram abrigo, e isso só honra o Brasil". E continua:

> Hoje vivem no Brasil algumas personalidades do antigo regime [português]. Acho isso natural e não faremos qualquer pressão sobre o governo brasileiro a esse respeito. Nada faremos para atrair aqui os brasileiros, pois alguns poderiam vir a tornar-se incômodos para nós. Vamos zelar para que Portugal não seja um ponto de ataque.[10]

Azeredo da Silveira, por seu turno, mostrou-se mais incisivo do que Soares quando lidou com o tema. Segundo Silveira, o governo brasileiro "recebeu exilados portugueses sem restrições, apenas nunca se permitiu que esses exilados fossem 'fator de agitação' para a vida política portuguesa e não se permitirá

---

[9] Ver Arquivo Histórico do MNE, Relações bilaterais de Portugal com o Brasil. Visita a Portugal do ministro das Relações Exteriores do Brasil dr. Azeredo da Silveira, relatório assinado pelo secretário da delegação portuguesa António de Campos. PEA (25) M764, pasta 10.

[10] Ver Arquivo Histórico do MNE, Relações bilaterais de Portugal com o Brasil. Visita a Portugal do ministro das Relações Exteriores do Brasil dr. Azeredo da Silveira, relatório assinado pelo secretário da delegação portuguesa António de Campos. PEA (25) M764, pasta 10, p. 7.

agora". Com base nisso, Azeredo, destoando um pouco da linguagem contida da diplomacia, afirma sem subterfúgios:

> O Brasil pretende o mesmo de Portugal; é chocante a sobrevalorização aparente de elementos brasileiros sem significado no Brasil. Isso tem criado certas dificuldades nas relações entre ambos os países e é preciso que sejam revistas certas atitudes. O próprio presidente da República pedira-lhe que solicitasse junto ao governo português o maior cuidado para se evitarem certos incidentes, pois casos como aqueles transportam cargas emocionais que podem dar origem a acidentes de estrada nas relações bilaterais.[11]

Soares, ao responder às observações de Azeredo, fez questão de registrar a disposição do governo português para enfrentar o problema. Afirmou que emitiria uma nota ao Conselho de Ministros para evitar constrangimentos com o governo brasileiro, sem contudo excluir a ideia de que Portugal seja um país de exílio por uma questão de solidariedade seja para quem for. Ao término de sua exposição sobre o tema, Soares sela o compromisso ao afirmar que Portugal não seria um "santuário dos exilados brasileiros".[12]

Sobre o diálogo acima, é possível explorar algumas questões no intuito de situar melhor a maneira pela qual os respectivos governos, ao longo do tempo, passaram a lidar com a questão em tela. No que se refere à posição brasileira, há de se considerar o seguinte quadro:

- coube à diplomacia brasileira, por gestão do embaixador Fontoura, incluir na agenda da visita o tema dos exilados brasileiros, o que, obviamente, fazia com que o governo português adotasse uma posição defensiva como a vista acima;[13]
- a discussão sobre o tema, ainda que lateral no âmbito das negociações luso-brasileiras, então marcadas, como vimos, pela discussão de assun-

---

[11] Ver Arquivo Histórico do MNE, Relações bilaterais de Portugal com o Brasil. Visita a Portugal do ministro das Relações Exteriores do Brasil dr. Azeredo da Silveira, relatório assinado pelo secretário da delegação portuguesa António de Campos. PEA (25) M764, pasta 10, p. 12.

[12] Ver Arquivo Histórico do MNE, Relações bilaterais de Portugal com o Brasil. Visita a Portugal do ministro das Relações Exteriores do Brasil dr. Azeredo da Silveira, relatório assinado pelo secretário da delegação portuguesa António de Campos. PEA (25) M764, pasta 10, p. 14.

[13] Em telegrama de 14 de novembro de 1974 ao ministro Azeredo da Silveira, tendo em vista a preparação de sua visita a Portugal, o embaixador Carlos A. da Fontoura registra que incluiu na agenda de discussões um item específico sobre o caso dos exilados nos dois países. Ver Cpdoc/FGV, AAS, MRE, RB, 23.05.1094, pasta 1 (Visita do ministro de Estado a Lisboa. Agenda).

tos relativos à nova geopolítica da antiga África portuguesa, servia para dar um tom político-ideológico ao encontro, a saber, deixava explícito o posicionamento anticomunista e "antiterrorista" do governo brasileiro, bem a gosto do general Fontoura e dos grupos de direita militar radical que lhe davam sustentação no Brasil;
- em suma, era o preço a ser pago pelos dois interlocutores para dar resposta aos reclamos dos chamados "bolsões sinceros, mas radicais" brasileiros,[14] então em posição desconfortável com aquela situação, seja pela guinada da política externa brasileira, seja com os rumos da revolução portuguesa, seja, por fim, pela livre movimentação dos exilados brasileiros de esquerda em Portugal.

Quanto ao posicionamento português, coube a Mário Soares, tão somente, uma posição defensiva, retórica, na qual se comprometia com algo que, àquela altura, tinha consciência de que não poderia cumprir, haja vista a dificuldade por que passava o Estado português em assegurar minimamente a ordem e a segurança internas, quanto mais o exercício de uma política de supervisão dos exilados, fossem eles brasileiros, espanhóis ou de qualquer outra nacionalidade.[15] De efetivo para o enfrentamento desse novo padrão de relações com o Brasil, a diplomacia portuguesa tomou como medida a nomeação de um dos mais importantes quadros, Vasco Futscher, ex-embaixador do país na Alemanha.

O tom ideológico imposto pelo embaixador Fontoura e então avaliado pelo conjunto do governo brasileiro, ainda que estivesse em nítido contraste com a diretriz-chave da diplomacia brasileira de então — não por acaso denominada *pragmatismo responsável* —, estendeu-se por um bom tempo e terminou por marcar uma importante faceta das relações entre os dois países até o ano de 1979, quando houve enfim o retorno dos exilados para o Brasil.[16]

Nesse lapso de tempo, foram muitos os desencontros, ainda que nenhum deles tivesse afetado sobremaneira a relação entre os dois países. Por parte da embaixada brasileira, foi mantida a postura ofensiva acima assinalada, a qual se expressaria tanto no acompanhamento direto das atividades dos exilados

---

[14] A expressão, introduzida no debate político pelo presidente Geisel, dizia respeito aos grupos da chamada "linha dura" militar contrários ao processo de liberalização controlada do regime.

[15] Sobre a gravidade da crise de Estado português, ver Cerezales (2003).

[16] A respeito da coexistência de duas orientações na política externa do governo Geisel, ver Saraiva (1999:246) e Bandeira (1989:199).

quanto na diuturna cobrança às autoridades lusas para a adoção de medidas contrárias à livre ação dos exilados (na imprensa, na universidade, nos meios de comunicação). Já por parte da diplomacia lusa, manteve-se a política reativa, a qual se resumia, quando muito, em responder aos ofícios brasileiros com algumas explicações acerca das dificuldades encontradas por um governo de cariz democrático para intervir em instituições livres e autônomas da sociedade portuguesa.

No histórico desses incidentes, o de maior repercussão junto à opinião pública portuguesa deu-se no período compreendido entre o fim do ano de 1976 e o primeiro semestre de 1977, quando, sob o impacto da denúncia do assassinato pelas forças de repressão brasileiras de três altos dirigentes do Partido Comunista do Brasil — no episódio que ficaria conhecido na imprensa como o Massacre da Lapa[17] —, o Poder Legislativo luso, a Assembleia da República, aprovou por unanimidade uma moção de protesto e pesar contra o ocorrido dirigida ao governo brasileiro. A moção recebeu o voto de congratulação do Comitê Pró-Amnistia Geral do Brasil em Portugal e foi encaminhada em ofício à embaixada brasileira em Lisboa. Em abril daquele ano, o embaixador Fontoura, em correspondência à diplomacia lusa, solicitou ao MNE que devolvesse o ofício da Assembleia, sob a seguinte alegação: "Seus termos obviamente inadmissíveis e o procedimento de sua entrega é inaceitável à luz da prática internacional e da Convenção de Viena sobre Relações Diplomáticas".[18] Nos meses seguintes, a situação política só fez piorar: duas novas moções de protesto com teor semelhante foram aprovadas pela Assembleia da República e, uma vez mais, foram encaminhadas à embaixada brasileira.

Para além dos problemas específicos com o governo brasileiro, as autoridades lusas, ao longo dos anos de 1975 e 1976, no âmbito de um programa de redesenho político-institucional do Estado português, começaram a levar adiante uma nova política de segurança pública para o país, ficando sob a responsabilidade do Ministério da Administração Interna (MAI) determinadas atribuições, como a de zelar pela ordem pública interna e a de criar mecanis-

---

[17] Na ocasião, foram assassinados Pedro Pomar, Ângelo Arroyo e João Batista Drumond. A respeito da repercussão do episódio em Portugal, ver o folheto intitulado "Brasil irmão, teu povo vencerá", publicado em Lisboa pelo Comitê de Apoio às Lutas dos Povos da América Latina. Para verificar a posição do Partido Comunista Português Reconstruído sobre o episódio, ver *Bandeira Vermelha*, 5 jan. 1977, p. 1.

[18] O ofício é assinado pelo embaixador Fontoura e datado de 13 de abril de 1977. Ver anais da Assembleia da República, sessão de 7 de maio de 1977, p. 3538.

mos de supervisão e controle no tocante à presença de estrangeiros no país, entre os quais os exilados políticos.

Sobre os exilados, devem-se considerar os seguintes aspectos da política lusa. A partir do advento do 25 de Abril, com a chegada da primeira leva de refugiados brasileiros e hispano-americanos, coube tão somente a uma entidade civil — a Comissão Nacional de Apoio aos Refugiados Políticos Antifascistas, formada por ex-militantes antissalazaristas — a adoção de medidas de caráter emergencial e humanitário que fizessem frente às necessidades básicas desses refugiados, os quais, segundo dados de maio de 1975, alcançavam um total de 150 pessoas, entre homens, mulheres e 30 crianças.[19] Ultrapassada essa primeira fase de indefinições, coube ao governo português a iniciativa de tomar para si o problema, o que fez com base em princípios consagrados pela Convenção de Genebra, de 1951, e pelo protocolo de Nova York, de 1967, que definiram as linhas gerais da relação dos Estados nacionais com os refugiados políticos. Em 1976, no contexto da promulgação da nova Constituição portuguesa, os direitos dos refugiados políticos ficaram assim expressos: "É garantido o direito de asilo aos estrangeiros e aos apátridas perseguidos ou gravemente ameaçados de perseguição, em consequência da sua atividade em favor da democracia, da libertação social e nacional, da paz entre os povos, da liberdade e dos direitos da pessoa humana".[20]

Passemos agora a nos deter na aplicação prática da nova política lusa para os chamados refugiados. Com base em levantamento preliminar realizado em publicações, arquivos do MAI e entrevistas, pudemos verificar que:

- no período em tela na pesquisa (1974-1979), distinguem-se duas fases no que concerne aos pedidos de asilo político para Portugal. Na primeira, nos anos de 1974 a 1977, a grande maioria dos pedidos de asilo foi de exilados brasileiros, latino-americanos e espanhóis, perfazendo um total geral de 142 pedidos. Já na segunda, nos dois anos seguintes, a grande demanda de pedidos de asilo concentrou-se em populações oriundas das ex-colônias portuguesas na África, perfazendo um total geral de 2.092 requerimentos;[21]

---

[19] Conferir primeira leva de exilados em Portugal em *Vida Mundial*, n. 1862, 22 maio 1975, p. 27.
[20] Art. 33 da Constituição da República Portuguesa.
[21] Os números apresentados dizem respeito a requerimentos de exilados e seus agregados familiares. Ver dados em Costa (1996:138).

- de maneira geral, o Estado luso mostrou-se bastante parcimonioso na concessão do asilo político, haja vista, por exemplo, o pequeno número concedido aos angolanos: de um total geral de 996 requerimentos nos anos de 1978 e 1979, foram concedidos apenas 22 pedidos, ou seja, cerca de 2% do total (Costa, 1996:137, 145);
- uma exceção digna de nota nesse contexto foi o caso chileno. Para um total de 34 requerimentos de asilo para o período, nove deles foram aprovados pelo Estado português (Costa, 1996:302, 335);
- em compensação, nenhum dos 48 requerimentos apresentados pelos exilados brasileiros foi aprovado pelo governo luso (Costa, 1996:302, 335).

Dito isso, tratemos por ora de nos deter no "caso brasileiro". Em nossos levantamentos preliminares, não conseguimos ainda obter acesso direto aos processos relativos aos pedidos de asilo político requeridos pelos exilados, fato esse que, por óbvio, não nos assegura um melhor entendimento da política lusa diante dessa questão. Por outro lado, a documentação até agora encontrada nos permite supor que o governo português, nesse caso, adotaria uma postura ambígua, o que deu margem, a nosso ver, a uma situação de insegurança por parte de alguns exilados, bem como assegurava ampla margem de manobra às autoridades lusas quanto ao controle e monitoramento dos exilados. Para melhor entender essa política de ambiguidades, tratemos de explorar os seguintes pontos.

A nosso ver, há de se examinar com cuidado o dado acima exposto relativo à postura do governo luso em não conceder nenhum pedido de asilo político para os brasileiros, em nítido contraste com o caso chileno. Sem deixar de considerar a literatura que chama a atenção para a situação excepcional do "problema chileno", transformado a partir de meados de 1973 em "questão internacional" para as esquerdas europeias,[22] cabe observar que, no tocante aos exilados brasileiros, a atitude das autoridades lusas não deve, à primeira vista, ser considerada parte de uma política de governo visando à adoção de medidas de caráter repressivo ou mesmo de sistemática recusa de pedidos de asilo por parte dos brasileiros. De um número total de 49 requerimentos, houve somente três pedidos de asilo recusados pelas autoridades lusas (Costa, 1996:342). Dos 46 restantes, houve ainda um total de 23 desistências, número bem próximo

---

[22] Sobre o tema, ver Rodrigues (2008a, 2008b).

do apresentado pelos espanhóis: em um total de 53 pedidos, houve 24 desistências.

Creio que uma das chaves para um melhor entendimento dessa situação diz respeito à atitude das autoridades lusas de dar respostas diferentes aos problemas que se apresentavam. Explico. Para o "problema chileno", o governo português seguiu o padrão de "solidariedade europeia" acima aludido. Já para os exilados das ex-colônias portuguesas, ao adotar uma política bastante rígida na concessão do asilo, as autoridades lusas tinham como um dos seus objetivos desestimular a crescente pressão dos "retornados", quais sejam, as grandes levas demográficas de populações africanas que se transferiam para a antiga metrópole devido aos problemas políticos e militares em seus países de origem.[23] Finalmente, no que se refere aos casos espanhol e brasileiro — muito semelhantes nos números de pedidos, desistências e concessões —, há de se supor que as autoridades lusas, por cautela, optaram por estratégias de protelação, atitude decorrente, por um lado, da crescente instabilidade da situação política espanhola nos anos que antecederam à queda do regime franquista; por outro, do alto grau de mobilidade por parte dos exilados brasileiros, em constante trânsito para outros países europeus.

Outra linha de raciocínio a respeito dessa questão, provavelmente mais abalizada, é exposta por Maurício Paiva em seu livro de memórias intitulado *O sonho exilado*. Nele, Paiva, exilado brasileiro em Portugal de 1974 a 1979 e ex-militante da Vanguarda Popular Revolucionária, relata a enorme dificuldade que encontrou para regularizar a sua situação em Portugal. Para ele, o problema se resumia ao seguinte:

> Não chegavam, contudo, a três dezenas os exilados que permaneciam em situação irregular em Portugal. Seria, pois, muito fácil resolver o problema [...] Por que, então, essa foi uma eterna e insolúvel questão? Não foi somente porque nos constituímos a última das prioridades de quem estava a braços com problemas internos e nas ex-colônias, como pensávamos no começo. Não se tratava de negligência, e sim de uma decisão política. Dificultando-nos a vida, matavam dois coelhos com uma só cajadada: desencorajava-se a transferência para Lisboa de refugiados em outros países europeus e empurravam-se para estes os que estavam em Portugal. E o sucesso dessa política pode ser evidenciado pelo pequeno número de exilados

---

[23] Ver "Retornados: uma ilha dentro do país" (*Vida Mundial*, 23 out. 1975, p. 40-42) e "Retornados: começou a revolta?" (*Vida Mundial*, 6 maio 1976, p. 14-16).

latino-americanos em Portugal, comparado com outros países da Europa [Paiva, 2004:229].[24]

Passemos agora a outro aspecto da política lusa: a fiscalização direta da atuação dos exilados. Para tal, iremos nos valer de alguns relatórios produzidos pelo MAI nos anos de 1976 e 1977, que tinham por objetivo municiar de informações o governo português. Uma vez mais, tratemos de nos concentrar nos dados referentes aos exilados brasileiros.

Em julho de 1976, a direção do Serviço de Estrangeiros e Fronteiras encaminhou à chefia de gabinete do MAI um ofício intitulado "Atividades de brasileiros". Nele, o funcionário do órgão registra o seguinte:

> O diretor-geral dos Negócios Políticos do MNE [Ministério dos Negócios Estrangeiros] informa-nos que teve conhecimento, através do embaixador do Brasil, de que brasileiros que pretendem asilo político em Portugal estarão trabalhando juntamente com elementos do PC no sentido de criar condições que provoquem o agravamento das relações entre os dois países, precisamente porque atualmente se vislumbra a possibilidade dum reatamento de relações mais íntimas que só poderão trazer vantagens a Portugal [Torre do Tombo, MAI. ACL.MAI. GM.SE 007-12 Cx. 0544].

Em seguida ao alerta, o autor do ofício passa a municiar o ministro de dados sobre os brasileiros que estavam à espera do asilo político. Segundo ele, os brasileiros representavam, na ocasião, cerca de 30% do total dos pedidos. Desses, afirma:

> 17 estão referenciados como desenvolvendo atividades políticas tanto em locais onde trabalham como fora deles, havendo apenas três desses elementos que não desempenham quaisquer cargos conhecidos, enquanto que todos os outros têm emprego em organismos do Estado, companhias nacionalizadas ou jornais vários. Há alguns pro-

---

[24] Em seu livro, Paiva relata, com humor, dois casos patéticos ligados a essa questão. Em um deles, um exilado boliviano, conhecido como Potosi, recebeu ordem de expulsão de Portugal sob a acusação de ser um soldado cubano infiltrado na região camponesa do Alentejo. Como ele não tinha para onde ir, nos conta Paiva, Potosi permaneceria em Portugal ainda durante muito tempo, pois a ordem terminou por não ser executada pela Polícia dos Estrangeiros. Outro episódio ocorreu com o conhecido teatrólogo brasileiro Augusto Boal. Em determinado momento, chegaram dois policiais à casa de Boal e exigiram-lhe o passaporte — no caso, o passaporte brasileiro. Quando o tiveram em mãos, "saíram correndo com ele, como quem foge de um flagrante de roubo. Boal acabaria recuperando o seu passaporte através do consulado brasileiro. Logo depois se mudou para Paris. Como ele, também se mudaram para a França outros brasileiros despedidos dos seus empregos ou que jamais o conseguiriam" (Paiva, 2004:227-228, 230).

fessores da Universidade de Lisboa e Coimbra e também há alguns que frequentam cursos nas mesmas universidades. [...] Finalmente temos referenciados quatro elementos que embora sem profissão se dedicam a atividades políticas e também um elemento que não tendo pedido asilo político tem emprego num ministério e exerce atividade política [Torre do Tombo, MAI. ACL.MAI. GM.SE 007-12 Cx. 0544].

Pouco mais de um ano depois, o mesmo órgão fez chegar às mãos do ministro da Administração Interna um novo relatório com dados sobre atividades dos estrangeiros em Portugal, dando destaque à presença deles em funções públicas. No tocante à presença dos brasileiros, os números são eloquentes: do total geral de 228 estrangeiros, havia 60 brasileiros ocupando cargos em funções públicas. Em órgãos do Ministério da Educação e Investigação Científica, por exemplo, dos 162 estrangeiros, 41 eram brasileiros. O mesmo relatório registra ainda dados profissionais de estrangeiros referenciados como "de algum modo ligados a atividades suspeitas". Do total de 20 nessa situação, 13 eram brasileiros.[25]

Ao se coligir os dados acima apresentados com os da documentação diplomática para os anos compreendidos entre 1976 e 1978 — portanto, nos anos de institucionalização da revolução portuguesa —, o que se percebe é um nítido deslizamento do tema da esfera diplomática para a policial, para a área de segurança do Estado. Daí, entre outros aspectos, o crescente interesse das autoridades lusas em acompanhar a presença estrangeira em funções públicas, assim como no acompanhamento estrito de "exilados suspeitos", quais sejam, os que, ainda no Brasil, tiveram envolvimento direto com a luta armada. Nesse contexto, as relações com a embaixada brasileira, assim como com as autoridades de segurança brasileira, ganharam novos contornos.

A despeito disso, não caberia aqui afirmar que a política lusa restringiu sobremaneira a atuação dos exilados brasileiros, a ponto de verem-se obrigados a deixar o país por questões políticas ou de segurança.

Estação Lisboa: o CAB e a luta pela anistia

Nesta seção, nosso foco de análise concentra-se no trabalho empreendido pelo Comitê Pró-Amnistia Geral no Brasil (CAB), aqui entendido como o principal polo de aglutinação e articulação política dos exilados brasileiros em terras

---

[25] Torre do Tombo, MAI, AI, MAI, S E 0007. 05 Cx 0541.

lusas, até o retorno para o Brasil em 1979. Para examinar o papel político desempenhado pelo CAB, irei explorar duas linhas de análise. Em um primeiro momento, propomo-nos um estudo dos argumentos que deram fundamento à formação da entidade; em seguida, é nosso objetivo mapear as forças que compuseram a direção do comitê, quais sejam, os grupos e personalidades da vida política e intelectual portuguesa que estiveram à frente do CAB. Outro campo de análise diz respeito mais diretamente à linha editorial e à linguagem política do *Amnistia*, o jornal do CAB, as quais, conforme já apurado, estiveram fundamentalmente a cargo de exilados brasileiros. Isto posto, é razoável supor que o *Amnistia* pode ser visto como uma fonte privilegiada para os estudos relativos às estratégias políticas e discursivas dos exilados em Portugal nos anos em tela.

O CAB foi criado em 30 de maio de 1975. Na ocasião, marcaram presença diferentes figuras do campo político e intelectual português, tais como o militante antifascista e dirigente do *Diário de Lisboa* Fernando Piteira Santos, o jornalista, militante comunista e ex-exilado no Brasil Miguel Urbano Rodrigues, o historiador e dirigente do Movimento de Esquerda Socialista Cesar Oliveira, o padre José Felicidade Alves, principal nome da esquerda católica portuguesa, além de muitos outros. Na cerimônia, o tom das intervenções foi dado por Piteira Santos, que registrou a dívida de gratidão dos militantes antifascistas lusos com a acolhida recebida por eles no Brasil das décadas de 1940 e 1950. Nos dias de hoje, acrescentou, "ao termo de um longo pesadelo, quando a jovem democracia portuguesa se consolida, não podemos fechar os olhos ao terror policial que, desconhecendo os mais elementares Direitos do Homem, impera no Brasil, desde 1964".[26]

Na prática, o CAB só começaria a funcionar efetivamente em abril do ano seguinte, quando foi lançado o número zero do órgão de divulgação das atividades do comitê, o jornal *Amnistia*. Na primeira página do jornal, em texto assinado por Piteira Santos, define-se a linha política do CAB. Vejamos alguns de seus argumentos. Para ele, as relações luso-brasileiras

> não podem restringir-se ao quadro oficial, diplomático e acadêmico. [...] O passado comum, este falar na língua de Camões, de Rui Barbosa, e na língua de Machado de Assis, de Eça de Queiroz, dá-nos mais do que condições de uma

---

[26] *Diário de Lisboa*, 31 maio 1975, p. 6.

convivência íntima — dá-nos a consciência de uma comunidade de cultura que constitui cimento de real fraternidade.

Em seguida, Piteira Santos faz menção ao exílio português no Brasil.

Por isso nas dificuldades políticas durante a noite do fascismo português, os nossos resistentes encontraram no Brasil — país irmão — lugar de exílio e de trabalho, lar e pão; por isso ontem eles, brasileiros, juntaram a sua à nossa voz no protesto contra a tirania, na luta pela nossa liberdade, pela nossa democracia, pela amnistia aos presos políticos, pelo regresso dos nossos exilados.

E conclui:

Mas, entendamo-nos, não se trata apenas de pagar uma dívida à fraternidade antifascista brasileira. Quando hoje tomamos posição na denúncia e condenação da repressão no Brasil, quando exigimos uma ampla anistia para os combatentes brasileiros da liberdade, quando exigimos que na nossa terra eles encontrem uma segunda pátria — estamos apenas a continuar o nosso próprio combate contra o tentacular fascismo. A luta pela liberdade é indivisível. E, no plano da fraternidade luso-brasileira, é tempo de passarmos das palavras aos actos.

Em seu texto, Piteira Santos, uma vez mais, expõe com clareza os dois principais argumentos que sustentam a formação do CAB — o da gratidão e o do compromisso político com a luta pela liberdade. Para ele, esses temas mostram-se indissociáveis, daí o tom moral do seu discurso, a conclamar o povo português a associar-se à luta do povo brasileiro contra o "fascismo brasileiro".

Nos anos que se seguiram, o CAB realizaria um conjunto de atividades e eventos em torno do tema em questão,[27] além de manter, com certa regularidade, o jornal *Amnistia*, com uma tiragem de 5 mil exemplares. À frente do jornal estiveram os principais nomes e forças políticas que deram sustentação ao comitê, a saber: o padre José Felicidade Alves, Piteira Santos, Vasco da Gama Fernandes, frei Bento Domingues e António Reis. Vejamos, em seguida, um rápido perfil dos personagens que compõem essa galeria.

Desses cinco, dois deles, Felicidade Alves e Bento Domingues, eram lideranças católicas, ou melhor, faziam parte de facções das esquerdas católicas

---

[27] Entre outros eventos, coube ao CAB a realização da Semana de Solidariedade com o Povo Brasileiro, realizada em Lisboa em abril de 1977 (ver *Amnistia*, n. 4, 1977). Sobre as atividades do CAB, ver Greco (2003:191-194).

portuguesas que tomaram corpo na última década do regime salazarista. Alves, na juventude, fora prior do Mosteiro dos Jerônimos e homem de confiança do cardeal Cerejeira — figura forte da tradicional Igreja Católica portuguesa. Em fins dos anos 1960, rompeu com o seu mentor para deslocar-se à esquerda, tornando-se, como acima aludimos, um personagem-símbolo de setores de esquerda da Igreja Católica em confronto aberto contra a ditadura salazarista e marcelista.[28] Após o 25 de Abril, Alves, já afastado da Igreja, iria filiar-se ao Partido Comunista Português (PCP). Já frei Bento tornar-se-ia, ao longo dos anos 1960 e 1970, um dos líderes de uma corrente da Igreja interessada no diálogo entre o cristianismo e o marxismo. Domingues, ao que tudo indica, manteve vínculos com setores da Igreja Católica brasileira ligados à liderança de d. Helder Câmara.

Vasco da Gama Fernandes e António Reis comporiam a facção socialista do comitê. O primeiro era um antigo quadro das oposições democráticas e tradicional defensor dos direitos humanos em Portugal.[29] Com a vitória do 25 de Abril, já nas hostes do PS, tornar-se-ia, em 1976, o primeiro presidente da Assembleia Portuguesa. Sua presença à frente do comitê, assim como nos eventos promovidos pelo CAB, dava, inegavelmente, um enorme peso político à entidade. Talvez por isso o governo brasileiro, por meio da sua embaixada em Lisboa, fizesse questão de queixar-se às autoridades lusas acerca da sua participação em atividades da entidade. Logo em seguida a esses incidentes, o parlamentar socialista deixaria a direção do *Amnistia*, sendo substituído por um importante membro de uma geração mais nova do PS, António Reis.[30]

Piteira Santos, como vimos, fora um importante quadro da resistência antifascista ao salazarismo. Durante boa parte da vida, manteve relações tumultuadas com o PCP, tendo sido obrigado a exilar-se do país depois de envolver-se em um golpe para a derrubada do regime. Em seu longo exílio em Argel, manteve estreitos vínculos com Miguel Arraes e com vários membros da colônia brasileira naquele país. Com o 25 de Abril, retornou a Portugal para assumir a direção do *Diário de Lisboa*. A despeito de suas relações políticas e pessoais com o premiê Mário Soares, Piteira manteve-se em posição crítica aos gover-

---

[28] Sobre Felicidade Alves, ver Almeida (2008).
[29] Ver trajetória política em Fernandes (1975).
[30] Sobre o tema, ver Salem (1978:44).

nos e à hegemonia do PS.[31] No CAB, exerceria nítida liderança, ditando a linha política e sempre ocupando espaços de direção.

O CAB era, portanto, um espaço de solidariedade e ação política criado por variadas forças das esquerdas portuguesas e voltado exclusivamente para o exercício de denúncia e de crítica contra os desmandos da ditadura brasileira. Pelo seu caráter eminentemente frentista, contando inclusive em sua direção com figuras do PS, o CAB, além de não lidar com questões políticas domésticas, buscaria ainda manter uma postura equidistante das tradicionais refregas político-partidárias existentes entre os diversos grupos de esquerda. Tal orientação e postura, a meu ver, pode ter influenciado a participação brasileira no comitê e no *Amnistia*. Vejamos.

Ao passarmos em revista os sete números do *Amnistia*, verificamos, em primeiro lugar, que a linha editorial da publicação, coerente com as diretrizes do CAB, concentra a sua atenção em um pequeno número de temas, a saber: denúncias de tortura e violência contra presos políticos ou mesmo contra a população brasileira; divulgação em destaque das atividades do CAB; acompanhamento dos movimentos sociais no Brasil (ênfase no movimento estudantil e na atuação da oposição sindical); a ação da Igreja Católica na luta contra o regime; e análises da conjuntura política brasileira.

Os artigos e reportagens não são assinados — à exceção dos que são de autoria de membros da direção do CAB — e invariavelmente adotam um linguajar duro e direto. Em pauta, como vimos, os eixos básicos do CAB: as denúncias contra as injustiças perpetradas pelo regime e a divulgação das diversas formas de organização e resistência de amplos setores da sociedade brasileira. O jornal não dá ênfase aos problemas que marcaram as relações luso-brasileiras no período em tela, como também não abre espaços para registrar a atuação de organizações revolucionárias de esquerda, nem as atividades dos dois partidos comunistas brasileiros. Por outro lado, o *Amnistia* deu amplo destaque à campanha desencadeada por diversas forças de esquerda contra o regime militar brasileiro por conta do chamado Massacre da Lapa, quando foram executados três dirigentes do PCdoB, em dezembro de 1976.[32]

Um aspecto interessante para se examinar as mudanças na linha política da publicação diz respeito à maneira pela qual o *Amnistia* acompanhou a vida

---

[31] Sobre a trajetória de Piteira Santos, ver Fiadeiro (2003).
[32] *Amnistia*, n. 4, 1977. p. 5.

político-institucional brasileira, à época marcada pelas idas e vindas do processo de distensão do regime capitaneado pelo presidente Ernesto Geisel.

Nos primeiros números da publicação, datados de 1976, o *Amnistia* dá pouco destaque à atuação do MDB — a chamada "oposição consentida" — na luta contra o regime. As eleições de 1976 são caracterizadas como "farsa", demonstrando cabalmente, uma vez mais, a falta de perspectiva de uma luta política no campo legal. A despeito disso, o jornal não defende direta e abertamente a luta armada contra o regime, mostrando-se mesmo parcimonioso no uso da expressão "derrubada da ditadura".

Em 1977, é possível perceber uma inflexão na linha política acima exposta, haja vista, por exemplo, a maneira pela qual o CAB, em nota publicada em destaque no número 6 do jornal, defende a campanha liderada pelo MDB por uma "Constituinte Já". Diz a nota:

> Pela primeira vez em 13 anos de opressão, o povo brasileiro vislumbra a possibilidade de uma saída democrática para a situação do país: a convocação de eleições para uma Assembleia Constituinte livre e soberana. A Campanha pela Constituinte, lançada no Brasil, no dia 20 de setembro, pelo Movimento Democrático Brasileiro (MDB), corresponde a uma avassaladora exigência nacional: pela primeira vez uma solução política reúne tamanha massa de adesões. [...] O Comitê Pró-Amnistia Geral apela ao povo português para a solidariedade ativa com esta campanha. Trata-se de uma batalha decisiva do povo brasileiro que exige o fim da ditadura, o restabelecimento das liberdades democráticas, a amnistia geral e irrestrita e o restabelecimento do estado de direito [*Amnistia*, n. 6, ago. 1977, p. 1].

Ao lançar um manifesto de adesão ao movimento, o CAB, por intermédio do seu jornal, passa a respaldar uma linha política cujo eixo de ação é a defesa de campanhas unitárias e de massa, e cuja bandeira é a luta pelas liberdades democráticas, tática que se desdobra em assegurar uma centralidade à luta político-institucional, como também ao principal canal pelo qual essa luta deverá ser empreendida, o MDB. Para tanto, o manifesto do CAB vale-se de uma leitura de inspiração liberal para a noção de democracia, cujo corolário, como se percebe, é o estabelecimento do estado de direito.

Sobre essa inflexão política, há alguns dados a considerar. Creio, em primeiro lugar, que qualquer análise que se faça sobre essas mudanças, ainda que preliminar, deva levar em conta o caráter abrangente e plural que a luta pela anistia assumira em vários países europeus, luta que se valia tanto de estratégias de aproximação com o centro político quanto de um vocabulário tributário de leituras democráticas do liberalismo, nas quais o tema da defesa dos direitos humanos assumia grande importância.[33] Ao que tudo indica, o CAB, naquela conjuntura, estava também a promover um deslizamento nesse mesmo sentido.

Em segundo lugar, há de se considerar, nesses sinais emitidos pelo CAB, outro dado de conjuntura que não deve ser desprezado: o quadro de instabilidade e crise por que passava o projeto oficial de distensão encaminhado pelo presidente Geisel, interpelado, à direita, por grupos militares contrários aos rumos da transição e, à esquerda, por movimentos sociais que põem em xeque as bases autoritárias do regime. Nesse bojo, dado o recuo estratégico por parte do governo, começam a ser criadas as condições para uma atuação mais ampla por parte dos diferentes grupos de esquerda, os quais passam a vislumbrar a possibilidade — premente — de ser implantado no país um regime de bases liberal-democráticas, no qual diferentes projetos políticos e de sociedade estariam em jogo. A luta pela constituinte, a meu ver, é um dos ingredientes desse novo quadro político que, tudo levava a crer — ou tudo fazia crer —, apontava para a mudança.

Nos anos seguintes, 1978 e 1979, a atuação do CAB seguiria esse mesmo tom, mantendo-se, portanto, como um espaço político estratégico para a luta dos exilados brasileiros em Portugal.

Referências

ALMEIDA, João Miguel de. *A oposição católica ao Estado Novo*. Lisboa: Nelson de Mattos, 2008.

ALVES, José Felicidade. *De Humberto Delgado a Marcelo Caetano*. Lisboa: Edição do Autor, 1964.

BANDEIRA, Moniz. *Brasil-Estados Unidos*: a rivalidade emergente (1950-1989). Rio de Janeiro: Civilização Brasileira. 1989.

CAVALCANTI, Pedro Celso Uchoa; RAMOS, Jovelino (Orgs.). *Memórias do exílio*: Brasil 1964/19??. São Paulo: Livramento, 1978.

CEREZALES, Diego Palacios. *O poder caiu na rua*: crise de Estado e acções coletivas na revolução portuguesa. Lisboa: ICS, 2003.

---

[33] Sobre o tema dos direitos humanos e a campanha da anistia, ver Greco (2003:187-190).

COSTA, José Martins Barra da. *Exílio e asilo* (A questão portuguesa, 1974-1996). Lisboa: Universidade Aberta, 1996.

D'ARAUJO, Maria Celina; CASTRO, Celso (Orgs.). *Ernesto Geisel*. Rio de Janeiro: FGV, 1997.

FERNANDES, Vasco da Gama. *Depoimento inacabado*. Lisboa: Europa-América, 1975.

FERREIRA, Jorge; REIS, Daniel Aarão (Orgs.). *A formação das tradições (1889-1945)*. Rio de Janeiro: Civilização Brasileira, 2007. (Col. As Esquerdas no Brasil).

FIADEIRO, Maria Antónia (Org.). *Fernando Piteira Santos*: português, cidadão do séc. XX. Porto: Campo das Letras, 2003.

FREIRE, Américo. Encontros em Lisboa: memórias de exilados brasileiros em Portugal (1974-1979). In: SIMPÓSIO DA ASSOCIAÇÃO BRASILEIRA DE HISTÓRIA ORAL. *Anais*... 2008.

GRECO, Heloísa Amélia. *Dimensões fundacionais da luta pela anistia*. Tese (doutorado em história) — Programa de Pós-Graduação das Faculdades de Filosofia e Ciências Humanas, UFMG, Belo Horizonte, 2003.

MAGALHÃES, José Calvet; CERVO, Amado Luiz. *Depois das caravelas*: as relações entre Portugal e o Brasil 1808-2000. Lisboa: Instituto Camões, 2000.

PAIVA, Maurício. *O sonho exilado*. Rio de Janeiro: Mauad, 2004.

REIS, António (Org.). *Portugal*: 20 anos de democracia. Lisboa: Temas e Debates, 1996.

RODRIGUES, Helenice. O exílio dos intelectuais e os intelectuais exilados. In: _____; KOHLER, Heliane. *Travessias e cruzamentos culturais*: a mobilidade em questão. Rio de Janeiro: FGV, 2008a. p. 28-32.

_____. Les exils intellectuels brésiliens et chiliens en France lors des dictatures militaires: une "histoire croisée". In: SANTOS, Idelette Muzart-Fonseca dos; ROLLAND, Denis (Dirs.). *L'exil brésilien en France*: historie et imaginaire. Paris: L'Harmattan. 2008b. p. 225-240.

ROLLEMBERG, Denise. *Exílio*: entre raízes e radares. Rio de Janeiro: Record, 1999.

_____. Debate no exílio: em busca da renovação. In: RIDENTI, Marcelo; REIS, Daniel Aarão. *História do marxismo no Brasil*: partidos e movimentos após os anos 1960. Campinas: Unicamp, 2007.

SALEM, Helena. *Anistia*. São Paulo: Abril, 1978.

SARAIVA, José Flavio Sombra (Orgs.). *Angola e Brasil nos rumos do Atlântico Sul*. Rio de Janeiro: Bertrand Brasil, 1999.

TELO, António José. A Revolução e a posição de Portugal no mundo. In: ROSAS, Fernando (Org.). *Portugal e a transição para a democracia (1974-1976)*. Lisboa: Colibri; Fundação Mario Soares, 1998.

VIANNA, Martha. *Uma tempestade com a sua memória*: a história de Lia Maria do Carlos Brito. Rio de Janeiro: Record, 2003.

PARTE III

Experiências dos exílios latino-americanos na América Latina

6. EXILADOS PARAGUAIOS NA ARGENTINA: 1976, ANTES E DEPOIS

María Antonia Sanchez[*]

> *O regime de Stroessner, que reprime com toda a dureza toda manifestação de vida política independente, repete tardiamente no Paraguai o modelo centro-americano: preocupado com a expansão econômica, à qual serve sobretudo mediante a ampliação da rede de comunicações, ignora a problemática social que o Paraguai pareceu descobrir há 20 anos.*
> *Os 400 mil emigrantes que deixaram o país de menos de 2 milhões, instalando-se no Brasil e na Argentina, se não são necessariamente — como querem os adversários do regime — refugiados políticos, são, em troca, fugitivos da miséria.*
> Tulio Halperín Donghi

I.

Este trabalho propõe uma aproximação da experiência de várias gerações de paraguaios deslocados de seu país por guerras civis e ditaduras militares. A ditadura de Alfredo Stroessner (1954-1989) constitui a mais extensa no tempo e a que aprofundou sistematicamente o ostracismo e a deportação como forma de controle da dissidência política. Por mais de 40 anos estes governos de força deram lugar a exílios prolongados que até meados da década de 1970 tiveram como países de acolhida os mais próximos, entre eles: Argentina, Brasil e Uruguai. Depois a migração política paraguaia se deslocou do Cone Sul das Américas para a Europa e o Canadá, quando a Lei de Segurança Nacional foi instrumentalizada pelas respectivas ditaduras.

Em busca do contexto deste exílio, o mais prolongado da região, se particulariza o enfoque na experiência desenvolvida na Argentina.

---

[*] Professora da Universidade de Buenos Aires (UBA).

Ainda que na história e nas ciências sociais tenham se produzido estudos sobre o que Norbert Lechner denominou "os velhos e novos autoritarismos" na crise do Estado na América Latina, não são frequentes as investigações que aprofundem o estudo de tais contextos em relação com o exílio político, como é o caso da experiência paraguaia. Além disso, cabe indicar que a atividade de investigação nesta matéria adquiriu nos últimos anos em distintos países latino-americanos espaços acadêmicos dedicados a isso. Enquanto na Europa essa experiência de investigação surgiu motivada pelo fenômeno da imigração (Yankelevich e Jensen, 2007:9).

A respeito do caso de que se ocupa este texto, trata-se de abordar a visibilidade que esta experiência teve na Argentina e particularmente o que aconteceu com estes desterrados políticos paraguaios a partir de 1976.

O itinerário desta translação começou com a Guerra Civil de 1947, e no golpe de quartel de Stroessner em 1954 saíram para o exílio mais de 400 mil paraguaios; proporção altíssima se posta em relação com o número total da população do país durante esses anos. Um depoimento o relata assim: "O grupo mais numeroso de que me lembro foi o que saiu para o exílio depois da Guerra Civil de 1947... É difícil saber com exatidão quantos se foram então, mas se calculava que era mais ou menos cerca de um quarto do total de habitantes do Paraguai para esse ano".[1]

Vários depoimentos dão conta da massiva saída de paraguaios no período que vai desde fins da guerra e os primeiros anos do stronismo. Há os que lembram as barracas improvisadas na cidade de Clorinda — província de Formosa — para alojar os contingentes de desterrados que ingressavam na Argentina.[2]

Os fluxos desta migração política se mantiveram ao longo das décadas de 1960 e 1970. Na primeira tem lugar a derrota de dois dos três movimentos armados surgidos na Argentina no âmbito da resistência a partir do exílio contra a ditadura paraguaia.

No contexto da guerra preventiva, a repressão estendida aos setores rurais e urbanos do Paraguai na busca de apoios à guerrilha foi uma das causas de deportação e de fuga para países limítrofes.

Outra causa foi a detecção por parte de Strossner de qualquer possibilidade de desacordo com sua política nos setores pertencentes a seu entorno. Prova

---

[1] Alberto Barrett em depoimento dado em 30 de setembro de 2006.

[2] Depoimentos de entrevistados apontam que antigos moradores da cidade de Clorinda conservam algumas poucas fotos que guardam estas imagens.

disto é o surgimento do Movimiento Popular Colorado (Mopoco), formado por deslocados e dissidentes do partido oficial em 1959. As décadas de 1960, 1970 e 1980 registram contingentes variáveis destes exilados paraguaios para a Argentina.

Em 1976, novos grupos empreendem a fuga do Paraguai para a Argentina, mas esta deixou de ser um país de acolhida para converter-se em um país "de passagem", de trânsito para outros destinos. A partir desse ano, a repressão em território paraguaio se aprofundou imediatamente após a queda da casa central em Lambaré, Assunção, da Organización Político-Militar ou Organización Primero de Marzo (OPM). Mas o sequestro e o assassinato já não se limitavam ao próprio país, dado que a política de controle, de repressão preventiva, já ia com frequência para além das fronteiras com os países vizinhos. Esta modalidade não era nova para o stronismo, já que havia antecedentes de vários exilados políticos que foram sequestrados e levados ao Paraguai durante as décadas anteriores.[3] O Plano Condor afirmou estas práticas estatais de sequestro e desaparição de pessoas ali onde estas foram encontradas, não importando os limites territoriais. A partir de 1976, sair para o exílio, cruzar a fronteira argentina, implicava um risco quase tão grande quanto tentar ficar dentro.

O exílio político no caso do Paraguai — como em outros países da região que incorporaram o exílio com papel similar ao que cumpriu durante o período colonial — já apresentava antecedentes no século XIX e desde os inícios do XX.[4] No curso do século XX o fenômeno exiliar paraguaio terá um ponto de inflexão a partir de 1947 como consequência da guerra civil, com a intensificação do sufocamento de qualquer manifestação da cidadania por meio do terror estatal — que vinha se estendendo com distintas alternativas desde o início dessa década.[5]

A militarização da forma de governar se expressou na Constituição de 1940 (de nítido corte corporativo), cujo espírito prevaleceu por quatro décadas; salvo a breve primavera democrática que precedeu a Guerra Civil de 1947, em cujo desenlace o setor liderado pelo Partido Colorado assegurou finalmente a vitó-

---

[3] O caso paradigmático é o do médico Agustín Goiburú; ver p. 155-157 deste livro.

[4] "A tese deste trabalho é que o desterro, que possuía um caráter eminentemente de domínio territorial e controle social durante a colônia, se tornou subsequentemente um mecanismo político central, sendo usado e abusado no âmbito da política como suplemento à prisão e à execução" (Roniger e Sznajder, 2007). Ainda segundo esses autores, no imaginário coletivo e nas esferas públicas dos países latino-americanos o exílio tornou-se um dos modos fundamentais de "fazer política".

[5] Para considerar isto para trás é suficiente situar as ditaduras de Estigarribia e Morínigo.

ria e, com uma ampla dispersão de elementos parapoliciais, obrigou a sair para o exílio milhares de civis e militares que na contenda ocuparam o lugar dos derrotados:

> Os colorados que se instalaram no poder depois da derrota de 47 diziam: "Não haverá colorados pobres" e se dedicaram ao saque, ao assassinato e à violação de todos os que foram da frente da oposição. De minha cidade, Areguá, lembro famílias inteiras que se foram. Saíram sem nada para não voltar nunca mais [depoimento de Alberto Barrett, 2006].

A esse setor muito numeroso somou-se outro não menor que saiu obrigado pela incerteza e a forte desarticulação social que a guerra e a repressão posterior imprimiram ao âmbito econômico e trabalhista, com escassas possibilidades de rearmar a cotidianidade no próprio solo.

Ao tomar o poder, Stroessner consolidou o fenômeno que foi se dando em relação à cooptação das Forças Armadas pelo Partido Colorado. Salzman (2003:373-374) sustenta:

> O fracasso na consolidação de partidos alternativos aos tradicionais fez com que não existissem instrumentos políticos capazes de desafiar a consolidação de uma ordem autoritária. [...] Morínigo, que embora tenha logrado inicialmente se manter no poder sem compromissos partidários, teve de terminar aproximando-se do Partido Colorado. Nem mesmo a ditadura de Stroessner pode ser entendida sem contemplar o papel desempenhado pelo coloradismo e, em última instância, a subdivisão do Exército posteriormente à Guerra Civil de 1947.

A corrente mais numerosa que abandonou o Paraguai entre 1947 e a metade da década de 1950 teve como país receptor a Argentina preferentemente, mas também o Brasil e o Uruguai. Em parte a concentração de milhares de paraguaios na Argentina deveu-se à facilidade de transpor uma fronteira de 1.799 km, na qual não existiam suficientes controles de alfândega para os que ingressavam no país — quer nos cursos fluviais, a cargo da Prefeitura Naval Argentina, quer nas passagens fronteiriças por terra, a cargo da guarda argentina.

Ao mesmo tempo, desde 1930 a Argentina também viveu uma experiência de golpes militares; governos autoritários predominaram sobre curtas experiências democráticas. Foi um país de fortes contrastes em matéria de políticas de população, já que foi o grande receptor de imigrantes de origem europeia desde meados do século XIX e incorporou precocemente o direito de asilo; nos anos 1930 se caracterizará por fortes reservas aos que chegavam por motivos políticos. E isso se expressou claramente a respeito do outro grande exílio rio-pratense: o dos republicanos espanhóis desde fins dessa década e até a seguinte.

Mediante anistias e indultos o governo argentino encontrou a forma de facilitar a obtenção de documentos para os republicanos espanhóis; modalidade que até hoje é a maneira de solucionar o problema para homens e mulheres que, provenientes dos países limítrofes, permanecem em território argentino na qualidade de não documentados — fosse porque tivessem ingressado no país por causas políticas ou atraídos por melhores possibilidades de trabalho (Schwarzstein, 2001b:260-261).

Com o golpe de Estado de 24 de março de 1976, a Argentina completou o arco das ditaduras de países da região (anos 1960-1970) sob o eixo comum da Lei de Segurança Nacional. Foi a partir desse momento que as vias de saída dos perseguidos políticos paraguaios se tornaram cada vez mais difíceis.

Considerar a experiência do exílio dos paraguaios na Argentina durante a ditadura militar de 1976 requer necessariamente dar-se conta de como este grupo, heterogêneo social e politicamente, durante quatro décadas desenvolveu para o interior do mesmo diversas práticas de solidariedade, assim como também vínculos com grupos e instituições no país de acolhida. Nas experiências destas quatro décadas reside a particularidade que apresenta o exílio paraguaio em relação aos exílios do Cone Sul — décadas de 1960 e 1970. O deslocamento por motivos políticos se produziu ao mesmo tempo que fortes contingentes emigratórios se deslocaram basicamente pela atração do mercado de trabalho argentino.

Quadro 1. Partidos políticos e outras organizações na era de Stroessner

AN	Acuerdo Nacional, fundado em 1979, coalizão centrista de esquerda dos partidos Mopoco, PDC, PLRA, PRF.
APCT	Asamblea Permanente de Campesinos sin Tierra, fundada em 1986.
CCT	Confederación Cristiana de Trabajadores, ligas camponesas proscritas organizadas pelo PDC.
Partido Colorado	Partido pró-Stroessner, no poder, fundado em 1877 e do qual se fez chefe o ditador em 1959 (veja-se Mopoco); dividido em 1987 entre os "militantes" e os "tradicionalistas" e "éticos" expulsos; ligado à Liga Anticomunista Mundial.
CPT	Confederación Paraguaya de Trabajadores; organização trabalhista controlada pelo governo, inativa entre 1958 e 1980.

▼

DIPC	Departamento de Investigaciones Policiales, com um centro de interrogatórios a cargo de 50 torturadores experimentados.
DT	División Técnica, organização semiautônoma para a repressão do comunismo, da qual se dizia que estava vinculada à sede da CIA em Assunção: a maior parte de seu pessoal havia sido treinada pelos Estados Unidos.
Feup	Federación de Estudiantes Universitarios de Paraguay, fundada em 1986 como alternativa a grupos controlados pelo governo.
GAA	Grupos de Acción Anticomunista, denunciantes ultradireitistas de "subversivos", vinculados à Liga Anticomunista Mundial.
G-2	Divisão de inteligência das Forças Armadas.
MCP	Movimiento Campesino Paraguayo, fundado em 1986 para unir os camponeses sem-terra com a Comisión de Parientes de Personas Desaparecidas y Asesinadas.
MIT	Movimiento Intersindical de Trabajadores, fundado em 1984, sindicalistas independentes.
Mopoco	Movimiento Popular Colorado, fundado em 1959 por colorados dissidentes, centrista, membro do AN.
MPCC	Movimiento Popular Colorado por la Unidad, grupo de oposição fundado em 1987.
PCP	Partido Comunista Paraguayo, fundado em 1929; ilegal exceto brevemente em 1936 e 1946; dois PCPs muito pequenos, com seus membros exilados em sua maior parte, desde a cisão entre China e URSS em 1967.
PDC	Partido Demócrata Cristiano, fundado em 1960, sem *status* legal; membro do AN e da Internacional Demócrata Cristiana.
PL	Partido Liberal, fundado em 1961, muito anticomunista, partido de oposição legal; em 1978 perdeu alguns membros que aderiram ao PLRA.
PLR	Partido Liberal Radical, de direita moderada, partido de oposição legal, fundado em 1961 como uma cisão do PL; perdeu membros que ingressaram no PRLA; saiu do Congresso em 1987.
PLRA	Partido Liberal Radical Auténtico, fundado em 1978 por maiorias do PLR e do PL; centrista; o maior dos grupos de oposição mas sem *status* legal; membro do AN.
PRF	Partido Revolucionario de Febrero, fundado em 1936, partido pequeno de tipo aprista; purgado de seus membros esquerdistas; tem *status* legal, membro do AN e da Internacional Socialista.

Fonte: Cockcroft (2001:587-588).

Entre 1947 e 1987 ingressaram na Argentina distintas ondas de exilados paraguaios, ao mesmo tempo que continuavam fazendo-o importantes fluxos de população imigratória, com forte tendência à incrementação, tal como aparece na tabela 1, que abarca a passagem dos séculos anteriores e o presente. A tabela 2 mostra o peso que tem a população paraguaia em relação ao total da população argentina, ao total de estrangeiros e ao total de estrangeiros de países limítrofes.

Tabela 1. População imigrante residente na Argentina

	1869	1895	1914	1947	1960	1970	1980	1991	2001
Paraguai	3.288	14.562	28.592	93.248	155.269	212.200	262.799	250.450	325.046
Bolívia	6.194	7.361	18.256	47.774	89.155	92.300	118.141	143.569	233.464
Itália	71.403	492.636	942.209	786.207	878.298	637.050	488.271	328.113	216.718
Chile	10.883	20.594	34.568	51.563	118.165	133.150	215.623	244.410	212.429
Espanha	34.068	198.685	841.149	749.392	715.685	514.500	373.984	224.500	134.417
Uruguai	15.076	48.650	88.656	73.640	55.934	51.100	114.108	133.453	117.564
Peru	—	551	1.247	2.760	—	—	8.561	15.939	88.260
Brasil	5.919	24.725	36.629	47.039	48.737	45.100	42.757	33.476	34.712
Polônia	—	—	—	111.024	107.915	—	57.480	28.811	13.703
Alemanha	4.991	17.143	27.734	51.618	18.157	—	24.381	15.451	10.362
Outros	58.508	181.931	372.131	421.662	387.132	524.000	197.054	197.301	145.265

Fonte: Indec (1997, 2001). Instituto de Estadísticas y Censo (Ministério de Economia, Argentina).

Tabela 2. Importância numérica dos paraguaios na Argentina

Ano do censo	Número de paraguaios recenseados	% sobre população total	% sobre população estrangeira	% sobre população estrangeira originária de países limítrofes
1869	3.288	0,2	1,6	7,9
1895	14.562	0,4	1,5	12,6
1914	28.592	0,4	1,2	13,9
1947	93.248	0,6	3,8	29,8
1960	155.269	0,8	5,9	33,2
1970	212.200	0,9	9,6	39,7
1980	262.799	0,9	13,8	34,9
1991	250.450	0,7	15,3	31,1
2001	325.046	0,9	21,2	32,2

Fonte: Indec (1997). Os dados do Censo 2001 foram extraídos de Indec (2004).

II. Rumo ao horizonte da volta a partir da Argentina

As representações de distintos grupos de exilados políticos paraguaios na Argentina configuraram um imaginário do desterro no qual a ideia da resistência pela volta teve papel central. As diferenças e os antagonismos entre os distintos grupos de exilados se reduziam ante uma esperança mobilizadora: a possibilidade de voltar a sua terra uma vez derrotado o tirano. Portanto, as práticas políticas destes exilados terão o impulso para seu desenvolvimento no elemento utópico do retorno. Estas práticas se concretizaram em distintos lugares da Argentina com localização basicamente em áreas de fronteira com seu país, cidades e populações das províncias argentinas de Misiones, Corrientes, Chaco e Formosa, assim como na capital federal e na Grande Buenos Aires.

O depoimento da esposa de Santiago Servín, exilado político que foi sequestrado e desaparecido em 1976, dá conta até que ponto a vida cotidiana transcorria no sentido indicado. Diz: "Com o tempo, compramos uma casinha em Solano,[6] um bairro muito pobre onde uma vez ele (Santiago Servín) calculou que viviam uns 12 mil compatriotas. Sonhava voltar à pátria, a ponto de quando eu queria plantar umas árvores frutíferas no fundo da casa me dizia: para quê, se logo vamos voltar?".[7]

A volta constituía o projeto político a partir do solo estranho para recuperar a cidadania e significou aquilo que outorgava sentido às longas quatro décadas para a comunidade (Anderson, 1995:25; Ansart, 1983:17) paraguaia em distintos lugares do território argentino.

> Sim, fomos muitos os conacionais que, de distintos partidos e extrações sociais, buscamos desde o princípio preparar-nos para a volta que por um tempo longo acreditamos que ia ser logo — a cada ano sempre havia algo que anunciava que logo voltaríamos. Por isto é que por anos em geral não nos estabelecíamos, não encarávamos o ter uma casa, o acomodar nossa vida aqui. Isto foi assim porque aqui vivíamos tudo como provisório, o suficiente para que, se tínhamos de voltar, isso sim, nem bem chegados, a primeira coisa foi conseguir trabalho. Isto, o trabalho e o crescimento de meus filhos me obrigaram a dar-me conta como

---

[6] San Francisco Solano, localizado na zona sul da Grande Buenos Aires.
[7] Depoimento de Antonia Paniagua de Servín em Comisión de Familiares de Paraguayos Detenidos-Desaparecidos en la Argentina (daqui em diante: Comisión), 1990:195.

se modificava minha vida; sim, tinha de trabalhar para a volta mas sem descuidar da família que já estava estabelecida aqui [entrevista com Cesar Morales, 7 jan. 2006].

Estes depoimentos trazem a experiência comum a outros exílios, não só pela ideia do retorno que Dora Schwarzstein (2001b:265) destaca no caso do exílio republicano na Argentina: *quanto mais impossível, mais idealizado.*

O primeiro destes dois relatos focaliza precisamente a ideia de voltar e que isto, supostamente, ocorreria logo. Enquanto o segundo apresenta a mesma ideia, mas conjugada com o significado do trabalho e do crescimento dos filhos no processo de inserção no novo meio social. Em várias entrevistas, isto suscita a reconfiguração de identidades de muitos destes estrangeiros radicados por causas políticas.

O exílio como objeto de conhecimento apresenta várias dimensões. Na cultura política destes deslocados paraguaios na Argentina foi importante o papel das mulheres, daquelas que foram protagonistas e referências quanto à organização e projeção política na época.

Duas das entrevistadas lembram Esther Ballestrino de Careaga. Mais conhecida como Esther Careaga, pertenceu ao grupo inicial das Mães da Praça de Maio e foi sequestrada, junto com outras duas Mães e 12 militantes de direitos humanos, em 8 de dezembro de 1977 em uma operação da Marinha argentina, que se infiltrou no grupo. Ramona, outra Mãe paraguaia, lembra dela assim:

> Alguns meses antes daqueles dias tão amargos para o Paraguai — sim, da guerra civil — conheci a primeira mulher política em minha vida, Esther Ballestrino, era seu nome, eu teria então 15 anos. Ela era professora e estudava bioquímica e militava no febrerismo. Naquele dia falou em um ato multipartidário com profunda clareza sobre o papel que tinha que desempenhar a mulher para a mudança política que buscávamos então no Paraguai. Evidentemente voltei a ver Esther aqui em Buenos Aires e sempre tivemos um trato muito próximo. Anos depois se converteu em Esther Ballestrino de Careaga e sempre foi uma militante e uma referência política indiscutível para os exilados paraguaios e para os projetos de mudança que pulsavam então na América Latina. O sequestro de uma de suas filhas, Ana María, a levou a ser uma das Mães da Praça de Maio. Sua filha foi libertada e partiu para o exílio na Suécia [Ramona Cattoni, depoimento dado a María Antonia Sánchez em 22 de novembro de 2005].

Este depoimento dá conta de como as mulheres participaram daquela sociedade paraguaia mobilizada apesar dos sucessivos governos de força. O relato faz referência à breve abertura democrática que Morínigo concedeu por pressão, sobretudo internacional. Ramona se refere àquele tempo que marcou sua vida com a senha da militância, que depois levou adiante na Argentina e que nunca declinou. A desaparição de uma filha, tal como com Esther, a levou ao grupo então incipiente de Mães da Praça de Maio. Esther recebeu então o pedido das Mães e militantes de direitos humanos para seguir o caminho do exílio que havia empreendido sua filha uma vez libertada, mas ela resistiu ao sustentar: "Continuarei reclamando com as Mães até que apareça o último dos sequestrados".[8]

Esther Careaga não foi a única exilada política paraguaia entre as Mães da Praça de Maio; também o eram: Ramona Cattoni e María Gastón. Em relação a isso, María Gastón lembra:

> Éramos várias mães paraguaias: Ramona, Negrita, Reina, e logo Ida Tatter (a esposa de Federico Tatter Morínigo, sequestrado em outubro de 1976). Formamos a Comisión de Paraguayos Detenidos Desaparecidos. Fui secretária dessa Comisión. Com a volta à democracia na Argentina preparamos um livro com nossos testemunhos, os dos ex-detidos desaparecidos e de familiares de desaparecidos por razões políticas. Mas finalmente, depois da queda de Stroessner em 1989, foi publicado em Assunção com o título de *Semillas de vida. Ñemity ra* [María Gastón, depoimento dado a María Antonia Sánchez em 26 de dezembro de 2008].

É preciso se deter neste depoimento para saber como estas mulheres atuaram com as demais em uníssono ante a desaparição deliberada de seus filhos e familiares, inclusive como a suspensão do estado de direito promovida pela Lei de Segurança Nacional significava para os paraguaios uma ameaça mais profunda que para as demais pessoas da população. Sua condição de estrangeiros os expunha a maior visibilidade ante a ditadura argentina, e ao mesmo tempo a colaboração mútua entre ambos os governos permitia detectar rápido os militantes políticos; os quais, apesar de se saber no olho do furacão, não

---

[8] Depoimento de Adelina de Alaye na Iglesia de la Santa Cruz — no mesmo lugar onde foram sequestradas — em 8 de dezembro de 2005, no ato público por ocasião de receber os restos das três Mães: Esther, María Ponce de Bianco e Azucena Villaflor de Devincenti (Adelina e Esther eram responsáveis pelo contato desse grupo inicial de Mães com os advogados da Liga Argentina por los Derechos del Hombre).

renunciaram à denúncia em prol dos sequestrados nem a recorrer a foros internacionais durante o terrorismo de Estado.[9]

As entrevistas, por outra parte, apresentam como a partir de 1947 se organizaram redes de solidariedade que foram fundamentais em cada época ou momento em que chegaram deportados. O relato de Cata apresenta uma referência concreta destas redes informais:

> Cheguei a Formosa — Argentina — e ali me receberam amigos de meu esposo aos quais recém-conhecia e me trataram com total confiança; como meu pequeno de um ano e meio estava doente, conseguiram médico e medicamentos. Me acompanharam em tudo o que precisei para continuar minha viagem para a cidade de Resistencia e dali a Corrientes para reunir-me logo com meu esposo, que havia saído com urgência de Assunção, já que nos avisaram que estava em uma lista de militantes universitários de medicina. Coube a mim sair uns dias depois. Finalmente me reuni com ele, era agosto de 1955. Era a primeira vez que saía de meu país e nunca pensei que ia ser por tanto tempo [entrevista com Catalina Franco, 22 nov. 2005].

Também há que considerar neste relato que o marido de Cata era médico recém-formado e que, portanto, uma vez na Argentina precisou viajar a Buenos Aires para revalidar o título. Porém, em tudo isso contou com o apoio de outros exilados que já conheciam esta experiência de revalidação.[10]

A Argentina apresentou experiências de golpes de Estado e tentativas golpistas ao longo da década de 1960 que culminaram em uma ditadura em 1966. No entanto, este clima político-institucional que caracterizou o país de recepção não foi obstáculo para que os exilados paraguaios construíssem redes com seus numerosos grupos e se comunicassem também para fora, com grupos e instituições locais.

Os partidos políticos da Argentina de centro-esquerda, espaços sindicais e a Liga Argentina por los Derechos del Hombre mantiveram vínculos com a comunidade paraguaia do exílio na Argentina desde a década de 1940. Igualmente, uma instituição surgida na diáspora paraguaia em Buenos Aires é o Club Atléti-

---

[9] Pelos limites deste capítulo não é possível incluir, junto ao papel das mulheres, outras dimensões que ajudam a seguir como os distintos grupos de exilados atuaram.

[10] Esta história de revalidação de título e localização de profissionais médicos nos anos do período considerado foi frequente; geralmente se estabeleceram em zonas próximas à fronteira com seu país, mas também em outras zonas da Argentina; por exemplo, o atualmente senador pelo Partido Febrerista, doutor Benigno Perrota, foi médico em cidades pequenas do Chaco, perto da fronteira, e depois na província da Pampa (exilou-se após 1947).

co Deportivo Paraguayo:[11] "Entrevistando dirigentes políticos que estiveram no exílio e que hoje fazem parte da estrutura política do Paraguai, reparei em que para quase todos estes 'retornados', o Deportivo Paraguayo havia sido um lugar de 'construção política' e assim o colocavam eles próprios" (Halpern, 2008).

O Deportivo Paraguayo ainda hoje continua aglutinando experiências do campo da cultura e da história política dos paraguaios na Argentina. Outras instituições similares floresceram e perduram em distintos lugares do país; não é possível dar conta disso aqui, mas vale destacar que existiram ao longo do tempo importantes redes de apoio que sustentaram esse processo de adaptação ativa destes transterrados que, empurrados por sucessivos embates do terrorismo de Estado, se deslocaram a princípio entre os países do Cone Sul (Argentina, Brasil, Uruguai, Chile). Por seu turno, estes deslocamentos transnacionais terminaram abrindo novas redes de apoio que desempenharam papel-chave na fuga a partir do Cone Sul para outros países desde meados da década de 1970.

III.

A experiência dos paraguaios, exilados políticos ou imigrantes, na Argentina do terrorismo de Estado — 1976-1983 —, requer ser estudada já que dá conta das estratégias concretas que geraram a respeito do sequestro e da desaparição de seus familiares e dos paraguaios em geral que sofreram esta sorte. Estas estratégias significaram uma maneira de acumulação de práticas na denúncia pública, na reivindicação de direitos feridos.

É possível considerar um imaginário de paraguaios expatriados que gerou um sentido de pertencimento; é preciso ter em conta que ao menos desde 1947 foi se originando uma série de relações entre os diferentes grupos que se localizaram no país de acolhida. Isto foi possível a partir de mínimos acordos para trabalhar politicamente pelo retorno concebido a partir do desgaste e da derrota da ditadura:

> Em 1947, transposta a fronteira, os exilados ficavam por perto; nos povoados ou em cidades como Posadas, nas proximidades do Paraguai. Outros grupos seguiam para Buenos Aires fazendo parada em Rosario. Também Montevidéu teve alta concen-

---

[11] Disponível em: <www.clubsocial.org>.

tração de nossos exilados. Em 1961 lembro que a Asociación de Paraguayos nessa cidade chegava a 3.600. Naquele tempo lembro dali, de Montevidéu, Epifanio Méndez Fleitas, Carlos Pastore, Orlando Rojas, José Chilavert e minha família, ou seja, os Barrett [entrevista com Alberto Barrett, 30 set. 2006].

Atividades políticas no exílio

Durante a década de 1950, os partidos políticos desconjuntados e seus militantes perseguidos se reorganizaram tanto em Montevidéu quanto em Buenos Aires.

Na Argentina como no Uruguai os exilados recriaram seus partidos políticos e assim desempenharam atividades no exílio: o Partido Liberal, o Partido Revolucionario Febrerista, o Partido Comunista Paraguayo, ou seja, aqueles que foram perseguidos a partir da Guerra Civil de 1947. Nasce em 1959 e no exílio, como se indicou previamente, com sedes em Buenos Aires e Montevidéu, o Mopoco, que fora criado por dissidentes do Partido Colorado.

A quantidade de atos e de difusão da atividade que realizavam os grupos que se manifestavam politicamente ante o regime paraguaio a partir da Argentina se reflete no documento do Mopoco que, junto com setores liberais e *febreristas*, em 1961 denunciava na ocasião do encontro Stroessner-Frondizi:

> Tudo bem que se realizem conferências econômicas e ainda entrevistas oficiais de alto nível para promover esses fins. O que não se poderia consentir é que a essas reuniões venham também os ditadores a pedir ajuda contra a resistência de seus povos, a propor que se ponha surdina na imprensa e no pensamento livres ou que se persigam os exilados políticos para além das fronteiras do próprio país. Isso seria pan-americanizar os efeitos da ditadura [Halpern, 2006].

Por outra parte, organizaram-se na Argentina três movimentos armados de exilados políticos para lutar contra a ditadura stronista. O Movimiento 14 de Mayo foi criado em Buenos Aires em 1958, a partir do Partido Liberal. Com ações em 1959 e 1960 no Paraguai, em meados de 1960 foi desarticulada sua coluna principal com assassinato e prisão de seus membros. Também em 1960 se compôs na Argentina a Frente Unido de Liberación Nacional (Fulna), organizada por militantes do Partido Febrerista e do Partido Comunista Paraguayo. As colunas da Fulna foram derrotadas pouco tempo após ingressar no Paraguai com o resultado de prisões, torturas, assassinatos e novos exílios.[12] O comum a estes três movimentos armados consistiu em que se prepararam na Argentina, em Buenos Aires e cidades próximas à fronteira. Nas três organizações armadas, as forças de segurança paraguaias conseguiram infiltrar-se e derrotá-las. Posteriormente, estas forças deram lugar a uma repressão muito forte de camponeses, estudantes e qualquer setor suspeito pelo stronismo de apoiar os grupos armados.

Em relação à OPM, os exilados paraguaios conceberam, ao residir em países de acolhida que atravessavam processos de mobilização revolucionária com movimentos armados, a possibilidade de gerar um processo similar que os levaria a derrotar o ditador de seu país. Por exemplo, Juan Carlos da Costa tentou consolidar um grupo guerrilheiro entre os paraguaios nas províncias da fronteira e em Buenos Aires. Em meados dos anos 1970, a OPM tentou radicar-se na Argentina, em particular em Corrientes, onde Da Costa pensou constituir o foco revolucionário com os estudantes de origem paraguaia da Universidad del Nordeste. A preparação não chegou a se concretizar dada a queda de Da Costa em 1976 (Céspedes e Paredes, 2004; Arellano, 2005).

Argentina: Lei de Segurança Nacional (1976-1983)
— exílio e desaparição de cidadãos paraguaios

Do livro que publicara a Comisión de Familiares de Paraguayos Detenidos Desaparecidos na Argentina, *Semillas de vida. Ñemity ra*, realizei uma seleção de casos que apresento a seguir. Pelas características de cada um, apesar de ter na metodologia do sequestro o elemento comum, cada história é uma biografia enquadrada na resistência e no exílio, cada uma dá conta do agir do totalitarismo e da desaparição. São memórias das múltiplas fraturas de subjetividades assaltadas pelo desterro e, desde 1976, o sequestro novamente como possibilidade concreta e cotidiana no país de acolhida.

Foi o resultado de uma experiência coletiva quando isso estava proibido. Ação coletiva desde o campo das vítimas lançando no espaço público por meio de suas reclamações o que para a ditadura devia ser fechado no espaço privado, mas nesse *privado* que acolhia o sequestro clandestino e a desaparição.

---

[12] Apesar desta experiência negativa, levou-se a cabo um movimento de guerrilha rural paraguaio entre 1960 e 1970; este sim organizado no Paraguai. O terceiro movimento político armado que se gestou na Argentina foi a OPM.

O sequestro e a desaparição de Esther Ballestrino de Careaga em 8 de dezembro de 1977 demonstraram que a ditadura argentina não reconheceu sua condição de refugiada do Alto Comisionado de Naciones Unidas (Acnur) — ficha de refugiada nº 01-6403 (Comisión, 1990:96) —, com data de 22 de setembro de 1976. Não foi o único caso em que o terrorismo de Estado desconheceu esta condição de refúgio. Enquanto ela, como exilada política paraguaia, desapareceu vítima da ditadura argentina, sua filha, Ana María Careaga, sequestrada, engravidada e libertada depois de três meses de cativeiro, partiu via Brasil como refugiada para a Suécia, onde nasceu Anita, sua filha. Três gerações de mulheres com marcas do exílio produto dos governos de força da região. Ana María e Anita vivem hoje na Argentina.

O caso de Agustín Goiburú registra a modalidade do sequestro posto em prática por Stroessner antes da implementação do Plano Condor na região

> que empreendeu o caminho do exílio na Argentina em 1959, como consequência de sua militância nas fileiras do Mopoco. Exerceu sua profissão de médico traumatologista em Misiones. Instalou-se em Posadas, capital dessa província, onde continuou com o exercício da medicina. Em 11 de novembro de 1969, enquanto pescava no rio Paraná, foi sequestrado pela Marinha paraguaia, deslocado para Assunção e submetido ali a prisão sem processo algum, só pelo fato de dissentir politicamente do regime de Alfredo Stroessner. Após padecer 13 meses de cárcere na sétima delegacia da capital paraguaia, conseguiu fugir e regressou a Posadas, onde retomou de imediato sua atividade profissional. Em dezembro de 1974, um grupo de efetivos da polícia paraguaia tentou novamente sequestrá-lo mas sua própria família frustrou esse propósito. Depois desta experiência, em janeiro de 1975, Goiburú se radicou no Paraná, província de Entre Ríos. Em 9 de fevereiro de 1977 foi sequestrado e permanece desaparecido. A doutora Gladys Meilinger de Sannemann, em seu livro *Paraguay en el Operativo Cóndor*, contribui com valiosos dados sobre o caso Goiburú: diz que tanto seu nome como o de seu esposo e o de Goiburú figuravam na "caderneta das Cartas Confidenciais" em poder da polícia missioneira, como membros do Mopoco. Indicava também que o doutor Goiburú figurou sempre nas listas que desde 1960 o Ministério do Interior paraguaio enviava todo mês às agências de viagens das cidades fronteiriças do Brasil e Argentina. Proibindo a venda de passagens aos exilados paraguaios [Comisión, 1990:23-27].

Vale destacar o que este sequestro provocou no Paraná: os médicos traumatologistas dessa cidade apresentaram em forma conjunta um *habeas corpus* ante a Corte Suprema de Justiça, com resultado negativo como os três apresentados pela esposa de Agustín Goiburú. Por que resgatar esta gestão de seus colegas? Justamente pelo valor que tinha em um cenário social controlado pelo medo, e se isto se dava em um meio de província, como neste caso, com mais razão há que fazer pública a desaparição, o sequestro clandestino, mediante a reclamação que significava um pedido de *habeas corpus*, que equivalia a se pôr na boca do lobo. Contudo, estes gestos existiram e neste caso para um reconhecido profissional e exilado político paraguaio.

Federico Jorge Tatter Morínigo foi sequestrado em 15 de outubro de 1976. Exilado político paraguaio pela Guerra Civil de 1947, foi expulso junto com outros militares paraguaios em 1950 por organizar-se politicamente na Argentina. Transferiu-se com tal motivo ao Uruguai, onde trabalhou e manteve sua atividade política. Entre 1952 e 1963 viveu novamente com sua família no Paraguai, de onde foi expulso, instalando-se então novamente na Argentina.

O depoimento de sua esposa dá conta das respostas dos governos do Paraguai e da Argentina ante as reclamações que lhes enviara a Comissão Interamericana de Direitos Humanos (Cidh) da OEA:

> Empenhado — o Estado argentino — em afastar a suspeita que pudesse recair sobre este aspecto do plano repressivo e, ao mesmo tempo, em evidenciar o zelo com que "investigava" o paradeiro de meu esposo, o governo aproveitou a ascendência alemã de Federico e sua origem paraguaia para indicar à Cidh que as representações diplomáticas de ambos os países haviam sido "periodicamente informadas sobre a evolução da situação do causante"; inclusive insinuou a possibilidade de que meu marido se encontrasse detido no Paraguai. A Comissão reclamou então ao governo de Stroessner, recebendo por toda resposta uma clara e crua mentira. Aqueles 12 anos que vivemos em nossa terra seguramente não passaram despercebidos para o regime stronista, por isto se torna aberrante o cinismo que encerra sua resposta à reclamação da Cidh, em setembro de 1978: "Federico Tatter é um antigo dirigente comunista paraguaio radicado na Argentina. Nunca esteve no Paraguai. O denunciante deve dirigir-se às autoridades pertinentes do país vizinho", [...] palavras que são uma mentira descarada: estivemos no Paraguai 12 anos, de 1952 a 1963 e nada, absolutamente nada pode garantir que a desaparição de Federico não estivesse vinculada com sua atividade política no exílio, assim como nada pode refutar que meu marido não tenha sido devolvido clandestinamente ao Paraguai, após seu sequestro; no fim das contas,

Federico não seria o único prisioneiro político intercambiado entre ambas as ditaduras, tal como o demonstram os casos do médico Agustín Goiburú, Cástulo Vera Báez, Juan José Penayo e muitos outros. Do depoimento de Idalina Radice de Tatter [Comisión, 1990:103-110].

Este fragmento do depoimento do caso Tatter dá conta claramente, por uma parte, de como funcionaram as redes dos exílios latino-americanos, já que até então não era comum apelar aos organismos internacionais, tanto na Europa quanto na América. Estas redes se fortaleceram e cresceram pela ação dos exilados dos distintos países da região. Numa entrevista a Federico Tatter Filho, este manifestou que sua mãe é querelante no julgamento próximo a se iniciar em Buenos Aires pelo Plano Condor;[13] a hora de justiça está próxima, depois de 33 anos.

Ignacio Samaniego Villamayor

desapareceu na capital federal, em plena via pública, em 18 de setembro de 1978. [...] Ignacio se achava amparado pelo Alto Comisionado de las Naciones Unidas para los Refugiados (Acnur), organismo que havia gerido seu traslado para a Suécia, na qualidade de refugiado. A viagem havia sido prevista para 5 de outubro desse ano; não pôde se concretizar, o sequestro o impediu. Seu sequestro e desaparição mostrou a decisão militar de esterilizar a proteção oferecida pelas Nações Unidas e pôs a nu a desproteção total na qual viveram os exilados políticos na Argentina da ditadura [Comisión, 1990:125-126].

O caso de Samaniego Villamayor representa, junto com o da doutora Careaga, entre outros, o desconhecimento por parte da ditadura argentina do direito de asilo reconhecido pela Acnur a estes exilados paraguaios em território argentino.[14] Os relatos precedentes dão conta do sequestro e da desaparição de seus familiares no país de acolhida, de como sua condição de exilados políticos os submeteu a uma alta exposição, dada a colaboração existente entre os serviços de inteligência da região. Em relação a essa temporalidade do terrorismo de Estado na região, Norbert Lechner (1990:92-93) sustenta que "as ditaduras transtornam profundamente as rotinas e os hábitos sociais tornando imprevisível inclusive a vida cotidiana".

---

[13] Entrevista realizada em Buenos Aires em 3 de março de 2009. Federico, sua mãe e suas duas irmãs vivem atualmente em Assunção.

[14] Restringi-me a estes quatro casos, dados os limites do presente texto.

Neste sentido, apesar de os anos das ditaduras da região parecerem ter tido protagonistas excludentes, a sociedade em seu conjunto sofreu os efeitos do acionamento repressivo dos governos militares. Em um primeiro momento, com o retorno à democracia, os depoimentos de sobreviventes, familiares, testemunhas se tornaram centrais não só para narrar o sucedido, mas também como instrumento jurídico fundamental para condenar os responsáveis ante a falta de outras provas (Sarlo, 2005). Os exilados paraguaios contribuíram neste sentido; é suficiente revisar o Nunca Más, ou então o julgamento das Juntas Militares para comprová-lo.

Semillas de vida. Ñemity ra, o livro de testemunhos, diz no prólogo: "Desde hoje estes que foram dados por mortos e desaparecidos pelos governantes argentinos, reprimidos duplamente pela ditadura paraguaia, voltam a sua pátria ou à de seus pais ou avós para viver junto a seu povo" (Comisión, 1990:13). Esta ideia do retorno dos mortos a sua pátria não é própria só deste exílio paraguaio, já que se apresentou em outros exílios latino-americanos.

Mais adiante este texto diz: "Dedicamos estas páginas a todas as mulheres e todos os homens que caíram lutando contra as ditaduras militares que assolaram nosso continente" (Comisión, 1990:12). Ali se evocam as consequências do terrorismo estatal na região que não teve fronteiras para seus crimes, mas tampouco estas existiram para as redes que se foram gerando nos frequentemente múltiplos deslocamentos destes perseguidos políticos.

E aos desterrados políticos evocam assim: "Aos exilados, que tiveram de abandonar sua terra e seu lar perseguidos por um poder intolerante, soberbo e onipotente no exercício da força…". E, finalmente, como não ter em conta a seguinte reflexão que guarda uma espécie de recomendação a respeito do trabalho de investigação em torno desta questão: "O 'caso' dos paraguaios detidos-desaparecidos na Argentina não pode ser desligado do que ocorreu durante três décadas, e ainda mais da ditadura no Paraguai, e tampouco será entendido se for separado do fenômeno emigratório e de suas causas" (Comisión, 1990:12).

Recorri a estes depoimentos (Comisión, 1990:12) porque eles relatam a situação vivida logo depois da desaparição de seus familiares e membros dos grupos de desterrados e porque sua leitura interpela o leitor a respeito da situação destes exilados políticos ante a suspensão do estado de direito no país de acolhida e as consequências mencionadas que ele traz. Além disso, os relatos reiteram estratégias aprendidas no duplo desgarre que significam o exílio e a desaparição. Nada foi poupado, nem os pedidos de *habeas corpus*, apesar do reiterado silêncio da esfera judicial argentina, nem a apelação aos organismos internacionais para saber acerca do destino de seus entes queridos.

Paraguai, 1992:
provas que documentam o terrorismo de Estado na região

Em dezembro de 1992 foram descobertas mais de duas toneladas de documentos pertencentes ao regime de Alfredo Stroessner. Este achado trouxe dados significativos para o esclarecimento das estratégias da repressão política, tanto no Paraguai quanto no resto da região. Nesses arquivos foi possível determinar provas indiscutíveis a respeito do Plano Condor (estrutura repressiva constituída por Argentina, Chile, Uruguai, Bolívia e Paraguai durante a vigência das ditaduras militares destes países).

Myriam González Vera destaca o papel da imprensa e dos organismos de direitos humanos na localização destes arquivos. Então foram encontrados os livros de entrada e saída de presos, fichas e fotos dos detidos, livros, folhetos produzidos na resistência e reunidos por funcionários policiais. A diferença indicada por esta autora a respeito de cada parte de arquivo correspondente a distintos organismos policiais é a seguinte:

a) Archivo de la Técnica: só há registros do trabalho de cada dia, sem separar a atividade da repressão claramente política da delinquência comum.
b) Archivo de Investigaciones: é mais sistemático; apresenta informação por épocas com significativas ausências. Estas sobretudo correspondem à década de 1960. Mostra uma sequência de importantes lacunas; "isto é prova de que foi limpo" — sustenta Rosa Palau, uma das responsáveis do Centro de Documentação [em entrevista citada por M. González Vera].
c) Archivo del Departamento Judicial de la Policía: abarca épocas mais atuais.
d) Archivo de la Delegação de Gobierno de Caaguazú [González, 2002].

González Vera sustenta que o encontro dos arquivos do terror desempenhou um papel de catalisador da memória da repressão exercida sobre o conjunto da sociedade paraguaia e dos que se exilaram. Por outra parte, internacionalmente ocupou a atenção de juízes, organismos de direitos humanos e imprensa de quase todo o mundo. A preocupação para que sejam preservados foi também internacional: America's Watch, Avós da Praça de Maio, Asamblea

Permanente por los Derechos Humanos de la Argentina, Cerpaj, entre outros, se manifestaram a respeito ante as autoridades paraguaias.

Em relação aos exilados políticos é sem dúvida significativo que

> as fichas de detidos não eram elaboradas só para a gente que esteve detida no departamento de investigações. Também eram "fichadas" as pessoas perseguidas ou que constituíam perigo para o regime. As fichas contêm uma averiguação da pessoa: suas atividades, suas saídas do país, o que fez; com esta averiguação iam adiantando o trabalho para o caso em que fosse alguma vez detida [González, 2002].

A dificuldade de localizar fontes documentais nos estudos sobre exílio faz com que estes arquivos, apesar da limpeza de que foram objeto, permitam a reconstrução por meio de futuras investigações de até que ponto os exilados paraguaios na Argentina foram matéria de averiguação e sequestro por parte dos serviços de inteligência paraguaios. Por outra parte, não foram localizados registros das burocracias civis e militares das ditaduras dos países da região; só alguns raramente achados mostram por certo marcas evidentes de ter sofrido limpeza em seu conteúdo.

Visibilidade e literatura

Quero trazer no final deste capítulo o nome de um escritor e jornalista argentino que em seu romance *Villa miseria también es América* — refiro-me a Bernardo Vertbitsky — põe o leitor em contato com a figura dos perseguidos políticos paraguaios, quer dizer, do exílio dos que foram se instalando na Argentina. Um dos personagens, paraguaio entre outros paraguaios e famílias vindas de quase todas as províncias argentinas, é o responsável na organização da vila pelos serviços essenciais, pelos direitos dos que não têm direito; e o faz organizando uma comissão para tal fim.

A primeira edição desse livro é de 1957; as organizações de bairro, de vilas, as comissões internas de fábricas e empresas contaram com frequência nos anos 1960 e 1970 com estes responsáveis que militavam politicamente para que o stronismo fosse derrotado e assim pudessem voltar e, em não poucos casos, o fizeram em um partido ou agrupamento político de e na Argentina.[15]

---

[15] *Villa miseria también es América* dá conta de algo recente na época: a atividade política de exilados e emigrantes paraguaios em vilas onde viviam e vivem homens, mulheres e crianças com todo tipo de privações; organizar-se para mudar o acampamento por outra forma de habitar, sim, em comissões

Exilados paraguaios na Argentina

Embora o duplo pertencimento no caso dos paraguaios nas décadas de 1960 e 1970 remeta sem dúvida a outro contexto no qual não era vivido como tal, já que pertencer a uma organização política do exílio e ao mesmo tempo ser partícipe de outra própria da Argentina se sustentava no imaginário dos movimentos de liberação comuns então na região. De tal modo que exilados políticos de países vizinhos, não só do Paraguai, recebiam solidariedade dos partidos e organizações políticas da Argentina, que por outra parte costumavam emitir comunicados e organizar atos de repúdio às ditaduras da região. Manifestações que foram silenciadas pelo golpe de 1976, mas que foram encontrando outras vias que substituíram em parte esse papel.

Volto ao livro de referência, já que faz pensar ao menos em duas questões: uma tem a ver com que visibilidade teve esta experiência exiliar no país de acolhida e a outra se refere a quais eram as características sociopolíticas em cujas tensões se desenvolveram as práticas ao longo de mais de 30 anos destes desterrados. Esta publicação se antecipa quase 10 anos ao romance *Los exiliados* do escritor paraguaio Gabriel Casaccia, que obtivera o primeiro prêmio de romance organizado pela revista *Primera Plana* em 1966. Portanto, é possível sustentar que esta migração política produziu no país de acolhida mais de um impacto.

O escritor argentino Bernardo Vertbitky, por meio da ficção, interpelará os leitores sobre o fenômeno deste exílio e da migração regional interna e de países limítrofes. Enquanto Casaccia trabalhará especificamente por meio de seus personagens nesse fenômeno exiliar provavelmente universal: a idealização do retorno e como isto sustenta a vida cotidiana destes personagens. Casaccia, exilado na Argentina, onde faleceu em um exílio que não pôde terminar e onde levou a cabo a quase totalidade de sua obra, representa, junto com Augusto Roa Bastos, as figuras maiores não só da literatura paraguaia no exílio mas das letras da América hispânica. E isto sem entrar na consideração do fenômeno da literatura do exílio que, no caso do Paraguai, é profundamente rico porque as várias gerações deste exílio têm distintos representantes.[16]

---

internas à vila, mas também por bairros e fábricas onde a dignidade do semelhante fosse negada. O peso que os paraguaios tiveram nas organizações populares desmanteladas pelo terrorismo de Estado na Argentina é um dos temas pendentes de estudo.

[16] Ver Suplemento Radar. Libros. Naranjo en flor. *Página 12*, 23 nov. 2008.

Conceitos e categorias de exílio no Cone Sul

Para o estudo desta experiência de desterro político vivida por mais de uma geração de homens e mulheres paraguaios e à busca de conceitos e categorias pertinentes, socorri-me da produção recente sobre os distintos exílios regionais. E, precisamente em razão desta pertinência, foi revisitada a perspectiva de Yossi Shain (1988:387-400) — junto às já citadas —, que sustenta que: tanto o enfoque sociológico do exílio quanto o da psicologia social e também o legal não apresentam um tratamento que acabe sendo produtivo em matéria de exílio; e ante estes enfoques propõe o seu, já que os três aludidos não levam em conta "o que faz um exilado político". Para Shain, "nenhum exilado deveria ser considerado 'um exilado político', pois participa da política no exílio".[17]

Não há dúvida de que esta migração política paraguaia participou da política no país de acolhida, mas não o fez somente a partir do projeto de desgaste desse poder que desde seu país causou seu desterro e de milhares de compatriotas. Durante este prolongado exílio, várias gerações de paraguaios não só desenvolveram uma constante atividade política em relação a sua pátria, como também ao fazê-lo se envolveram com frequência no afazer político do país de acolhida.

Este tema do duplo pertencimento importa em matéria dos estudos pendentes sobre a experiência desenvolvida por estes atores que não só viveram na Argentina como lugar de relocalização, mas que ao fazê-lo passaram a formar parte de ações e movimentos políticos argentinos. Portanto, será parte destes estudos aprofundar neste duplo pertencimento, já que este implica o reverso da trama da repressão da ditadura argentina.

A longa experiência deste exílio sem dúvida levou a negociar com as organizações de direitos humanos surgidas na região em consequência das ditaduras militares como Clamor no Brasil; a Vicaría de la Solidaridad no Chile e na Argentina a Asamblea Permanente por los Derechos Humanos (APDH), surgida antes de 1976 logo após as vítimas dos Três A (Alianza Anticomunista Argentina); o Movimiento Ecuménico por los Derechos Humanos (MED); o Centro de Estudios Legales y Sociales (Cels); o único organismo criado várias décadas antes foi a Liga

---

[17] "Meu critério para classificar um expatriado como um exilado político é que se comprometa numa atividade política dirigida contra as políticas de um regime de seu país como o regime mesmo contra o sistema político em sua totalidade e orientada a criar as circunstâncias favoráveis para o retorno do exilado. Enquanto o exilado político se comprometa em tal atividade continuará mantendo seu *status* de exilado político" (Shaim, 1988).

Argentina por los Derechos del Hombre (Ladh), desde 1937; Familiares de Presos y Desaparecidos por Razones Políticas; Mães e Avós da Praça de Maio.

Ao negociar com estes organismos e ante organismos internacionais, se puseram em contato com os que faziam o mesmo pelos outros países da região; vínculo que não só potencializava sua ação mas que se desdobrava em uma aprendizagem mútua a respeito de novas concepções dos direitos humanos nos cenários do Cone Sul.

Precisamente voltando a Shain e a sua conceituação do exílio político posso sustentar, apoiando-me não só no indicado neste trabalho mas em trabalhos recentes sobre os exílios do Cone Sul, que o que postula este autor é ultrapassado pela experiência sócio-histórica destes exílios regionais como maneira de fazer política dos autoritarismos velhos ou novos (Roniger e Sznajder, 2007; Lechner, 1977:31-33).

Em síntese, as categorias para o tratamento do exílio na região — na segunda metade do século XX — requerem uma contextualização dos cenários por onde os exilados transitaram, do próprio país que os expulsou ao país ou países que os acolheram, que depois de sucessivos governos de força os obrigaram a abandonar novamente, empreendendo assim o segundo ou terceiro desterro.

Portanto, a investigação recente a respeito tem trazido o conhecimento de processos complexos de redefinições de identidades políticas, que não só se sustentaram com relação a sua atividade no exílio contra o governo que originou tal situação, como foram se desenvolvendo estas redefinições no interjogo com distintos atores do país ou países de recepção. Este trânsito exiliar operou uma transformação ineludível para os que o levavam a cabo; portanto, a interrogação de Shain neste caso sobre quem é um exilado político se abre a outras que conduzem a dar conta de fenômenos transnacionais e transgeracionais. No caso dos paraguaios na Argentina, este tipo de tratamento é necessário para abarcar a experiência de exílio, migração e diáspora e identificar o que comportam estas categorias ao longo dos últimos 50 anos.

Considerações finais: Paraguai, exílio e diáspora — necessidade de seu estudo

Cabe finalmente neste encerramento uma olhada para o Paraguai de 2009, durante o primeiro ano desde que assumiu como presidente Fernando Lugo, o que ocorreu em 15 de agosto de 2008, ao cabo de 34 anos da ditadura de Alfredo

Stroessner e 19 de transição democrática sob o stronista Partido Colorado. "Creio que o Paraguai tem a característica de ser uma sociedade quebradiça, precisamos reconstruir a República",[18] sustenta Lugo. Na agenda desta reconstrução anunciada, o novo presidente privilegia entre as políticas públicas os problemas a encarar para levar adiante uma reforma agrária; a questão hidrelétrica com a renegociação da administração das represas de Itaipu e Yaciretá. No atinente ao processo de despovoamento sofrido no país, fenômeno que atualmente apresenta a mais alta concentração de paraguaios na Argentina e na Espanha, Lugo manifestou uma preocupação especial por esta situação crucial, inclusive o fez desde a época da campanha eleitoral que culminou com sua eleição.

Despovoamento e desocupação, duas caras de uma mesma moeda: a desocupação é maior que 35%. Mais de 2 milhões de pessoas (1/3 da população) vivem com um dólar diário, razão pela qual o Paraguai no século XXI é um dos países com mais alta taxa de emigração do mundo. Não há família paraguaia que não tenha ao menos um membro no estrangeiro. Mas aqui importa sublinhar o seguinte: a contrapartida da migração em massa contribuiu para romper o isolamento histórico: junto às remessas, os emigrantes transmitem outras experiências políticas e culturais.[19] É preocupação deste novo governo estabelecer mecanismos capazes de frear a emigração de seu país; e, na perspectiva a longo prazo, incentivar o retorno mediante medidas concretas que permitam uma reativação econômica. Este último aspecto foi estancado antes de se iniciar logo após a crise mundial.

Os programas do novo governo tendentes a modificar as condições estruturais que provocaram tanto os níveis de pobreza quanto as altas taxas de emigração são obstaculizados hoje pelo Parlamento. Neste sentido, há os que avaliam os cenários de incerteza neste novo processo que foi aberto no Paraguai e os riscos que isso implica para a governabilidade e a governança (Rodríguez, 2009), ou seja, entre a simples capacidade de governar e a capacidade de governar bem. Enquanto se freiam os projetos de políticas sociais no Parlamento, os setores dominantes se fortalecem e sentem nostalgia da Lei de Segurança Nacional.

Os produtores de soja e de gado se opõem à valorização para arrecadação de impostos, arrecadação que é a mais baixa da América Latina. E a propósito de cenários a prevalecer neste panorama da democratização que se tenta no

---

[18] Darío Pignotti em *Le Monde Diplomatique* ("El Dipló"), sept. 2008. p. 10-11.
[19] Ver Serena Corsi em *Le Monde Diplomatique* ("El Dipló"), avr. 2008.

Paraguai, Fogel (2009) destaca que não é a partir da teoria que se pode antecipar a respeito, já que os referidos cenários dependem da ação dos atores e dos movimentos sociais em um contexto de crise histórica marcada pela construção alternativa de uma ordem social que já não pode se reproduzir.

Destaco que, apesar dos cenários pessimistas ou outros cenários possíveis no Paraguai atual, o estudo e a investigação sobre o exílio e a diáspora permitiriam conhecer vários aspectos que importam para o processo de democratização recém-iniciado.

Sem dúvida a ascensão de Lugo reabriu o processo de memória sobre a ditadura e a pós-ditadura com as vítimas que, para salvar-se, exilaram-se ou foram deportadas, e depois muitos deles desapareceram nos países de acolhida na região ou então foram levados ao Paraguai pelos serviços de inteligência.

Outros empreenderam novos exílios e muitos sobreviveram no país de acolhida, Argentina neste caso. Mas ao mesmo tempo, em geral, os exilados nos países de acolhida não se desentenderam das causas de sua situação e em sua experiência de relocalização entraram em contato com os que deixaram seu país pelas condições econômicas. Esta vinculação é matéria de estudo, já que guarda as chaves de uma mudança cultural e política baseada na mútua aprendizagem de estratégias entre exilados e migrantes.

Conhecer estas experiências de exílio, migrações e diáspora sem dúvida importa ao Paraguai atual em relação com a implementação de políticas públicas. Os grupos de "retornados" sem dúvida trariam este conhecimento.

Aprofundar no conhecimento dos enigmas do Paraguai atual requer dar conta das relações entre países da região e com o resto do mundo, precisamente no que se refere a movimentos populacionais em geral e à migração política em especial. O processo de democratização recém-aberto terá, além de todos os desafios a enfrentar para afirmar-se, o referido à possibilidade de não cair na reiteração do deslocamento de paraguaios por motivos políticos, experiência que em outros países da América Latina não se pôde assegurar pelos processos de democratização empreendidos.

Referências

ANDERSON, Benedict. *Comunidades imaginadas*: reflexiones sobre el origen y la difusión del nacionalismo. Buenos Aires: Fondo de Cultura Económica, 1995.

ANSART, Pierre. *Ideologías, conflictos y poder*. México: Premia, 1983.

ARELLANO, Diana. *Movimiento 14 de Mayo para la liberación de Paraguay* — 1959. Posadas: Universitaria, 2005.

BLACH, José. *El precio de la paz*. Asunción: Centro de Estudios Paraguayo "A. Guasch", 1991.

CÉSPEDES, R.; PAREDES, R. La resistencia armada al stronismo: panorama general. *Novapólis*, Posadas, n. 8, ago. 2004.

COCKCROFT, James. *América Latina y EEUU*: historia y política país por país. México: Siglo XXI, 2001.

COMISIÓN DE FAMILIARES DE DETENIDOS DESAPARECIDOS PARAGUAYOS EN LA ARGENTINA (Ed.). *Semillas de vida. Ñemity ra*. Asunción: Cofadep, 1990.

DONGHI, Tulio. *Historia contemporánea de América Latina*. Buenos Aires: Alianza, 1994.

DURÁN, Valeria; SÁNCHEZ, María Antonia; STEINWASSER, Marga. *Química de la memoria*: una reflexión sobre la última dictadura militar a partir de objetos y relatos. In: JORNADAS DE DISCUSIÓN "ARTE, POLÍTICA Y SOCIEDAD. REPRESENTACIÓN/REPRESENTACIONES", 1., Sarmiento, 12-13 jun. Instituto de Desarrollo Humano de la Universidad Nacional de General Sarmiento. Publicado en CD-ROM, 2009.

FOGEL, Ramón. El gobierno de Lugo, el Parlamento y los movimientos sociales. *OSAL*, Buenos Aires, ano X, n. 25, p. 51-63, abr. 2009.

GONZÁLEZ, Myrian. Los archivos del terror del Paraguay: la historia oculta de la represión. In: CATELA, Ludmila; JELIN, E. (Comps.). *Los archivos de la represión*: documentos, memoria y verdad. Madrid: Siglo XXI, 2002.

HALPERN, Gerardo. *Etnicidad, inmigración y política*: representaciones y cultura política de los exiliados paraguayos en la Argentina. 2006.

_____. Una aproximación a los paraguayos organizados en Buenos Aires. *Revista Sociedad*, n. 27, p. 95-110, 2008.

LECHNER, Norbert. *La crisis del Estado en América Latina*. Buenos Aires: El Cid, 1977.

_____. *Los patios interiores de la democracia*: subjetividad y política. Santiago: Fondo de Cultura Económica, 1990.

LEWIS, Paul. *El Paraguay bajo Stroessner*. México: Fondo de Cultura Económica, 1986.

_____. Paraguay, 1930-c.1990. In: BETHELL, Leslie. *Historia de América Latina*: el Cono Sur desde 1930. Barcelona: Crítica, 2002. t. 15.

RODRÍGUEZ, José Antonio. El cambio frágil de Paraguay. La esperanza y las dificultades de Fernando Lugo. *Nueva Sociedad*, n. 220, mar./abr. 2009.

RONIGER, Luis; SZNAJDER, Mario. Los antecedentes coloniales del exilio político y su proyección en el siglo XIX. *Revista de Estudios Interdisciplinarios de América Latina y el Caribe*, v. 18, n. 2, p. 31-51, 2007.

SALZMAN, M. Guerra y transformación sociopolítica. Bolivia y Paraguay en los años treinta. In: ANSALDI, Waldo (Ed.). *Tierra en llamas*: América Latina en los años 30. La Plata: Al Margen, 2003. p. 373-374.

SARLO, Beatriz. *Tiempo pasado*: cultura de la memoria y giro subjetivo: una discusión. Buenos Aires: Siglo XXI, 2005.

SCHWARZSTEIN, Dora. *Entre Franco y Perón*: memoria e identidad del exilio republicano español. Barcelona: Crítica, 2001a.

_____. Migración, refugio y exilio: categorías, prácticas y representaciones. *Estudios Migratorios Latinoamericanos*, ano 16, n. 48, p. 249-268, 2001b.

SHAIN, Yossi. Who is a political exile? Defining a field of study for political science. *International Migration*, n. 25, p. 387-400, Dec. 1988.

VERBITSKY, Bernardo. *Villa miseria también es América*. Buenos Aires: Sudamericana, 2003.

YANKELEVICH, Pablo; Exilios sudamericanos en México. In: GROPPO, B; FLIER, P. (Comps.). *La imposibilidad del olvido*. La Plata: Al Margen, 2001.

_____; JENSEN, Silvina (Comps.). *Represión y destierro*: itinerarios del exilio argentino. La Plata: Al Margen, 2004.

_____; _____. *Exilios*: destinos y experiencias bajo la dictadura militar. Buenos Aires: El Zorzal, 2007.

Entrevistas

Alberto Barret (30 set. 2006).
Ramona Cattoni (22 nov. 2005).
Catalina Franco (22 nov. 2005).
María Gastón (26 dez. 2008).
César Morales (7 jan. 2006).
Federico Tatter (3 mar. 2009).

7. DA ARGENTINA PARA O BRASIL: DE UMA DITADURA A OUTRA

Samantha Viz Quadrat*

> O exílio nos compele estranhamente a pensar sobre ele, mas é terrível de experienciar. Ele é uma fratura incurável entre um ser humano e um lugar natal, entre o eu e seu verdadeiro lar: sua tristeza essencial jamais pode ser superada. E, embora seja verdade que a literatura e a história contêm episódios heroicos, românticos, gloriosos e até triunfais da vida de um exilado, eles não são mais do que esforços para superar a dor mutiladora da separação. As realizações do exílio são permanentemente minadas pela perda de algo deixado para trás para sempre.
>
> Said (2003:46)

EM 24 DE MARÇO DE 1976, O GOLPE CIVIL-MILITAR NO BRASIL ESTAVA ÀS vésperas de completar 12 anos. Desde 1974, o presidente-general Ernesto Geisel havia anunciado o início do processo de abertura política "lenta, gradual e segura". Até aquele momento a ditadura brasileira já havia provocado a saída de milhares de brasileiros para o exílio.[1] Uruguai, Chile, Argentina, Cuba, México e países europeus haviam se transformado paulatinamente em refúgios para os brasileiros que fugiam da repressão política.[2]

No entanto, desde o início da escalada da violência política na Argentina, antes mesmo do golpe de 1976, a ditadura brasileira assistiu, não sem preo-

---

* Professora de história da América contemporânea da Universidade Federal Fluminense (UFF) e pesquisadora do Núcleo de Estudos Contemporâneos (NEC) da mesma instituição. Gostaria de agradecer as sugestões e indicações de Denise Rollemberg, Maria Paula Nascimento Araújo e também as pessoas que concordaram em participar e compartilhar sua trajetória no exílio. Uma versão deste texto foi publicada em Quadrat (2007).

[1] Sobre o exílio brasileiro, ver Rollemberg (1999).

[2] Como se pode constatar por meio do Plano Condor (a união das forças de repressão política dos países do Cone Sul), o exílio não era garantia de que se estava em segurança. Sobre o Condor, ver Quadrat (2005).

cupação, a um movimento diferente do que até então estava acostumada: a chegada de argentinos que buscavam abrigo em outras terras.³

A ditadura brasileira acompanhava com atenção os passos dos países vizinhos. Acreditava que por estar num processo de transição política à democracia o Brasil poderia servir de plataforma para os grupos de esquerdas latino-americanos, especialmente para a Junta de Coordenação Revolucionária (JCR).⁴ Em função dessa ideia redobrou os cuidados e buscou informações sobre o que acontecia dentro e fora de suas fronteiras.

No documento escrito pela Polícia Federal e endereçado ao ministro da Justiça, Armando Falcão, a exposição dessa preocupação:

> Senhor ministro
> Este Departamento está seriamente preocupado com a situação dos refugiados que se encontram atualmente no país, em sua maioria de nacionalidade argentina. Essa preocupação é ainda maior pelo fato de sabermos que grande número desses refugiados é constituído de elementos ligados aos movimentos terroristas em seus respectivos países.⁵

A vinda de argentinos para o Brasil não era motivo de preocupação apenas para o governo brasileiro; a ditadura na Argentina também acompanhava os passos de seus cidadãos. Nutria a mesma preocupação: a decisão de permanecer num país vizinho apontava para um possível retorno.

No documento secreto de 27 de fevereiro de 1978, um assessor do governo brasileiro relatava ao ministro da Justiça uma conversa com o embaixador argentino:

> Durante o jantar foi levantado o tema dos criminosos políticos argentinos vivendo atualmente no Brasil. Esclareceu o embaixador que o assunto é acompanhado

---

³ Não era a primeira vez que o Brasil recebia estrangeiros, ainda que sem o *status* legal de refugiados. O Brasil foi o país latino-americano que mais recebeu refugiados da II Guerra Mundial. Estima-se que cerca de 40 mil pessoas tenham chegado em 1951, ano em que entrou em vigor a Convenção Relativa ao Estatuto dos Refugiados promovida pela ONU. Destaca-se também um grande número de portugueses e espanhóis que fugiam do salazarismo e do franquismo, respectivamente. Além deles, também sem o *status* de refugiados, argentinos chegaram ao Brasil fugindo da "Revolução Argentina" (1966-1970).

⁴ A Junta de Coordenação Revolucionária foi criada em novembro de 1972, durante um encontro entre os dirigentes do MIR (Chile), ERP (Argentina), MLN-Tupamaros (Uruguai). Posteriormente, o ELN (Bolívia) foi convidado a se integrar. No Brasil, os militares acreditavam que o MR-8 seria seu principal contato.

⁵ Processo nº 100.877/1977 — Caixa 616/05282 — Fundo DSI/Ministério da Justiça — Arquivo Nacional — Rio de Janeiro — Brasil.

com bastante interesse pelas autoridades do seu país. Que a principal base de apoio dos elementos é d. Paulo Evaristo Arns[6] com quem eles mantêm contato e que no mês passado houve, no Rio de Janeiro, uma reunião entre os principais remanescentes dos grupos ERP e Montoneros, as principais organizações paramilitares da Argentina. O embaixador acha viável o Brasil manter contato com as autoridades de seu país a fim de resolver esse problema e considera mesmo que tal contato devia ser feito enquanto não há por parte deles nenhuma ação. A Argentina estaria pronta a conceder passaporte para aqueles que se encontram em situação irregular para que tomem o caminho para fora do Brasil. Considera no entanto que o assunto deve ser objeto do maior sigilo a fim de evitar explorações que contrariam o interesse do governo dos dois países.[7]

Diante desse quadro, quando iniciamos a pesquisa para este texto duas perguntas se tornaram essenciais: por que o Brasil? Por que sair de uma ditadura para outra?

No decorrer de nossas investigações não foi possível quantificar o número exato de argentinos que se instalaram ou que passaram pelo Brasil até receberem o *status* de refugiado pelo Alto Comissariado das Nações Unidas para Refugiados (Acnur) e partirem para outros países.[8]

O Brasil é membro fundador do Comitê Consultivo do Acnur. Em 1960, ratificou a Convenção de 1951 sobre o Estatuto dos Refugiados, apresentando reservas de ordem temporal (reconhecia como refugiados apenas os cidadãos perseguidos na Europa antes de 1951) e geográfica (somente identificava como refugiados as pessoas de origem europeia).[9] Nesse sentido, os latino-americanos

---

[6] D. Paulo Evaristo Arns é uma figura ímpar ao longo de toda a ditadura brasileira, especialmente a partir dos anos 1970. Ao lado do pastor Jaime Wright foi um dos principais articuladores do projeto Brasil: Nunca Mais (que consistia na reunião clandestina de processos que tramitavam na Justiça Militar e por meio do qual se tornou possível fazer uma radiografia da repressão brasileira e identificar alguns de seus torturadores) e do grupo Clamor (que denunciava os crimes de violações de direitos humanos, localizava crianças *apropriadas*, ajudava a quem chegava clandestino ao Brasil e atuava como ponte junto a grupos como Mães e Avós da Praça de Maio, Anistia Internacional e o próprio Acnur).

[7] Processo nº 100.166/1978 — Caixa 3.540/00010 — Fundo DSI/Ministério da Justiça — Arquivo Nacional — Rio de Janeiro — Brasil.

[8] Parte da documentação burocrática do Acnur pode ser consultada no Fundo DSI/Ministério da Justiça, do Arquivo Nacional, no Rio de Janeiro. Cabe ressaltar que nem todos os argentinos que fizeram do Brasil um lugar de passagem pediram o *status* de refugiado.

[9] No que diz respeito ao Estatuto dos Refugiados, o Brasil aprovou a Convenção de 1951 em 1960 e aderiu ao Protocolo de 1967 em 1972. Neste último documento caía a "reserva temporal". Com o passar do tempo a definição de origem, apenas europeia, foi se transformando, e o Brasil passou a receber

que chegavam ao Brasil recebiam o visto de turista por 90 dias e durante esse período o Acnur deveria se encarregar de buscar outros países dispostos a recebê-los. Em função do alto número de pessoas que chegavam dos países vizinhos — estima-se cerca de 20 mil entre argentinos, chilenos, paraguaios, uruguaios e outros — foi aberto, em 1977, um escritório do Acnur no Rio de Janeiro, em acordo *ad hoc* com o governo brasileiro.

A ação do Acnur era considerada lenta e gerava tensão na Polícia Federal brasileira, que avaliava não possuir pessoal suficiente para manter vigilância sobre os refugiados, que poderiam estar "transmitindo técnicas de guerrilha urbana a brasileiros".[10]

Para examinar a questão foi criado pelo governo brasileiro um grupo informal, composto por representantes do Ministério das Relações Exteriores, do Ministério da Justiça e pelo secretário-geral do Conselho de Segurança Nacional. O grupo concluiu, entre outros fatores, que:

- o Acnur deveria retirar do país, o mais rápido possível, as pessoas sob sua proteção, afinal o Brasil só as recebeu por questões "estritamente políticas e humanitárias";[11]
- deveria ser organizado um fichário completo de todas as pessoas sob a proteção do Acnur valendo-se de dados fornecidos pela própria agência;
- a questão era mais de natureza política do que jurídica, pois se temia uma repercussão política e jornalística nacional e internacional que lhe fosse desfavorável e que beneficiasse o "movimento comunista internacional";[12]
- a tolerância e a boa vontade não eram inesgotáveis e podiam estar perto de seus limites, e deveria ser exercido um grau razoável de controle e fiscalização.

---

refugiados da África e da Ásia. No entanto, o fim da "reserva geográfica" só veio mesmo a ocorrer em 1989, com o país já democratizado.

[10] Processo nº 100.877/1977 — Caixa 616/05282 — Fundo DSI/Ministério da Justiça — Arquivo Nacional — Rio de Janeiro — Brasil.

[11] Não deixa de ser curioso observar que os exilados brasileiros tinham sérias críticas ao Ministério das Relações Exteriores e aos consulados e embaixadas. Primeiro, por não tê-los ajudado no momento do golpe de 11 de setembro de 1973, no Chile. Segundo, pela frequente negativa de registrar como brasileiras as crianças nascidas durante o exílio de seus pais.

[12] Uma das principais preocupações da ditadura militar brasileira era coibir o que ela acreditava ser uma campanha feita pelos exilados e organismos estrangeiros, como a Anistia Internacional, para desabonar o Brasil no exterior.

No entanto, o funcionário que escreveu o relatório sugeriu que fossem adotadas medidas que visassem dificultar e desestimular a ação do Acnur no Brasil. Entre essas medidas constava o fornecimento dos endereços e a apresentação de todos na Polícia Federal para serem fichados.[13] Podemos interpretar tais ações como uma tentativa do governo de exercer maior controle e disseminar o medo entre os que chegavam.

Essa referência à atuação do Acnur era necessária visto que o Brasil serviu como passagem para outros países. No entanto, outros argentinos resolveram ficar, não buscaram o Acnur, e são as suas trajetórias que conheceremos daqui por diante.

Cruzando a fronteira

No início dessa pesquisa, uma das principais questões era entender a razão que levou alguns argentinos a vir para o Brasil e aqui se fixar. Afinal, o Brasil também possuía um governo ditatorial, e as notícias de ações conjuntas das forças de repressão já circulavam pela região.

Do Brasil pouco ou quase nada sabiam. A visão era a mais estereotipada possível. Era o país do futebol, do samba, do carnaval. Politicamente, alguns sabiam que o *pior* já havia passado, numa referência aos anos 1970 a 1974, considerados o auge da violência política no país.[14]

Para alguns o Brasil seria apenas um lugar de passagem. Outros pensavam em ficar algum tempo até terem melhores condições econômicas e emocionais para seguirem viagem ao México ou a algum país europeu. Para a grande maioria não era uma opção ou pelo menos não a primeira opção. Contudo, foi a escolha de parte deles.

> Eu imaginava que para mim o Brasil seria só uma passagem. Logicamente, o México era o lugar para o qual eu deveria ter ido. Muitos dos meus amigos de Córdoba estavam lá. Cheguei aqui, onde só conhecia um casal de argentinos, com

---

[13] Processo nº 10.077/1977 — Caixa 614/05280 — Fundo DSI/Ministério da Justiça — Arquivo Nacional — Rio de Janeiro — Brasil.

[14] Diferentemente das demais ditaduras do Cone Sul, o auge da violência política no Brasil não ocorreu nos anos imediatamente seguintes ao golpe de 1964, mas a partir de 1969, com ênfase na primeira metade dos anos 1970, pela criação do sistema DOI-Codi e pela repressão à Guerrilha do Araguaia. Sobre esse tema, ver Quadrat (2005).

meu passaporte válido por apenas mais dois meses. O passaporte expirou e não consegui outro até a regularização da minha situação no país. Além disso, cheguei com pouquíssimo dinheiro. Quando cheguei ao Brasil, a catástrofe era tão grande... famílias com crianças, sem trabalho e sem recursos. Aos poucos, com muito apoio e solidariedade de argentinos que já estavam aqui e de brasileiros que ia conhecendo, fiquei.[15]

Ou como recorda A.M., que chegou ao Brasil em 1979:

Na verdade, em algum momento tinha pensado em ir para a Espanha, mas não era um objetivo. Vir para o Brasil foi muito por acaso. Era perto... Um casal amigo fez a nossa cabeça, pois eles estavam vindo para o Brasil. Eu não conhecia o Brasil. Nunca tinha vindo ao Brasil.[16]

Apesar de rápida, a decisão de sair nem sempre foi pessoal. Em alguns casos, diante da impossibilidade de seguir lutando e das quedas sucessivas de seus integrantes, foi tomada em conjunto com a organização.

A saída ganhava contornos ainda mais dramáticos quando era uma decisão a ser tomada pelo casal. Nem sempre a resolução de sair era unânime. O difícil consenso sobre a partida vinha acompanhado da escolha de para onde ir. Essas discussões muitas vezes abalavam o casamento. No entanto, as opções eram mínimas.

Sair ou ficar na clandestinidade? Abandonar ou não o projeto político? Reconhecer a derrota? Partir e deixar para trás companheiros ou parentes presos ou desaparecidos?

Esperar, sair, sobreviver...

Até para quem já vinha pensando em sair desde o golpe, não era uma decisão fácil de ser tomada.

A decisão de sair já era pensada desde o golpe. Não havia possibilidade de resistência. Foi um massacre. A gente não podia fazer nada. Reagir... Resistir... Nada! Logicamente que sair era uma opção. Minha filha outro dia estava vendo *Kamchatka*. Eu fiquei emocionado. Aí ela me perguntou: "Por que vocês não iam

---

[15] Entrevista com M.R., Rio de Janeiro, 8 jun. 2006. M.R. é de Corrientes, estudou psicologia em Córdoba e militava pela Fuerzas Argentinas de Liberación (FAL).

[16] Entrevista com A.M., Rio de Janeiro, 29 maio 2006. A.M. é de Mar del Plata e concluiu seus estudos em arquitetura no Rio de Janeiro.

embora?". Se você está fora é o óbvio, mas quando você está dentro não é do mesmo jeito. Como ir embora? É a sua vida, você resiste.[17]

No caso de A.M. havia o agravante de deixar o irmão preso para trás. O sentimento de culpa acompanha boa parte dos exilados. Culpa por sobreviver, por sair, por abandonar a família e os companheiros, por tudo. M.R. nos relatou que ainda tem a culpa dos sobreviventes como uma marca, uma cicatriz que não sai do corpo.

Não raramente, a decisão de sair vinha acompanhada de algum acontecimento específico, ou da perda frequente de amigos e parentes ou da certeza de que o cerco estava se fechando após a *queda* de um companheiro que poderia levar à localização de quem já vivia na clandestinidade.

O caso dos psicanalistas é exemplar. E.L., que chegou ao Brasil em 1976, nos contou que a decisão de sair veio após a percepção de que amigos e companheiros estavam desaparecendo e ele estava perdendo contatos que eram difíceis de ser restabelecidos em tempos de normas de segurança rígidas.

C. sofreu uma tentativa de sequestro, passou para a clandestinidade e por fim decidiu partir em dezembro de 1977.[18] Foi primeiro para o Uruguai e depois para o Brasil. O destino seria a Espanha, mas o contato com amigos brasileiros, ex-exilados na Argentina, e a obtenção de trabalho incentivaram sua permanência no país.

Alguns dos nossos entrevistados foram alertados que estavam sendo procurados e que era a hora de deixar o país. M.R. teve a "visita" das forças de repressão disfarçadas de seresta.

Era tempo de partidas.

O exílio, não formulado para quem partia, era um desafio — não existiam planos, não se cogitava quanto tempo duraria. Seria breve? Seria longo? Seria definitivo? Lembranças de importantes personagens da história argentina, como San Martín e o próprio Juan Perón, misturavam-se a essas incertezas. A Argentina era a terra do exílio.

Uma situação que mostra essa ausência de planos foi relatada por G.S.[19] Com indisfarçável humor, relembrou que saiu da Argentina com o marido e

---

[17] Entrevista com E.L., Rio de Janeiro, 7 jun. 2006. E.L. é de Buenos Aires, psicanalista e militava nos Montoneros.

[18] Entrevista com C., Rio de Janeiro, 30 ago. 2006. C. é de Buenos Aires, professor e militava no movimento estudantil.

[19] Entrevista com G.S., Rio de Janeiro, 2 jun. 2006. G.S. é de Buenos Aires, psicanalista e militava no MR17.

os cunhados levando uma panela e um monte de latas de sardinha. Em função do que ocorria no país, a família recebeu com alívio a decisão de partir. Prefeririam a garantia da sobrevivência, mesmo que isso significasse a desestruturação familiar, com os filhos se espalhando por países diferentes. O caso de M.R. é ímpar nesse sentido. Após a "visita" das forças de repressão resolveu, junto com a já desmantelada organização da qual participava, que era hora de sair. Por questões de segurança foi primeiro a Buenos Aires. Quando partiu para o Brasil avisou a mãe, que foi encontrá-la em Paso de los Libres, e juntas cruzaram a pé a fronteira entre Argentina e Brasil.[20] Segundo M.R., a mãe aceitaria qualquer coisa, desde que ela continuasse viva.

Em sua maioria eram muito jovens, alguns nem sequer haviam saído da Argentina para férias ou compromissos profissionais, o que se tornou um obstáculo na medida em que não tinham passaporte e procurar as autoridades responsáveis para sua emissão não era uma opção. O Brasil passou a ser uma escolha viável para muitos justamente porque não cobrava passaporte (pedia apenas a carteira de identidade), e pela facilidade que oferecia para cruzarem a fronteira, de ônibus ou avião, sem muita burocracia, apesar da desconfiança e do medo. "O problema é que eu só tinha a cédula de identidade. Só poderia então ir para Paraguai, Uruguai, Chile e Brasil. Então a gente veio para o Brasil porque tínhamos um amigo de infância que vivia no Rio de Janeiro", diz G.S.

Outro aspecto que favorecia a vinda para o Brasil, apontado pelos entrevistados, era a dimensão territorial brasileira, que gerava a ideia de que seria mais difícil de ser encontrado.

No entanto, como apontou E.L., não existiam rotas de fugas, mas possibilidades: "Se formavam pontes porque você conhecia alguém que conhecia alguém. Não havia muita avaliação. Eram linhas de fuga. Eram rotas possíveis, não eram destinos".

Assim, a existência de um amigo ou de um parente que já vivia no Brasil era vista também como uma esperança num momento difícil como a chegada ao exílio. Muitos traziam apenas um papel com um nome e telefone para procurar; outros, o contato de quem já havia deixado a Argentina e se preocupava em receber os recém-chegados.

Eu vim para o Brasil porque tinha dois papeizinhos com telefones de gente daqui. Não foi uma escolha política. Eram telefones de brasileiros. Um amigo veio na frente

---

[20] Os estudos sobre o Plano Condor mostram que a fronteira entre Argentina e Brasil, especialmente a cidade de Paso de los Libres, foi palco para muitas ações conjuntas da repressão.

porque quando foram pegá-lo em casa ele deu um jeito de fugir. Esse episódio foi decisivo para a minha vinda. As coisas estavam muito difíceis. Era violentíssimo [E.L.].

Os entrevistados citados neste texto moram todos no Rio de Janeiro; no entanto, nem sempre essa foi sua primeira parada. De acordo com os contatos que já possuíam, alguns foram antes para São Paulo, até se decidirem pelo Rio de Janeiro.

Para E.L. foi amor à primeira vista — o Rio o conquistou. M.R. afirma que o Rio era tão encantador que dava fôlego para esquecer um pouco o drama argentino.[21]

Apesar de alguns terem contatos prévios no Brasil (e por isso virem para cá), no caso da saída de famílias nem sempre seus integrantes viajavam juntos. Todas as condições de segurança eram analisadas. Casais deixavam seus filhos com os avós para que os trouxessem depois, pois caso fossem pegos na fronteira ou no aeroporto estariam sozinhos e as crianças a salvo. Além disso, precisavam de tempo para se estruturar, conseguir uma casa e um trabalho. Em outras situações, mas seguindo a mesma lógica, os maridos partiam na frente.

Os encontros eram marcados na rodoviária ou no aeroporto. Sem as facilidades atuais de comunicação, esperavam-se horas por um rosto conhecido. Enquanto isso havia o medo e a angústia de um possível desencontro.

Outro fator importante nesse momento de chegada era o dinheiro trazido da Argentina para a instalação e sobrevivência até se poder seguir em frente. Ainda que alguns tenham conseguido vender algum bem, ou a família tenha ajudado, ou o capital acumulado tenha rendido mais do que se esperava em função da desvalorização da moeda brasileira na época, a necessidade de arranjar um trabalho era urgente. Alguns, como M.R., gastaram o que tinham ajudando os recém-chegados. Afinal, como lembra E.L., essas pessoas estavam em condições precárias — financeiramente comprometidas, emocionalmente destruídas.

Os primeiros argentinos que vieram ao Brasil logo se transformaram em base para quem foi chegando. G.S., uma das primeiras a chegar, em 1975, relembrou a rede de solidariedade criada.

---

[21] A visão do Brasil no momento da chegada está diretamente relacionada, como veremos mais adiante, ao momento em que os argentinos começaram a chegar ao país. Além disso, apesar das semelhanças, as duas ditaduras, a brasileira e a argentina, possuíam traços fundamentais que as distanciavam, especialmente com relação aos métodos repressivos, tendo o Brasil optado pelo binômio informação/violência, uma repressão mais seletiva, ao contrário do que vemos na Argentina, onde ocorreu uma repressão desenfreada, com a eliminação física do outro. A comparação entre os métodos repressivos pode ser vista em Quadrat (2005).

Tinha gente pirando. Um havia perdido o irmão, outro tinha perdido o pai. O caos morava aqui. Como nós fomos os primeiros a chegar ao Rio de Janeiro, mesmo sem estrutura econômica ou psicológica suficiente, viramos um ponto de referência — eu tinha perdido os meus cursos de medicina e de psicologia, este no primeiro ano e aquele no quinto. Recebíamos muita gente em casa e conseguíamos trabalho, estudo, casa, atendimento médico etc. Também nos divertíamos e organizávamos festas, onde cada um levava alguma coisa. Hospedávamos pessoas em casa que não podiam ficar no Brasil por falta de documentos até conseguirem asilo e partirem para a Europa. Algumas pessoas mais velhas e experientes ajudaram muito na organização também. Por exemplo, a psicanalista de crianças Maria Luiza Siquier de Ocampo, a "Pichona", cujo filho — ele era colega e amigo do meu irmão — foi assassinado pelas forças da repressão. Ela era uma pessoa muito forte e, apesar de terem matado seu filho, fez da casa dela um centro de referência porque tinha contatos internacionais. Além disso, tinha sido diretora da Faculdade de Psicologia da Universidade Nacional de Buenos Aires e chegou aqui com grande cartaz, ela era realmente importante. Tinha reuniões na casa dela, desde políticas, até corais, passando por supervisões. Algum tempo depois ela foi para a Espanha.

Carlos recordou que a casa dificilmente ficava vazia. Sempre havia alguém de passagem por um até seis meses.

Os primeiros trabalhos — com exceção dos psicanalistas, que quase imediatamente começaram a atuar na área — eram de tradutor, intérprete, vendedor etc., e eram muitas as dificuldades enfrentadas para retomar os estudos interrompidos. Sem conseguir colocação nas universidades públicas, os exilados tinham que arcar com os custos da educação. Com a queda brusca no padrão de vida, uma das consequências imediatas do exílio, A.M. concluiu que só foi possível terminar a faculdade de arquitetura com o auxílio de uma instituição estrangeira que fornecia ajuda aos estudantes exilados.

Trabalhar, estudar, sobreviver...

A repressão política no exílio

A busca do exílio era uma luta pela sobrevivência e/ou por um modo de vida não asfixiante (Rollemberg, 1999). Cruzar a fronteira era ao mesmo tempo uma mescla de alívio e contínua preocupação. Especialmente no início o medo permanecia. Haveria infiltrados nos grupos? Seria uma boa opção buscar o consulado e se registrar? Até quando seria necessário manter as normas de segurança? O que poderia ser dito aos brasileiros? O que deveria ser omitido? E, fundamentalmente, estariam a salvo da violência política no Brasil? O quão grande seria o braço da repressão? Ele chegaria até aqui?

Essas e outras questões eram latentes para os recém-chegados. Para alguns, a ordem era falar o menos possível. E.L. relembra o medo que sentia quando chegou ao Brasil.

> Eu já havia passado pelo susto inicial porque estávamos preocupados com os brasileiros. Porque eu achava que todo mundo ia perguntar se a gente era militante, o que fazíamos. E nós estávamos preocupados com o que íamos dizer. Até hoje ninguém me perguntou nada. Trinta anos depois!

No mesmo sentido, Osvaldo Saidón, sempre temeroso que alguém perguntasse o que fazia no Brasil, não acreditou quando a pergunta foi feita num centro de umbanda por um Exu, entidade da religião afro-brasileira. Nem a polícia nem ninguém o haviam perguntado até então.[22]

Devemos ressaltar que essas questões não eram baseadas apenas em aspectos subjetivos que acompanhavam os exilados. Ainda que não bem-formulada naquela época, já havia a certeza de que as forças de repressão agiam além da fronteira, no que hoje conhecemos como Plano Condor. E.L., somente anos depois, relacionou os fatos:

> No início tínhamos medo de infiltração. Eu fui seguido pela Operação Condor, mas só fui saber muito tempo depois. Isso deve ter sido em 1978 ou 79. Eu estava mais solto, já tinha relaxado de toda aquela paranoia. Bom, mas por uma questão de treinamento, que a gente nunca esquece, seja até mesmo por vício... Eu tinha visto, quando ia para o meu carro, quatro caras entrando num carro. Registrei, só por um vício. Eu saí e vi que eles saíram também. Eu virei e eles viraram também. Comecei a imaginar que era uma paranoia, um reviver. Então comecei a fazer um teste. Eu fiz um mapa mental do trajeto. Virei três vezes para o meu lado. Eu não acreditava muito naquilo. Eu só fui reconstruir isso quando soube da Operação Condor. Amigos meus, uma vez, saindo da Morada do Sol, foram fotografados por alguns homens. Não sabemos se eram os mesmos. Não era um operativo de

---

[22] A história foi relatada para Heliana de Barros Conde Rodrigues (2004), que a reproduziu no texto "O homem sem qualidades".

sequestro, mas eles estavam fazendo um mapa de quem estava aqui. Se eles fossem sequestrar deveria ser alguém da hierarquia. Eu nem contei muito para os amigos porque achava que estava muito paranoico. Nem dei muita importância. Só quando vi a denúncia da Operação Condor.

Alguns já tinham notícias sobre os desaparecimentos de argentinos no Brasil,[23] o que aumentava o medo, a tensão e a paranoia.

R.H. já estava há cerca de quatro anos no Brasil quando um jovem delegado de polícia brasileiro foi integrado ao grupo no qual ela fazia análise.[24] Ela se lembra de ter feito um escândalo quando soube do fato e dito ao analista: "Eu vim perseguida da Argentina, não vou aceitar isso!".

Para evitar tensões, o analista fez várias sessões com o grupo até o policial ser incorporado. Da distância e desconfiança iniciais o grupo acabou aceitando sua presença e a convivência tornou-se pacífica. Os argumentos usados pelo analista eram de que o rapaz era "de sua confiança", ainda muito jovem, recém-ingresso nas forças policiais e que por isso não teria participado da repressão política no Brasil.

Um dos principais problemas era o medo de infiltrações entre os exilados. G.S. não tinha dúvidas de que isso estava acontecendo.

> Eu morria de medo. Eu via dedos-duros em todas as partes. E tinha. A gente tinha medo no grupo de argentinos de dedo-duro, de gente infiltrada. Em dois momentos, uma vez com um rapaz e outra com uma mulher, foi uma paranoia generalizada. Eram atitudes suspeitas e logo depois pegaram uns três argentinos em São Paulo, algumas cabeças do Montoneros, e levaram direto para Buenos Aires. Então tenho certeza de que havia infiltração.

No entanto, a grande maioria dos exilados reconhece que, após o medo inicial ou em situações específicas, aos poucos foram relaxando diante das antigas normas de segurança e vigilância.

---

[23] No Brasil, desapareceram seis argentinos que estavam vindo ou passavam pelo país e não eram exilados. São eles: Enrique Ruggia (1974), Horacio Campiglia (1980), Jorge Adur (1980), Lorenzo Viñas (1980), Mônica Bisntock (1980) e Noberto Habegger (1978). Sobre o tema, ver Quadrat (2006:161-181).

[24] Entrevista com R.H., Rio de Janeiro, 8 jun. 2006. R.H. é de Buenos Aires, matemática e militava em associações de docentes.

A última palmeira da praia de Ipanema

Os anos 1970 marcam um período de extremos com relação à ditadura no Brasil. Se a primeira metade da década representa o auge da violência política, a segunda é caracterizada pelo início do processo de retorno à democracia. Se a primeira metade é também o período de maior apoio da sociedade à ditadura, os anos do "milagre econômico", a segunda aponta para a rejeição ao governo e o retorno dos movimentos sociais reivindicando a abertura política.

O processo de transição em si é também cheio de contradições. Considerada pela literatura uma transição pelo *alto* ou *tutelada* (Share e Mainwaring, 1986; Munck e Leff, 1997), a decisão de sair do cenário político partiu de alguns setores militares. No entanto, a saída do poder foi lenta e contraditória.[25] A redemocratização foi repleta de nuances. Sem uma agenda definida, o projeto militar transformou-se num "processo" com avanços e retrocessos (D'Araujo, Soares e Castro, 1995).

Segundo Yankelevich (2001:231),

> falar do exílio latino-americano é fazer alusão a um fenômeno múltiplo e heterogêneo. Existem diferenças de nacionalidades de origem, idades, formação profissional, compromisso político, duração do exílio, diferenças que, ademais, se reproduzem no interior de cada um dos exílios.

Se a experiência do exílio variou de país para país, no Brasil variou também com o momento da chegada diante das contradições do processo de transição.

O Brasil, se comparado à Argentina, era um paraíso — uma associação bastante frequente nas entrevistas realizadas por nós. Uma "ilha democrática", aos olhos de R.H. Por outro lado, as incertezas da transição geravam medo, tensões. Os militares envolvidos com a repressão política não queriam perder o poder e as vantagens acumuladas durante a ditadura. As disputas internas no governo sobre a redemocratização foram expostas por meio de vários atentados com bombas em bancas de jornal que vendiam publicações da oposição, na Ordem dos Advogados do Brasil (OAB) e na Associação Brasileira de Imprensa (ABI). Os assassinatos do jornalista Vladimir Herzog, em 1975, e do operário

---

[25] O processo de redemocratização no Brasil durou 10 anos. Desde 1974, quando Ernesto Geisel deu início ao processo de abertura, até 1985, quando o último general, João Figueiredo, entregou o poder a um presidente civil. Contudo, a nova Constituição só seria promulgada em 1988 e a primeira eleição direta para a presidência da República aconteceria em 1989.

Manuel Fiel Filho, em 1976, ambos em dependências oficiais, e o Massacre da Lapa,[26] também em 1976, causaram medo aos que chegavam de outros países. Não raramente surgia a dúvida se a vinda ou permanência no Brasil era uma decisão acertada.

A comparação mais frequente era o caos da chegada diante da imagem de paraíso do Brasil. Caos e paraíso: uma combinação que gerou problemas.

A segunda metade dos anos 1970 pode ser considerada um período de grande ebulição, de intensas transformações políticas, culturais e sociais a despeito da crise econômica, com o *milagre* já mostrando sinais de esgotamento.

Esse momento é frequentemente relacionado, tanto por brasileiros quanto por argentinos, à visão de uma grande festa.

> Nós pegamos uma época maravilhosa com a anistia. O Rio era uma festa que nós pudemos aproveitar. A chegada dos exilados, livros totalmente proibidos na Argentina abertamente à venda nas livrarias. As associações de moradores em franco crescimento e muito atuantes, fazendo festas nas ruas, era inacreditável. A gente achava ótimo, mas não entendíamos nada. Aquela miséria com famílias dormindo na rua e as pessoas em festa. Em novembro, quando chegamos, na nossa rua já tinha o ensaio do bloco de carnaval, que só aconteceria em fevereiro! Ali víamos tanto aquele cara mais ferrado que dormia na rua quanto a madame loura, nossa vizinha de porta. Todo mundo no bloco! A gente não conseguia entender aquilo. Nós analisávamos a situação o tempo todo e era um mistério. Brincávamos, em nosso *portunhol*, com uma frase: "Comunismo no Brasil não presta", duvidando da possibilidade de vingarem, nesse quadro, as ideias da luta de classes. Tem que considerar que chegamos ao Brasil em 1979, quando já começava a abertura, e nós vínhamos com toda aquela ideologia rígida, agravada depois de passar quatro anos de chumbo, verdadeiramente terríveis, na Argentina de Isabelita e Videla [A.M.].

Definitivamente, o país estava em festa. Em 1º de janeiro de 1979, foi extinto o mais arbitrário instrumento legal da ditadura brasileira, o AI-5.[27] Em 28 de agosto do mesmo ano, o último presidente-general, João Figueiredo, assinou

---

[26] O episódio da ditadura brasileira conhecido como o Massacre da Lapa corresponde ao ataque ao comitê central do Partido Comunista do Brasil (PCdoB). Morreram na casa Ângelo Arroyo e Pedro Pomar. Posteriormente, sob tortura em dependências oficiais do governo, morreu João Baptista Franco Drummond.

[27] Considerado o *golpe dentro do golpe*, o Ato Institucional nº 5 foi decretado em 13 de dezembro de 1968. Sem data para expirar, o AI-5 pôs o Congresso em recesso, atribuiu o direito do Poder Executivo

a Lei de Anistia. A festa teria novos convidados: os exilados brasileiros já poderiam voltar ao país.

Cotidianamente, eram ventos de mudanças que favoreceram a quem chegava, como avalia G.S.:

> O lado bom do Rio foi criar um clima mais descontraído. Para nós, que vínhamos de uma formação militarizada, era um grande contraste. Nessa época o Rio era uma festa. Era o maior *oba-oba*, tudo abrindo, maconha, campanha da anistia, os relacionamentos amorosos abertos, muita liberdade sexual. Era tudo também muito alegre. Uma grande confusão. Até a esquerda aqui era chamada de "esquerda festiva de Ipanema".[28]

Os verões cariocas lançavam modas, questionavam comportamentos e rompiam tabus. O bairro de Ipanema fervilhava com o auge da contracultura, da liberação sexual e das experimentações.

A última palmeira da praia de Ipanema era o ponto de encontro de um grupo de exilados argentinos que vivenciaram essas experiências, não sem confusões ou dramas pessoais.

Como já afirmou Rollemberg (1999:36), o exílio abre espaço para o desafio à moral do país de origem. Espaço onde tudo é possível, embora também tenha consequências, em especial, para os casamentos. Com humor, relembra M.R.:

> O nosso ponto de encontro era na última palmeira da praia de Ipanema. Dali, eu olhava o mundo carioca de então. Era todo um aprendizado observar as relações entre as pessoas: as trocas de casais, as brigas, as separações, as amizades coloridas. Era um momento de muita loucura. Mas era importante observar, como se aquilo fosse uma cena de teatro, com o fim de compreender. Havia liberdade sexual, que nunca tínhamos visto na Argentina, e aqui as relações eram abertas, sem moralismo. Cabia entender a cena para decifrar os códigos e saber onde pisava. Tinha de me preparar como terapeuta porque aquela realidade teve seu peso sobre as pessoas. No meu caso, havia passado da pequena burguesia para associações armadas, hierarquizadas e supermoralistas. Não estava acostumada com isso.

---

de cassar os direitos políticos de qualquer cidadão e extinguiu o *habeas corpus*, um dos expedientes mais usados pelos advogados contra as prisões políticas e arbitrárias.

[28] O termo "esquerda festiva" foi e ainda é usado de maneira bastante irônica e pejorativa em situações bastante diferenciadas.

A situação extrema em que se encontravam aproximou ou separou casais. Como nos contou R.H.: "No Brasil, eu e H. nos aproximamos bastante. Cada um dava apoio ao outro. Não havia ninguém, não tínhamos a nossa família por perto para nos ajudar. Só tínhamos um ao outro".

Para outros casais o exílio foi uma prova de resistência, que não raramente resultou na separação. Circulavam comentários sobre a "síndrome da migração" estar atingindo os casais.

> O exílio com certeza influenciou a nossa separação. Acirrou as diferenças normais de um casamento. Falta de família de um lado e de outro e situações extremas de todos os tipos: de trabalho, primeiro filho, tudo. Quando tive o meu primeiro filho a gente não tinha convênio médico e tivemos que pagar tudo. E como o Consulado não permitiu o registro do meu filho como argentino, no momento da separação, não pude voltar. Muitas mulheres "roubaram" os filhos dos ex-maridos e viveram por anos se escondendo do ex-marido para não serem pegas pela Interpol [G.S.].

Socialmente, o sentimento de solidão aproximou os exilados. Era uma maneira de expurgar a dor, de encontrar apoio em pessoas que estavam vivendo a mesma situação. A princípio, a solução encontrada foi a solidariedade aos que chegavam e a manutenção de laços de amizades, alguns prévios à chegada ao exílio.

Os psicanalistas, dos quais falaremos mais adiante, ajudavam os que chegavam. Além do trauma da saída, alguns exilados haviam passado pela tortura e por centros clandestinos de detenção na Argentina. Em função disso se construiu uma linha de auxílio psicológico para essas pessoas, como nos relatou G.S.:

> Tanto psicanalistas argentinos exilados quanto simpatizantes brasileiros atendiam em suas clínicas exilados, segundo suas possibilidades financeiras e até gratuitamente. A solidariedade era possível porque, de um lado, a gente tinha uma formação de compromisso social e, do outro, precisava sobreviver. Essa rede de solidariedade era como uma organização e, mesmo sendo informal, funcionava.

A solidariedade também se demonstrava nas festas de final de ano, nos churrascos na Floresta da Tijuca, nos ensaios para peças nunca encenadas e na formação de corais. Eram formas de permanecer juntos, de sobreviver ao exílio.

No entanto, não se tratava de uma comunidade única, mas dividida em grupos, como o caso dos psicanalistas, que tinham em Pichona uma figura central. Para M.R., as diferenças eram ainda aguçadas pela militância ou pelas classes sociais.

C. recordou que as diferenças sociais eram mais visíveis no caso da grande quantidade de jovens, a maior parte deles pobre, entre 18 e 19 anos, integrantes da Juventude Peronista. Rapazes e moças que chegaram ao Rio de Janeiro sem nenhum auxílio e que tiveram que "se virar" para sobreviver. "Eles vendiam cordões na praia, muambas e artesanato em Copacabana; um outro grupo morava em Santa Teresa e fazia artesanato em couro" (C.). Não frequentavam as reuniões comuns aos grupos e constituíram um grupo à parte.

As principais desavenças diziam respeito justamente à negação de informações sobre os benefícios disponíveis, embora nem todos os desejassem e preferissem arcar sozinhos com a vinda para o exílio, evitando o que era visto como uma possível *vitimização*. Existiam também as pessoas que se declaravam dirigentes de organizações para tentar conseguir as coisas mais rapidamente, o que era extremamente malvisto. De qualquer maneira, os benefícios aos quais nos referimos poderiam ser desde uma ajuda mensal para estudantes exilados concluírem a faculdade ou o contato com agências internacionais de auxílio para a obtenção de asilo. O principal patrulhamento era com relação à ausência de laços de solidariedade, comportamento que gerava mágoas e brigas entre os exilados. Como relembram A.M. e G.S., respectivamente:

> Havia um policiamento para algumas atitudes ideológicas... uma vigilância. Não era se você gastava dinheiro ou tinha empregada. Acho que a coisa era mais referida à solidariedade. E depois tinha bastante conservadorismo em relação aos relacionamentos amorosos, a necessidade de controlar moralmente a vida dos integrantes do grupo, questões de patrulhamento típicas da vida no gueto.

> Alguns ex-militantes pretendiam manter uma estrutura hierárquica de poder como a que existia anteriormente nas organizações políticas. Criaram uma cúpula de argentinos-chefes; eles resolviam certas coisas e faziam reuniões em que nós não podíamos participar. Eu fui contra. Porque uma vez no exílio todo mundo estava nas mesmas condições: os que nunca tinham militado, os antigos militantes e os principiantes. Teve muita reunião e muito trabalho para organizar o caos daí advindo. Mas nem tudo eram flores. Num determinado momento o grupo botou contra a parede dois casais de exilados que haviam conseguido asilo e um monte

de coisas das Nações Unidas, e não comunicaram nada a ninguém. Começaram a viver muito bem, compraram casa, compraram tudo novo, carro e um monte de coisas. Conseguiram um monte de benesses. Bolsas na PUC e nos colégios particulares. E não abriram nada para ninguém. Ficou uma coisa individualista porque até então a gente juntava o pouco que tinha para ajudar um ao outro. Alguns falavam que esses casais tinham ficado com dinheiro de um sequestro.

Na avaliação de M.R., o exílio mostra o que há de melhor e de pior na pessoa. Se para ela o Brasil e os brasileiros foram o local e o povo que melhor os recebeu, essas fraturas internas fizeram com que a "colônia", na sua avaliação, fosse a pior.

Apesar da aproximação entre os exilados, o que é comum em todo exílio, havia a preocupação com o fechamento do grupo em si mesmo — a formação de "guetos". Viver ou não de maneira fechada? Adaptar-se ou não ao país?

A.M. reconhece que sentia falta dos irmãos e da militância. Nesse sentido, "o grupo que formamos substituía isso, mas existia a noção de que não podíamos formar uma ilha, um gueto. Não era saudável. Fazíamos brincadeira irônica com isso".

Para M.R., por exemplo, era impensável viver fechada entre os argentinos; se teria de viver no Brasil, deveria adaptar-se. Como era solteira, acabou namorando e casando-se com um brasileiro.

> Acho que fui a primeira mulher a casar com um brasileiro. Os argentinos casavam com brasileiras. Tudo desmoronava, inclusive a união dos que chegavam casados. Eu vim solteira e de fato os argentinos não me seduziam. O casamento não era um tema naquele momento. Para mim, o grupo de argentinos era como uma família. Assim, qualquer flerte seria incestuoso!

Os ambientes de trabalho e estudo acarretavam uma maior convivência com os brasileiros. Os entrevistados relataram a solidariedade dos brasileiros até em pequenos gestos. G.S., por exemplo, relembrou uma colega que oferecia o telefone para que pudesse falar com a família na Argentina.

Na avaliação geral, em alguns países o governo os recebia bem, mas o povo não. No Brasil, o governo os recebia mal, mas os brasileiros bem.

Nesse sentido, o Instituto Brasileiro de Análises Sociais e Econômicas (Ibase), uma ONG fundada em 1981 por ex-exilados brasileiros — entre eles, Herbert José de Souza, o Betinho —, atuou como ponto de referência. Além de alguns argentinos, como C., terem trabalhado na sua implementação, por meio do Ibase articulou-se com uma organização estrangeira o financiamento de bolsas de estudos para que os exilados seguissem o ensino universitário.[29]

No entanto, o reconhecimento da boa acolhida dos brasileiros não impedia a sensação de estranhamento e o choque com a esquerda brasileira, que no momento da transição à democracia já havia transformado os seus projetos.

A principal surpresa era a figura da empregada doméstica, trabalhadora comum nas casas de famílias ricas e de classe média no Brasil. Na avaliação de E.L.,

> ter uma empregada era uma contradição. Você não podia ter uma empregada servindo café na reunião de militância. Era uma incoerência. Mas os grupos de esquerda daqui achavam absolutamente natural. Eram coisas que davam esse choque. Era natural porque você tem que processar as diferenças e não simplesmente criticar.

A sensação de estranhamento era oriunda também da língua, do calor, do barulho, da comida... Como em todo exílio, alguns se adaptaram rapidamente e outros se sentem até hoje deslocados.

> A maioria das coisas que estranhei dizia respeito ao trabalho. A informalidade era terrível. Era horrível ficar esperando uma reunião com uma pessoa e na hora ela nem lembrar; e você precisava falar com ela para dar aula, para ver um trabalho. Eu via Chacrinha na televisão e pensava: "Que loucura! Onde estou?". No sentido de choque, de admiração. O que é esse cara jogando bacalhau? Aí você se dá conta de que nunca poderia se acostumar com aquilo. E ver que pouco tempo depois eu olhava aquilo admirado. Teve uma festa que acabou muito tarde e vi no bar uns caras tomando cerveja e comendo sardinhas fritas. Eu pensei que nunca iria fazer aquilo. Até que um belo dia eu estava fazendo a mesma coisa [E.L.].

A questão da adaptação foi também um problema para os casais. Temporalidades distintas, como para quem se adaptou mais rápido profissionalmente ou se ajustou de maneira mais fácil, foram outro fator de separações.

---

[29] Nas entrevistas não se chegou a um consenso se a ONG responsável pelo financiamento seria sueca ou suíça. Sobre a trajetória do Ibase, ver Fico (1999).

No entanto, se o exílio é um drama em si, é também um espaço para a transformação (Vasquez e Araujo, 1988).[30] E a mulher foi o foco dessas mudanças. Na maior parte das vezes, saíam da casa dos pais diretamente para o casamento, e não raramente traziam seus filhos pequenos ou engravidavam no exílio. Sem a ajuda da família e sem os benefícios que os exilados que foram para a Europa recebiam das redes de assistência do governo, criar os filhos era um desafio. Até para ir à padaria, como recordou A.M., era necessário levar as crianças.

Ainda que a proximidade com a Argentina permitisse a vinda da família com mais frequência, e a viagem não fosse tão cara quanto ir para a Europa, a maior parte sentiu a quebra no padrão de vida e o agravamento da sensação de solidão. Segundo R.H., "o pior é a solidão que você sente. Não temos família, as festas familiares. A sensação de solidão é terrível". Sem ajuda e sem a presença da família, o grupo crescia em importância.

As separações também serviram como plataforma para a metamorfose de algumas mulheres (Velho, 1999). Para elas, era a chance de recomeçar, de se reinventar, de ter uma nova vida, de liberdade...

> Foi uma coisa que tem a ver com a fantasia do migrante, da possibilidade de se reinventar. Foi uma época dura para mim, pois tive que me virar sozinha para um monte de coisas. Foi um desafio, mas eu me senti bem. Quando você migra tem a fantasia de poder ser o que quiser, você vai começar uma vida nova [A.M.].

Como já afirmou Rollemberg (1999), a metamorfose do exílio cria uma nova identidade ligada à original, mas distinta dela. Conjugando esses fatores, alguns exilados buscaram suas raízes, ainda que não fossem tão "vivas" na Argentina. É o caso de R.H.:

> Fizemos relações sociais com os brasileiros, mas os amigos íntimos eram os argentinos. Natal e Ano-Novo passávamos juntos. As festas judaicas fazíamos aqui em casa. Nem todos eram judeus, mas eu comecei a fazer porque me sentia muito triste e isolada. A minha família se reunia. Uma coisa que traz a migração é a recuperação das raízes. Eu tinha que pegar a minha identidade, as minhas raízes, um

---

[30] Cabe observar que o trabalho de Vasquez e Araujo aborda o exílio latino-americano na França. Como analisou Rollemberg (1999:34), as autoras "não deixam de realçar a dupla face do exílio. Um drama e um renascimento ao mesmo tempo. A distância que nos faz sofrer é a mesma que permite uma pausa para a reflexão e a aprendizagem, de onde surge uma visão mais clara de si e do projeto pelo qual se lutava".

pouquinho daqui e dali. Minha mãe me dizia: "Eu nunca pensei que você fosse tão judia". E nós não éramos uma família judia, o meu marido não era judeu. E todos os amigos me cobravam a festa do Ano-Novo judaico. Até os que não eram judeus.

Buscar as próprias raízes, se recriar, se reconstruir, significava também se deparar com a Argentina. Se confrontar com o país que lhe havia virado as costas, a si e ao seu projeto político. Dessa forma, era uma relação de amor e ódio.

De um lado, buscavam os traços culturais (como a música, o mate...): "Eu não tomava mate na Argentina. Passei a tomar aqui. Escutava Mercedes Sosa o tempo todo. Mas aí chegou uma hora que eu não conseguia ouvir mais. Você cansa daquilo", assim avaliou A.M. o momento inicial da sua chegada ao Brasil. Ou nas palavras de M.R.: "Eu não ouvia tango na Argentina e passei a ouvir aqui. Não tinha nada a ver comigo, mas com a Argentina. As pessoas choravam ouvindo. Eu não chorava pelo tango, mas por ver as pessoas chorando".

Por outro lado, a Argentina era o país que os expulsou e que os pôs numa situação na qual não desejavam estar. R.H. e E.L., respectivamente, descrevem bem essa delicada situação:

> Quando eu recuperei a minha identidade fiquei com muita raiva da Argentina. Nós estávamos tão chateados com a Argentina que nunca registramos o nosso filho caçula no consulado.

> A primeira vez que voltei à Argentina foi emocionante, mas ao mesmo tempo eu não me sentia com aquela coisa do exilado porque eu demorei a sentir falta. Porque você tem aquele ressentimento, você tem aquele ódio. Isso tudo te anestesia porque você não pode voltar.

Viver *o* exílio, viver *no* exílio, tinha também outras implicações, como as de ordem mais prática, menos subjetiva: viver, sobreviver, conseguir trabalho, obter "papéis", vencer não só a ditadura, mas também a enorme burocracia brasileira. Como descreveu M.R.:

> Exílio, desterro, perda da terra, da casa, de toda referência conhecida. Amigos, muitos desaparecidos (o espanhol é a única língua em que a palavra *desaparecido* está associada a desaparecido político), mortos, muitos exilados, o peso da culpa do sobrevivente. Ser estrangeiro, outra língua, reinscrever o nome, a profissão,

procurando legitimidade para ficar. Necessidades mínimas e máximas. Refazer redes de afetos, criar novos vínculos...

Alguns exilados, especialmente os que rapidamente conseguiram um emprego, tiveram mais sorte na hora de obter o visto permanente. Outros permaneciam no Brasil com visto de turista, sendo obrigados a viajar periodicamente para o Paraguai, de onde obtinham um novo visto ao retornar ao país. Além de ser mais um gasto em tempos de dificuldades financeiras, havia o medo de ser pego na fronteira e a saudade que apertava quando viam a Argentina do outro lado, tão pertinho.

G.S. relembra algumas saídas que os argentinos usaram para o problema dos papéis: "Teve gente que inventou até filho. Registrou um filho inexistente e depois o 'matou' para conseguir um visto permanente".

Com humor, M.R. contou a saída inusitada e criativa que encontrou para o seu problema: casou-se com um amigo e conseguiu o visto permanente.

> Já não era possível recorrer tantas vezes ao Paraguai para renovar o visto, então casei com um amigo brasileiro. Ele era engajado politicamente. Por reunião familiar consegui os papéis. No casamento por solidariedade a gente esquece que está casada. Tanto que, depois, esqueci que estava casada e me casei pra valer com outro brasileiro, ex-exilado. Fiquei grávida e foi um problema. Estava casada legalmente com um, mas de fato com outro. Resolvemos pedir o divórcio e o advogado avisou que talvez o juiz não concedesse porque eu estava grávida e não podíamos falar com o juiz a verdadeira história. Eu achava divertido, apesar de estar muito nervosa. Finalmente, o juiz deu o divórcio e conseguimos registrar o menino com o nome do pai. Esse era o problema porque, sem o divórcio, o filho seria registrado com o nome do marido.

A dificuldade de conseguir o visto permanente ocorria por vários motivos. À psicóloga M.R. havia sido negado por exercer profissão "perniciosa". Eram exigidos também atestados da Argentina que assegurassem bons antecedentes. Documentos difíceis para militantes. Em alguns casos, quem conseguiu a documentação pôde fazê-lo após a família subornar as autoridades competentes na Argentina.

Buscar o consulado era considerado um "encontro" com o inimigo. Por motivos óbvios, a grande maioria não se registrou na representação oficial. Havia o medo de que o endereço fosse fornecido às forças de repressão. Quem chegou a procurar o consulado, como R.H., relembra os maus-tratos.

> Quando a gente chegou, tinha pavor do consulado. Quando fomos lá, eles nos tratavam muito mal porque achavam que a gente tinha feito alguma coisa errada.

Todos tínhamos medo deles mandarem os nomes para os militares. Mas a gente precisava de algumas certidões. Era um horror, um pavor ir ao consulado. Tinha um cara do consulado que morava aqui no condomínio e nós fugíamos dele sempre. Tínhamos medo.

Nem todos pensaram em registrar seus filhos. Além da relação de amor e ódio com o país natal, alguns pensavam em termos práticos. O marido de M.R., brasileiro e ex-exilado, não cogitava o registro alegando que "os loucos milicos argentinos" poderiam declarar outra Guerra das Malvinas e o filho ser convocado para lutar.

Militância e exílio no Brasil ditatorial

Como o Brasil também era uma ditadura, uma das principais atividades políticas dos exilados nos países democráticos — a denúncia dos crimes de violações dos direitos humanos — tornou-se inicialmente impraticável. E.L. relata essa impossibilidade:

> Não havia qualquer possibilidade de ingerência interna na Argentina. A guerra era violenta. Não adiantava a gente aqui no Brasil fazer qualquer movimento. Quando se conseguia no exterior era através das organizações internacionais, mas fazer aqui no Brasil, com uma ditadura, era chover no molhado.

Além disso, o Estatuto do Estrangeiro no Brasil proibia a participação de estrangeiros em questões políticas com previsão até de expulsão do território nacional para quem desrespeitasse as leis.[31]

No entanto, a ausência de espaço público para a realização das denúncias não implicou abandono da luta. A metamorfose não foi apenas pessoal, mas política. As reuniões para debater a situação argentina, os laços de amizades e a solidariedade aos que chegavam eram também vistos como um ato político, uma revolução permanente.

> No exílio você passa a ser outro e o marido ou esposa também. Te transforma de um jeito violento, mas para o revolucionário isso faz parte das coisas. Você

---

[31] Um novo estatuto entrou em vigor durante a estada de Videla no Brasil, a Lei nº 6.815, de 19 de agosto de 1980, mantendo a proibição de envolvimento político. O estatuto ainda é o mesmo até os dias de hoje e está disponível no endereço <www.mj.gov.br/Estrangeiros/Estatuto.htm>.

continua a acreditar numa transformação de outro jeito. É uma possibilidade de fazer uma revolução em si mesmo. Você é obrigado a fazer. Se você não pode transformar o mundo como você pensava, então agora tem que se transformar [E.L.].

O risco de voltar à Argentina era muito grande. Notícias do desaparecimento de pessoas que haviam regressado chegavam aos exilados. Além disso, a família, os amigos e jornalistas brasileiros alertavam do perigo de um retorno prematuro frente aos atos de violência política argentinos.

Contudo, com o avanço da abertura política e dos movimentos sociais pelo retorno à democracia no Brasil, abriu-se espaço para uma mobilização maior. Isso ficou visível em dois momentos fundamentais: a visita oficial feita pelo general Videla ao país, entre 20 e 24 de agosto de 1980, e durante a Guerra das Malvinas, em 1982.

No decorrer do ano de 1979, chegou ao Rio de Janeiro, repassado por argentinos radicados em São Paulo, um dossiê escrito por uma *montonera*, expresa da Esma. O dossiê, que teria sido enviado pelos exilados no México, trazia informações importantes sobre o funcionamento da Esma, inclusive contabilizava o número de 4.276 mortos nesse centro clandestino de detenção.

O documento teve uma enorme repercussão entre os exilados, que realizaram diversas reuniões para debater a situação argentina. O dossiê, como nos contou C., era "uma bomba".

Apesar das dúvidas iniciais, pois os assassinatos políticos já haviam começado antes mesmo de 1976, começava a se formar um quadro com a verdadeira dimensão da violência política argentina. Quadro que só seria finalizado com o retorno à democracia e todas as informações e denúncias formalizadas ao longo dos anos 1980.

Durante as reuniões, realizadas nas casas de diversos exilados, o grupo, formado por pessoas de diferentes organizações políticas, decidiu fazer um abaixo-assinado de repúdio à vinda de Videla ao Brasil e uma manifestação em frente ao consulado na praia de Botafogo, no Rio de Janeiro.

Os dias que antecederam a chegada de Videla ao país foram marcados por protestos de organizações de defesa dos direitos humanos, de organizações políticas e do movimento estudantil. As cidades por onde o ditador argentino passaria — Brasília, Porto Alegre, Rio de Janeiro e São Paulo — tiveram diversos muros pichados com os dizeres "Fora Videla!", "Fora Videla carrasco!" e "Fora

Videla assassino!".³² Em contrapartida, diversos anúncios pagos nos jornais, especialmente de representações argentinas, saudavam a vinda do ditador.

A vinda de Videla causou problemas e constrangimento ao governo brasileiro. Os partidos de oposição se recusaram a indicar um orador para fazer uma saudação ao general no Congresso. Além das pichações nos muros, logo retiradas pelo Serviço de Limpeza Urbana, as capitais visitadas por Videla foram marcadas por protestos. Em São Paulo, mulheres vestidas de preto e usando um lenço branco na cabeça com a inscrição dos nomes de desaparecidos políticos no Brasil fizeram uma marcha pelas ruas da cidade. Em Porto Alegre, onde houve um aumento do efetivo de segurança, inclusive com agentes argentinos pela proximidade com a fronteira, ocorreu grande confusão nas ruas. No Rio de Janeiro, os exilados, com o apoio de jornalistas, advogados, psicanalistas e políticos brasileiros, foram ao consulado entregar o abaixo-assinado e fazer uma manifestação. Na apresentação do Ballet Colón, que contou com a presença de Videla, os gritos de liberdade durante a exibição do hino nacional da Argentina ecoavam pelo teatro.

As reivindicações nesse momento giravam em torno do esclarecimento dos desaparecimentos políticos de brasileiros e argentinos durante o *Processo*. Videla, que só respondeu a sete perguntas feitas pelos jornalistas, alegou que os desaparecidos eram consequências da guerra.³³ Sobre os desaparecidos brasileiros, coube ao embaixador Oscar Camillion responder: "Ah, a senhora está me dizendo uma novidade. Tem a lista aí para me mostrar? Eu nunca tinha ouvido falar nisso!".³⁴

Além dos protestos, Videla causou mal-estar com o discurso que conclamava o Brasil a se engajar numa cruzada subcontinental com as bandeiras "liberdade e progresso, paz e segurança, democracia e justiça".³⁵ O convite foi recusado pelo governo brasileiro, que negou, apesar de notório, qualquer constrangimento diante das palavras do ditador argentino.

Além dos problemas argentinos, os exilados engajaram-se nas questões que moviam o Brasil naquele momento. Nesse sentido, buscaram participar da mobilização pela anistia política e, posteriormente, da fundação do Partido

---

[32] *Jornal do Brasil*, 18 ago. 1980, p. 4.
[33] Ibid., 21 ago. 1980, p. 4.
[34] Ibid., 23 ago. 1980, p. 4.
[35] Ibid., 20 ago. 1980, p. 4. A "cruzada" argentina pode ser conferida em Armony (1999).

dos Trabalhadores (PT) e da campanha por eleições livres para presidente da República conhecida como Diretas Já!

Esse processo de metamorfose também atingiu a percepção política dos exilados. A.M. reconhece uma mudança na sua militância quando passou a se envolver em campanhas políticas para alguns candidatos e a trabalhar nas favelas cariocas, onde, além da parte de obras, atuava na organização de lideranças e projetos educacionais. No entanto, apesar de acompanhar com interesse o processo de redemocratização brasileira, não houve um envolvimento de fato, um comprometimento com nenhum grupo. A exceção é o caso de M.R.:

> Quando resolvi os problemas básicos, entrei em grupos de defesa dos direitos humanos, dediquei-me à denúncia, a contar essa história... história... memória, a memória faz parte da identidade, unir histórias semelhantes, contar, nomear, falar, contar, memória, união com tantos brasileiros com histórias parecidas, ouvir e conhecer que em toda a América Latina houve as mesmas práticas, um programa, uma ação de varrer com as diferenças... um verdadeiro genocídio.

Pessoalmente, M.R. justificou o seu envolvimento.

> Participei da fundação do PT e fiz parte do grupo Tortura Nunca Mais, onde também expunha a situação da Argentina. Poucos argentinos militavam aqui. Quando eu disse que ia me adaptar me adaptei mesmo. Acho que foi uma forma de sobreviver. Sobreviver militando. Conhecer a história brasileira, identificar-me com a questão latino-americana me deu suporte para seguir adiante.

A Copa do Mundo de 1978 e a Guerra das Malvinas, de 1982: os debates no exílio

Um dos pontos mais estudados sobre o exílio argentino, independentemente do país, diz respeito ao comportamento dos exilados durante dois momentos distintos da ditadura: a vitória na Copa do Mundo de 1978, quando o governo Videla atingiu o auge de sua popularidade, e a Guerra das Malvinas, em 1982, que marcou o início do declínio do governo ditatorial, apesar do apoio inicial ao conflito.

No Brasil não foi diferente, mas no caso da Copa do Mundo havia a questão da tradicional rivalidade entre brasileiros e argentinos no futebol, paixão nacional em ambos os países. Até 1978, o Brasil já havia se consagrado campeão mundial em três ocasiões — 1958, 1962 e 1970 —, enquanto a Argentina buscava o seu primeiro título mundial.

Torcer ou não pela seleção gerou conflitos internos e também no grupo. E.L. lembra de ter comemorado a vitória gritando "Argentina!" na praia de Copacabana. Havia um prazer especial em comemorá-la em "território inimigo". No entanto, pessoalmente, reconhece que o conflito interno era terrível:

> Ver a Copa aqui no Brasil foi muito louco. Eu estava completamente enlouquecido e gritava "Argentina!" no meio do calçadão de Copacabana. Qualquer coisa que era bom para eles, os militares, era ruim para mim. Pensar que os militares iriam lucrar com aquilo... Era uma coisa horrível, mas na hora H eu estava na avenida Atlântica gritando "Argentina!".

M.R., que havia aproveitado a Copa para deixar a Argentina e acabou chegando ao Rio de Janeiro no dia seguinte à partida final, chocou-se com o cenário.

> Foi horrível, terrível ver a sociedade argentina torcendo pela Copa. Ainda na Argentina, partindo para o exílio, eu me sentia andando na contramão. Quando cheguei, comentava-se que um grupo de argentinos aqui festejara a Copa na praia. Eu cheguei no dia seguinte ao do jogo contra a Holanda e saber daquela comemoração toda era chocante! E ver como na Argentina se comemorava a Copa me fez sentir que tudo tinha se acabado para nós. Essa coisa ufanista era terrível. Já aqui, vi a capa do jornal *La Nación* e lá estava uma foto de Videla, no balcão da Casa Rosada, saudando uma multidão.

Para E.L., contudo, a Copa mostrava "outra" Argentina, não a que se odiava: "Apoiar a Copa era o mesmo que apoiar esses caras, mas, por outro lado, mostrava que a Argentina era mais do que eles. Eu sou argentino, não eles".

Apesar de a Copa ter gerado debates internos nos grupos exilados, a celebração na Argentina foi o golpe mais duro. O apoio da sociedade à seleção e a presença do ditador Videla nos estádios e nas comemorações em frente à Casa Rosada deixavam claro, pela primeira vez, que voltar talvez não fosse tão fácil ou tão imediato. E mais, que a derrota para a ditadura se mostrava clara, transparente: o governo ditatorial havia conseguido o respaldo de parte da sociedade que comemorava, junto com o governo, a conquista do seu primeiro campeonato de futebol.

No Rio de Janeiro, os debates mais intensos ocorreram por ocasião da Guerra das Malvinas.

Iniciada em 2 de abril de 1982, a guerra pela retomada das ilhas Malvinas do domínio inglês foi amplamente coberta pela imprensa brasileira, especialmente depois que o espaço aéreo do país foi violado pelos ingleses. Oficialmente, a posição do Brasil era de suposta neutralidade, visto que, apesar de não apoiar a saída bélica, reconhecia o direito argentino às ilhas e se recusava a dar qualquer apoio logístico à Inglaterra.

Nessa ocasião, um grupo de exilados argentinos promoveu reuniões e debates nas casas de alguns exilados e nas dependências de uma escola na zona sul do Rio de Janeiro. Nesses encontros, com acaloradas discussões, estiveram presentes os *montoneros* Rodolfo Galimbert e Patrícia Bullrich. As pressões *montoneras* para o apoio à guerra geraram conflitos e retiradas de reuniões. Mesmo entre os *montoneros* exilados no Brasil não havia consenso sobre apoiar ou não o conflito.

Do mesmo modo que durante a Copa do Mundo de 1978 a comunidade havia se mostrado ainda mais dividida entre apoiar ou não a seleção, a Guerra das Malvinas incitou mais uma vez as discussões internas. Se o debate do dossiê da Esma não evidenciou as diversas correntes políticas, a Guerra das Malvinas serviu para revigorar as diferenças de grupos e organizações.

Para alguns, apoiar a guerra era o mesmo que apoiar a ditadura. Para outros, os jovens soldados argentinos enviados à frente de batalha deveriam ser apoiados, afinal, como se dizia na época, "as Malvinas são nossas". Na avaliação dos nossos entrevistados, um grupo significativo de exilados apoiou o confronto. Inclusive, chegou a circular um abaixo-assinado a favor da guerra.

E.L., que havia comemorado a Copa, mostrava uma opinião diferente diante do confronto: "A grande maioria entrou pelo cano com a história de 'vamos recuperar as Malvinas'. E alguns de nós dizíamos: 'Gente, é uma loucura. Tá vindo a Armada americana e a inglesa juntas'. Mas nós éramos uma minoria."

Contudo, um grupo de 50 exilados argentinos, de diversas organizações políticas, condenou publicamente a Guerra das Malvinas. Em nota oficial afirmou que se tratava de uma estratégia da ditadura para se manter no poder frente ao crescimento das manifestações contrárias ao governo. Em contrapartida, sem a presença de exilados, mas de argentinos que viviam no Brasil, foi criado o Comitê Argentino em Defesa das Ilhas Malvinas que recebia, além de assinaturas, a inscrição de voluntários para combater contra os ingleses. Centenas de argentinos e brasileiros atenderam ao chamado e se apresentaram.[36]

As relações com a psicanálise brasileira[37]

A busca por transformações, típica dos anos 1960 e 1970, também atingiu a psicanálise argentina no que diz respeito tanto às instituições quanto à prática e às referências teóricas.[38]

Durante o XXVI Congresso da International Psychoanalytical Association (IPA), em Roma, em 1969, foi organizado um evento paralelo com um grupo de psicanalistas, incluindo argentinos, no qual se questionava "a formação do psicanalista; o significado, função e estrutura das sociedades psicanalíticas; o papel social dos psicanalistas e as relações entre a psicanálise e as instituições" (Marazina, 2003). Foi dessa reunião que surgiu o grupo Plataforma Internacional, e seu desdobramento na Argentina com o Plataforma.

No início dos anos de 1970, o grupo Plataforma rompeu com a Asociación Psicoanalítica Argentina (APA) e com a própria IPA. Segundo Isabel Victoria Marazina, psicanalista argentina exilada no Brasil, esse momento pode ser "analisado como uma passagem importante para as produções psicanalíticas que tomaram o campo da saúde mental como espaço privilegiado para a expressão de um compromisso político" (Marazina, 2003). Na mesma direção, recorda G.S.:

> Na verdade, a psicanálise para o militares na Argentina era um palavrão. Eles não aceitavam. Para eles já era esquerda, já era terrorismo. A área de psicologia era muito politizada. Na Argentina eu estudei, no curso de psicologia, Althusser, Marx e também o brasileiro Theotônio dos Santos.

A exemplo de outros regimes autoritários, como o nazista, a ditadura argentina perseguiu os psicanalistas, especialmente os do grupo Plataforma, que para sobreviver seguiram para o exílio.

---

[36] *Jornal do Brasil*, 11 abr. 1982, p. 14.
[37] Agradeço a Heliana de Barros Conde Rodrigues, professora da Universidade do Estado do Rio de Janeiro, o esclarecimento e o envio de textos sobre a presença dos psicanalistas argentinos no Brasil.
[38] Não tenho a intenção de fazer aqui uma análise aprofundada das transformações na área da psicanálise, apenas apontar os seus pontos principais.

No Brasil, se fixaram mormente em São Paulo e no Rio de Janeiro, influenciando a psicanálise brasileira por meio de cursos de formação, nos quais muitos atuaram como professores, e em centros de pesquisa. Em São Paulo, a grande maioria foi atuar no Instituto Sedes Sapientiae (Sedes), uma importante referência no campo da saúde mental no Brasil.[39]

O Sedes surgiu em 1975, a partir da iniciativa de madre Cristina Sodré Dória, interessada em "criar um espaço de encontro entre pensamento, atuação e trabalho junto à sociedade, comprometido com a defesa dos direitos humanos e da liberdade de expressão".[40] Seu estatuto jurídico data de 1977 e a Carta de Princípios de 1979. Para os psicanalistas argentinos exilados, o Sedes representou, como avalia Silvia Leonor Alonso, um "espaço para retomar e desenvolver projetos que ficaram interrompidos pela saída da Argentina".[41]

Silvia saiu da Argentina no final de 1976 e chegou ao Brasil no início de 1977. Fez sua formação com integrantes do Plataforma e tomou parte da equipe de analistas da Escola de Psicologia Freudiana e Socioanálise, fundada por Gregório Baremblitt, que chegou ao Brasil em 1977 e foi um dos criadores do Instituto Brasileiro de Psicanálise, Grupos e Instituições (Ibrapsi), no Rio de Janeiro, e do Instituto Félix Guattari, em Belo Horizonte.[42]

Para Mário Fuks, que junto com um grupo de colegas argentinos foi apresentado à madre Cristina, o Sedes criou uma oportunidade de integração e a sensação de acolhimento em terras estrangeiras. Até hoje, Fuks lembra as boas--vindas que ouviu de madre Cristina:

> Sejam bem-vindos; sabemos do momento difícil que vocês estão passando porque em 1968 e 74 passamos por circunstâncias muito parecidas. Hoje abrem-se aqui algumas brechas que podemos aproveitar e pelas quais podemos avançar. Fiquem conosco — é muito o que nos podem ajudar. Esta é a sua casa [Fuks, s.d.].

Na sua avaliação, "tratava-se de uma calidez, de uma força de solidariedade e de acolhimento difíceis de imaginar em qualquer lugar do mundo. Obviamente ficamos" (Fuks, s.d.).

---

[39] As atividades do Sedes podem ser conferidas em: <www.sedes.org.br>.
[40] Disponível em: <www.sedes.org.br>.
[41] Entrevista com Silvia Leonor Alonso, disponível em: <www2.uol.com.br/percurso/mains/pcs27/27Entrevista.htm>.
[42] Posteriormente, foi criada a Fundação Gregório Baremblitt: <www.fgbbh.com.br/>.

No Sedes contribuíram como professores numa formação alternativa à oferecida pela instituição oficial, uma espécie de continuidade da trajetória interrompida na Argentina.

No Rio de Janeiro, em 1978, foi criado o Ibrapsi. Capitaneado por Gregório Baremblitt, Luís Fernando Mello Campos e Chaim Samuel Katz, o Ibrapsi "desejava reproduzir no Brasil a proposta de formar 'trabalhadores em saúde mental', com forte ênfase no aspecto político e segundo princípios marxistas" (Mezan, s.d.).

O lançamento do Ibrapsi foi marcado pelo I Congresso Internacional de Psicanálise, Grupos e Instituições, no Hotel Copacabana Palace, como narrou G.S., que fez sua formação no instituto:

> As sociedades psicanalíticas aqui no Rio eram, na época, de um modo geral, todas conservadoras. Aqui já teve a época do Ibrapsi que foi toda organizada por exilados junto a simpatizantes cariocas. Começou em 1978, com um congresso muito grande no Copacabana Palace com a presença do Franco Basaglia, que questionava o sistema de internação dos hospitais psiquiátricos, do René Loureau, institucionalista francês, da Shere Hite, americana que trouxe a questão da sexualidade das mulheres, e do Félix Guattari, com o anti-Édipo e a esquizoanálise. Veio gente do movimento institucionalista de toda parte do mundo.

O projeto do Ibrapsi durou seis anos e nesse tempo, além da organização de congressos internacionais e publicações, formou cinco turmas de profissionais da área (formação barata e aberta a todo tipo de nível superior) e chegou a atender 500 pacientes por ano (Rodrigues, 1999).

Na avaliação de G.S.:

> O Ibrapsi, além de ter tido uma função histórica fundamental no sentido de deselitizar, de comprometer as instituições psicanalíticas com o social, no Rio de Janeiro e, eu diria até, no Brasil todo, teve também um papel importante na integração e reconhecimento concreto do aporte dos exilados nesse processo. O Ibrapsi ajudou no processo de integração entre brasileiros e argentinos. Por outro lado, tanto psicanalistas argentinos exilados quanto simpatizantes brasileiros atendiam em suas clínicas a exilados, segundo suas possibilidades financeiras e até gratuitamente. A solidariedade era possível porque, de um lado, a gente tinha uma formação de compromisso social e, do outro, precisava sobreviver. Essa rede de solidariedade era como uma organização e, mesmo sendo informal, funcionava.

Convém ressaltar que a chegada dos psicanalistas argentinos coincidiu com a explosão do número de cursos de psicologia e psicanálise durante a década de 1970. Também já havia no Brasil discussões sobre práticas e teorias nas instituições e nos grupos e uma forte demanda de clientes e alunos. Sérvulo Figueira (1991) aponta que a coexistência contraditória entre os novos modelos e ideias com aqueles que haviam sido aparentemente abandonados gerou desorientação e a demanda terapêutica.

Nesse sentido, E.L. comenta um ponto importante para os psicanalistas que chegavam ao Brasil: a existência de campo de trabalhos não só entre os argentinos, como também entre brasileiros, porque chegavam com muito prestígio.[43]

Voltar, ficar, voltar, ficar...

Alguns exilados já haviam voltado para visitar a família em viagens consideradas perigosas. Afinal, entrar na "cova dos leões" e depois conseguir cruzar a fronteira novamente era bastante arriscado. Já circulavam notícias de alguns argentinos que retornaram e desapareceram. No entanto, acontecimentos familiares, como doenças e falecimentos, impulsionavam as viagens, mas esses eram casos circunstanciais — ainda não era *a* volta, *o* reencontro.

Com o fim da ditadura na Argentina, em 1983, o principal questionamento dizia respeito a voltar ou não para o país. Se a partida para o exílio havia sido uma decisão dolorosa, traumática, a possibilidade de retorno não foi diferente. E.L. observou:

> A volta para os casais foi dramática. Até hoje. Um quer voltar, outro não. Aí quem volta muitas vezes se separa porque impôs a sua vontade. São situações de vida que não estão previstas. A escolha mais importante. Eles não falavam muito, porque era meio reservado, porque no mesmo casal um queria, outro não.

A princípio, a maioria pensou em voltar — e alguns pensam até hoje —, mas na avaliação de R.H.: "Acredito que se você não volta até 10 anos, não volta mais. Porque você se sente uma estrangeira aqui e lá, na Argentina. Então eu prefiro me sentir uma estrangeira aqui, onde naturalmente eu sou estrangeira".

---

[43] O psicanalista argentino é ainda hoje uma referência para os cariocas.

O plano inicial de muitos era retornar à Argentina e averiguar as chances, as condições de retorno. Seria confiável, em termos políticos, voltar? Havia alguma possibilidade de retrocesso? Além disso, o momento do retorno à democracia na Argentina e os anos subsequentes foram marcados por uma forte crise econômica, a exemplo dos demais países da América Latina, que em muito desmotivou os argentinos já estabelecidos a regressar. Para M.R., no entanto, era um dever, uma obrigação.

> Quando da redemocratização, não dava para voltar de um dia para o outro. Em 1984 comecei a preparar-me para voltar. Lá estive e o que vi era ainda pior do que previa. Era terra arrasada. Os amigos não estavam, não encontrei senão três ou quatro amigas. A cidade de Córdoba estava toda mudada, as ruas estavam diferentes, repletas de canteiros centrais. As possibilidades de trabalho eram difíceis. Aí realmente veio uma depressão enorme. Voltei ao Brasil muito baqueada, mas mesmo assim achava que tinha o dever de regressar. Porque, pensava, quem veio exilado tem que voltar. Foi nesse contexto que eu conheci o meu companheiro brasileiro. Anos depois e já com um filho, cada vez que voltava me quebrava. Achava que eu não fiz o que deveria ter feito: voltar.

Os sentimentos na volta eram contraditórios. Alguns se queixavam de ter perdido a festa da abertura, como haviam vivenciado no Brasil. Outros sentiam a alegria de rever a família, os amigos, os sobreviventes... No entanto, num sentido geral, a sensação era de "terra arrasada". O estranhamento era total. As mudanças físicas nas cidades, o desaparecimento de rostos amigos, de pessoas da mesma geração. Não raramente havia o sentimento de derrota. Dramas pessoais que se convertiam em doenças físicas e momentos de depressão. Para alguns, a sensação de ser estrangeiro no seu próprio país ou de um segundo exílio.

Para agravar ainda mais esse quadro, filhos nascidos ou criados no exílio preferiam ficar no Brasil. As separações conjugais também influenciavam no impasse. Para uma geração que havia sido forçada a se separar dos seus pais por conta da violência política, fazer seus filhos vivenciarem uma situação semelhante não era uma opção.

E havia ainda os novos casamentos, em sua maioria com brasileiros ou brasileiras que não viam sentido em ir para a Argentina. É o caso de M.R., casada com um brasileiro, ex-exilado, e com um filho nascido no Brasil.

Superando todos os obstáculos, muitos voltaram — ainda que na avaliação de M.R. a comunidade argentina no Brasil tenha sido a que mais optou por continuar no país que os recebeu. Num jogo de palavras, E.L. brinca com ideia de (re-)voltados. Revolta e retorno. Contudo, relembra o significado da volta dos amigos:

> [19]83 foi um momento muito difícil porque a maioria dos meus amigos voltou. Até 1987 tinha gente voltando. Para mim não estava nos planos voltar. Eu já estava casado com uma brasileira, com uma filha brasileira e ela jamais ia para a Argentina. Mas ver os meus amigos indo embora, com filhos brasileiros, foi muito difícil. Aí foi um processo muito difícil. Perdi muitos amigos que estavam aqui.

A perda da convivência com alguns amigos, ainda que o contato tenha sido mantido, acarretou um forte impacto em quem ficou. Era mais uma separação de quem, no exílio, havia se constituído numa família, em laços de amizades, na identificação de uma trajetória juntos e na superação dos problemas.

* * *

Diante de um cenário ditatorial, ainda que em fase de transição para a democracia, o exílio argentino no Brasil acabou se diferenciando dos demais em muitos aspectos, especialmente por não ter sido possível a organização de grupos de denúncia sobre as violações dos direitos humanos ocorridas em seu país ou a reestruturação política dos antigos grupos de militantes.

O exílio dos argentinos no Brasil era uma situação delicada. A proximidade com a terra que os havia expulsado e as notícias das ações conjuntas geravam medo, tensão, ainda que o Brasil ditatorial parecesse um paraíso se comparado à Argentina.

Aos poucos conseguimos identificar as razões que os trouxeram para o Brasil: amigos, não exigência de documentação e maior facilidade para se esconder.

Como já afirmou Edward Said, "embora talvez pareça estranho falar dos prazeres do exílio, há certas coisas positivas para se dizer sobre algumas de suas condições. Ver 'o mundo inteiro como uma terra estrangeira' possibilita a originalidade da visão" (Said, 2003:59). A avaliação de G.S. caminha nesse mesmo sentido.

> Não gosto da coisa nacionalista. Lá, na Argentina, sou considerada "a brasileira" porque falo cantando. Aqui sou estrangeira, "aquela gringa", "*la cucaracha*". No fundo não estou implantada em lugar nenhum. Se isso por um lado é ruim porque não me sinto fazendo parte de nenhum dos dois lugares, por outro lado é bom, porque consigo tomar distância crítica das atitudes nacionalistas e xenófobas que tanto mal fazem ao mundo atual.

As metamorfoses, como vimos, foram pessoais e políticas. Segundo R.H.:

> Sei que sou exilada, mas não me considero assim. O melhor do exílio é que a gente constrói uma identidade própria. Eu me sinto menos rígida, menos formal. Eu me gosto mais aqui. Não sei se seria muito diferente. Eu sinto que aqui eu criei tudo, ninguém me criou nada.

Ainda que a comunidade se mostrasse fraturada em vários grupos e houvesse a sensação de terra estrangeira, o Brasil transformou-se para esses exilados numa terra de acolhida. Para M.R, foi "o melhor exílio de todos dentro do possível".

Referências

ARMONY, A. *La Argentina, los Estados Unidos y la cruzada anticomunista en América Central*: 1977-1984. Buenos Aires: Universidad Nacional de Quilmes, 1999.

D'ARAUJO, Maria Celina; SOARES, Glaucio Ary Dillon; CASTRO, Celso de. *A volta aos quartéis*: a memória militar sobre a Abertura. Rio de Janeiro: Relume-Dumará, 1995.

FICO, Carlos. *Ibase, usina de ideias e cidadania*. Rio de Janeiro: Garamond, 1999.

FIGUEIRA, Sérvulo. Notas sobre a cultura psicanalítica brasileira. In: _____. *Nos bastidores da psicanálise*. Rio de Janeiro: Imago, 1991.

FUKS, Mário. *Por uma história do curso de psicanálise*. s.d. Disponível em: <www2.uol.com.br/percurso/main/pcs35/35Fuks1.htm>. Acesso em: jul. 2010.

MARAZINA, Isabel V. Psicanálise implicada: alguns aspectos da relação da psicanálise com a saúde mental na República Argentina e em São Paulo, Brasil. *Pulsional Revista de Psicanálise*, v. XVI, n. 174, p. 46-52, 2003. Disponível em: <www.psicopatologiafundamental.org/?s=71&c=198>. Acesso em: jul. 2010.

MEZAN, Renato. *Figura e fundo*: notas sobre o campo psicanalítico no Brasil. s.d. Disponível em: <www2.uol.com.br/percurso/main/pcs20/artigo2007.htm>. Acesso em: jul. 2010.

MOREIRA, Julia Bertino. A problemática dos refugiados na América Latina e no Brasil. *Cadernos Prolam/USP*, ano 4, v. 2, p. 57-76, 2005. Disponível em: <www.usp.br/prolam/cadernos.htm#6>. Acesso em: jul. 2010.

MUNCK, Gerardo; LEFF, Carol Skalniff. Modos de transição em perspectiva comparada. *Lua Nova*, n. 40-41, 1997.

QUADRAT, Samantha Viz. *A repressão sem fronteiras*: perseguição e colaboração entre as ditaduras do Cone Sul. Tese (doutorado em história) — Programa de Pós-Graduação em História, UFF, Niterói, 2005.

_____. O Brasil sob a asa sombria do Condor. In: MARTINS FILHO, João Roberto (Org.). *O golpe de 1964 e o regime militar*: novas perspectivas. São Carlos: Edufscar, 2006. p. 161-181.
_____. Exiliados argentinos en Brasil: una situación delicada. In: YANKELEVICH, Pablo; JENSEN, Silvina (Orgs.). *Exilios*. Buenos Aires: Zorzal, 2007.
REIS, Daniel Aarão. *Ditadura militar, esquerdas e sociedade*. Rio de Janeiro: Zahar, 2005.
RODRIGUES, Heliana de Barros Conde. *Um Robespierre rio-platense e um Danton tupiniquim?* Paper apresentado na mesa-redonda Instituições e Hegemonia Psi, no II Encontro Clio-Psyché, 16-18 nov. 1999.
_____. O homem sem qualidades: história oral, memória e modos de subjetivação. *Estudos e Pesquisa em Psicologia*, Rio de Janeiro, v. 4, n. 2, p. 24-46, jul./dez. 2004.
ROLLEMBERG, Denise. *Exílio*: entre raízes e radares. Rio de Janeiro: Record, 1999.
SAID, Edward. *Reflexões sobre o exílio e outros ensaios*. São Paulo: Companhia das Letras, 2003.
SHARE, Donald; MAINWARING, Scott. Transição pela transação: democratização no Brasil e na Espanha. *Dados*, v. 29, n. 2, 1986.
SYDOW, Evanize; FERRI, Marilda. *Dom Paulo Evaristo Arns*: um homem amado e perseguido. Petrópolis: Vozes, 1999.
VASQUEZ, Ana; ARAUJO, Ana Maria. *Exils latino-américains*: la malédiction d'Ulysse. Paris: L'Harmattan; Cemi, 1988.
VELHO, Gilberto. *Projeto e metamorfose*. Rio de Janeiro: Zahar, 1999.
YANKELEVICH, Pablo. Memoria y exilio. Sudamericanos en México. In: GROPPO, Bruno; FUNES, Patrícia (Comps.). *La imposibilidad del olvido*: recorridos de la memoria en Argentina, Chile e Uruguay. La Plata: Al Marpeu, 2001. p. 229-248.
_____ (Comp.). *Represión y destierro*: itinerários del exilio argentino. Buenos Aires: Al Margen, 2004.

Fontes

Arquivo Nacional, Rio de Janeiro — Fundo DSI/Ministério da Justiça.
Jornal do Brasil, Rio de Janeiro, ago. 1980 e abr. 1982.

Entrevistas

A.M., arquiteta, Rio de Janeiro (29 maio 2006).
C., professor, Rio de Janeiro (30 ago. 2006).
E.L., psicanalista, Rio de Janeiro (7 jun. 2006).
G.S., psicanalista, Rio de Janeiro (2 jun. 2006).
M.R., psicanalista, Rio de Janeiro (8 jun. 2006).
R.H., matemática, Rio de Janeiro (8 jun. 2006).

PARTE IV

O impacto dos exílios nas artes

8. NA FRONTEIRA DA HISTÓRIA: CINEMA E EXÍLIO, UM EXEMPLO CHILENO

Ana Maria Mauad*

EM 2003, NESTE MESMO AUDITÓRIO, PARTICIPEI DE UM SEMINÁRIO EM QUE me propunha a refletir sobre a passagem do tempo e a memória, em torno de um evento específico: o 11 de setembro de 1973, no Chile. Tivera a oportunidade de pesquisar, na biblioteca do Congresso dos Estados Unidos, naquele ano, sobre o impacto do golpe militar chileno nos EUA, e havia encontrado uma significativa literatura testemunhal sobre a experiência do golpe, bem como assistira inúmeras vezes ao documentário *Memória obstinada*, de Patrício Guzman. Além disso, é claro, tinha minhas próprias memórias do golpe; afinal, eu tinha 13 anos, num momento em que não se costumava aqui no Brasil alardear notícias internacionais contra militares, mas era impossível não sentir o pesar daqueles que acreditavam no socialismo pela via democrática. O fato é que a experiência chilena rememorada no marco dos seus 30 anos, principalmente depois do 11 de setembro de 2001, me levou a pensar sobre um conjunto de questões associadas à forma pela qual os acontecimentos se tornam memória na sociedade contemporânea.

Nessa reflexão, as expressões artísticas, de maneira geral, mas principalmente a fotografia e o cinema, que me interessam como objetos de estudo, se destacaram. Assim, ao ser convidada a participar desse evento, aproveitei para retomar minhas reflexões e sistematizá-las em torno do tema do exílio. Para tanto, escolhi um filme chileno, *Fronteira*, de 1991, dirigido por Ricardo Larraín e premiado em vários festivais.

---

* Professora do Departamento de História da Universidade Federal Fluminense (UFF).

Minha análise toma o cinema como produção cultural e o filme como texto artístico, para lidar com a dialética entre o real e o imaginário cinematográfico (Francastel, 1973). Assim, relaciona o texto fílmico ao seu entorno social para compreender o processo de produção de sentido no cinema, mais especificamente as representações cinematográficas produzidas sobre a experiência de um indivíduo que sofreu determinado tipo de exílio: o do relegado (desterrado), que define certa condição, não somente jurídica, mas principalmente existencial.

No centro das minhas reflexões situo a relação entre o cinema e a experiência social, pelo conceito de mediação como processo social, ressaltando-se na análise a capacidade do cinema para agenciar as memórias sociais e alimentar a imaginação social. Para tanto, proponho um caminho que, partindo da apresentação do diretor e do reconhecimento do texto fílmico como objeto da história, percorre o Chile de 1973, 1985 e 1991, detém-se em um tempo suspenso que é o da narrativa fílmica e chega hoje à atualização da memória, pela situação de ser espectador de cinema e de tomar a história como ofício.

Cinema e história: anotações de partida

Ricardo Larraín é diretor e roteirista. Nasceu em Santiago em 1957. Cursou o ensino básico no Colégio Notre Dame. Em 1978, formou-se na Escola de Artes e Comunicação da Universidade Católica do Chile, onde recebeu o diploma de diretor artístico, com especialização em cinema. Em 1977, começou a trabalhar com montagem cinematográfica no Instituto Fílmico da Universidade Católica do Chile. Entre 1980 e 1984, trabalhou como diretor de fotografia de filmes publicitários. Em 1983, realizou um média-metragem, *Regelio Segundo*, com o qual obteve o segundo lugar no Festival de Televisão Universitária Latino-americano (Alatu). Entre 1980 e 2003, realizou mais de 800 *spots* publicitários para o Chile, os EUA, o México, a América Central e o Equador, além de outros que foram filmados no Chile, na Argentina, na Espanha e na França. Nesse campo obteve prêmios nacionais e internacionais, entre os quais se destaca "The Best of New York", em 1988, concedido pela American Advertising Federation. Em 1988, foi finalista dos prêmios Clio Internacional com três comerciais. Entre 1989 e 1990, foi vice-presidente da Associação de Produtores de Cinema e Televisão do Chile. Escreveu roteiros para televisão e cinema.

Na fronteira da história

Em 1989, o roteiro *La Frontera*, escrito em parceria com o roteirista e dramaturgo argentino Jorge Goldemberg, ganhou o prêmio de melhor roteiro inédito no Festival Internacional do Novo Cinema Latino-Americano de Havana, em Cuba. Em 1991, realizou o filme *La Frontera*, que obteve 22 prêmios nacionais e internacionais (Urso de Prata no Festival de Berlim de 1992; Goya de melhor filme estrangeiro, concedido pela Academia de Artes e Ciências Cinematográficas da Espanha, 1992; prêmio de crítica no Festival de Biarritz, 1992; primeiro lugar no Festival de Trieste, 1992; melhor diretor, no Festival de Havana, 1992; prêmio do público no Festival de Chicago; *Opera prima* no Festival de Cartagena, 1993; melhor ator e atriz no Festival de Cartagena, 1993; prêmio George Sadoul de melhor filme estrangeiro estreado na França em 1993; prêmio Apes 1991, Associação de Periodistas de Espetáculos; prêmio do Círculo de Críticos de Arte do Chile, 1991; prêmio Andacollo, no Festival de Viña Del Mar).

Depois de *La Frontera*, seu primeiro longa-metragem, Ricardo Larraín produziu e dirigiu vários filmes, firmando-se como cineasta de prestígio internacional. Numa reportagem da *Folha de S.Paulo* sobre a mostra de cinema em Havana, Cuba, o cinema de Larraín, bem como seus posicionamentos em relação à indústria cinematográfica chilena merecem destaque:

> Violência, exílio, forças que contrapõem nossos sinceros anseios, nossos frugais desejos. É disso que fala o cinema do prestigiado Ricardo Larraín. Logo em sua estreia, o chileno ganhou o Urso de Prata como melhor diretor no Festival de Berlim, de 1992, com um filme denso e, para nós, algo exótico, *La Frontera*. Agora, depois de colecionar 22 prêmios internacionais com *La Frontera*, Larraín assina seu segundo longa, *El entusiasmo*, que já traz no currículo uma aplaudida participação na Quinzena de Realizadores, mais importante mostra paralela ao Festival de Cannes. Apesar desse reconhecimento, no Chile Larraín luta em condição de igualdade com o cinema norte-americano para colocar um filme seu numa sala de projeção. "No Chile, não há qualquer restrição ao cinema estrangeiro. Por conta do alarde da economia de mercado, o país escancarou suas fronteiras e, de modo geral, não há qualquer tipo de protecionismo, nem mesmo para produtos culturais, coisa que torna muito difícil nosso acesso ao nosso próprio país", afirma. De acordo com ele, lá o Estado legou todas as suas responsabilidades ao poder privado. "A educação está nas mãos de privados, a saúde também, a cultura, tudo!" Por causa disso, a saída para os realizadores chilenos têm sido as coproduções. No caso, Larraín conseguiu parceria de uma produtora francesa para fazer *El entu-*

siasmo. Mesmo assim, ele diz que "o fato de o Chile ser um país longínquo, meio esquecido, dificulta ainda mais o interesse das produtoras estrangeiras pelo cinema local". Sem condições para que se crie uma indústria cinematográfica, problema que se pode estender a todos os países da América Latina, Larraín diz se sentir mais motivado a fazer de cada trabalho "o" filme. "Tenho de procurar a densidade em tudo que faço, porque as oportunidades para fazê-lo são pouquíssimas. No Chile não se fazem mais do que cinco filmes por ano", conta [*Folha de S.Paulo*, 25 out. 1999. Ilustrada, p. 3].

É interessante observar na trajetória de Ricardo Larraín uma dupla e contraditória percepção do papel do cinema na cena cultural chilena. Por um lado, seu cinema define uma poética das pessoas comuns que vivem no contexto de um regime de exceção; por outro, seu discurso opera na linha da demanda de uma política governamental fomentadora da indústria cinematográfica que sustente a produção regular do filme chileno. Nesse sentido, opõe-se à tradição cinematográfica latino-americana dos anos 1950 e 1960, representada por cineastas como Gutierrez-Alea, Miguel Littin, Fernando Birri, Fernando Solanas e o próprio Glauber Rocha, que em certa medida defendiam uma ponte clandestina para romper com o cinema comercial clássico, rejeitando o cinema industrial em prol de um cinema de autor.

Ressalte-se nesse aspecto que a configuração do campo cinematográfico se modificou significativamente ao longo dos anos 1980. Na América Latina, acompanhando um movimento internacional, observa-se nesse período uma profissionalização cada vez maior na produção cinematográfica, evidenciada pelas variadas políticas de fomento às indústrias cinematográficas nacionais, pela multiplicação de faculdades e centros universitários voltados para a formação de profissionais do cinema, pela consolidação dos circuitos de mostras e festivais que gradualmente passam a atuar como oportunidades de divulgação e comercialização de filmes, e pelo aumento de produções transnacionais, como é o caso do filme *Diários de motocicleta*. Esse filme de 2004 foi produzido pela Wildwood Enterprises, de Robert Redford, e pela South Fork Pictures, em parceria com Argentina, Brasil, Chile, Reino Unido, Peru, Alemanha, França e Cuba, com direção de um brasileiro: Walter Salles.

Ricardo Larraín é parte de uma geração que se forma em cinema numa prestigiada universidade católica, consolida sua carreira no cinema publicitário, dominando uma linguagem que lida com a criação do desejo e sua materialização num produto de consumo. Sua formação transcorre em plena ditadura militar, num ambiente de classe média, das festas de "toque a toque" (que tinham início com o toque de recolher e terminavam com a sua suspensão no dia seguinte), mas dominado pelo medo generalizado de ser preso simplesmente por se estar andando na rua. A memória dos jovens politizados, mas não engajados diretamente na luta armada, que viveram no Chile durante a ditadura militar é marcada pela ideia de *despelote legal*, uma desordem legalizada, baseada no casuísmo de uma legislação feita para resolver casos não previstos pelas leis existentes, acompanhada do abuso policial apoiado pela total impunidade e da perda generalizada de confiança na autoridade governamental.

Creio que vale a pena abrir aqui um parêntese para compreender a forma pela qual as experiências sociais se traduzem em mediações culturais — no caso em tela, em obras cinematográficas.

Raymond Williams, seguindo uma tradição marxista de crítica cultural que se inicia com o filósofo húngaro Georg Lukács (1885-1971) e se consolida nos textos e estudos da escola de Frankfurt, discute os processos de relação entre o real, sua consciência e representação no âmbito das produções artísticas e culturais.

Para o pensador inglês é necessário ultrapassar a teoria simplificada do reflexo, segundo a qual as artes seriam meros reflexos superestruturais da base material, rumo a uma teoria dos processos de mediação. Ao introduzir a noção de mediação no estudo das diversas modalidades de produção de consciência do ser social, Williams adverte que, se reduzida à metáfora de ponte entre dois mundos separados categoricamente — o real e o seu produto —, a noção de mediação não passa de uma versão sofisticada da noção de reflexo:

> A arte não reflete a realidade social, a superestrutura não reflete a base, diretamente: a cultura é uma mediação da sociedade. Mas é praticamente impossível manter a metáfora de "mediação" sem um certo senso de áreas separadas e preexistentes, ou ordens de realidade, entre as quais o processo de mediação ocorre, quer de maneira independente, quer determinado pelas suas naturezas anteriores [...] A mediação nesse uso parece então pouco mais do que uma sofisticação do reflexo. Mas o problema subjacente é óbvio. Se a realidade e se falar da realidade (processo social material e linguagem) são tomados como categoricamente distintos, conceitos como reflexos e mediação são inevitáveis [Williams, 1978:102].

Nesse sentido, para explicar as lógicas de produção de consciência por meio do conhecimento e das linguagens, Williams acompanha a percepção de

Adorno, que positiva a noção de mediação ao separá-la das ideias de disfarce ou de falsa consciência:

> Aqui, a modificação envolvida na "mediação" não é necessariamente considerada como deformação ou disfarce. Todas as relações ativas entre diferentes tipos de ser e consciência são antes inevitavelmente mediadas, e esse processo não é uma agência separável — um "meio" —, mas intrínseco às propriedades dos tipos correlatos. A "mediação" está no objeto em si, não em alguma coisa entre o objeto e aquilo a que é levado. Assim, a mediação é um processo positivo na realidade social, e não um processo a ela acrescentado como projeção, disfarce ou interpretação [Williams, 1978:101].

A contribuição de Williams associa-se, assim, a essa dimensão dinâmica e positiva da mediação como processo social:

> O problema é diferente, desde o início, se virmos a linguagem e a significação como elementos indissolúveis do próprio processo social, envolvidos permanentemente na produção e reprodução [...] Mas quando o processo de mediação é considerado como positivo e substancial, como um processo necessário da feitura de significados e valores, na forma necessária de processo social geral de significação e comunicação, é realmente apenas um estorvo descrevê-lo como "mediação". Isso porque a metáfora nos leva de volta ao conceito mesmo do "intermediário" que, na melhor das hipóteses, esse sentido constitutivo e constituidor rejeita [Williams, 1978:103].

Como incorporar as reflexões de Williams ao estudo do cinema como prática social de produção de sentido? Creio que antes de qualquer coisa é fundamental evitar a perspectiva simplista de que o filme revela uma realidade que lhe é exterior, pois ao analisarmos o filme o que importa é a realidade do próprio filme. Ou seja, as condições de sua produção, os interesses nela envolvidos, suas escolhas estéticas, formais e autorais.

Assim, temos Ricardo Larraín, cineasta com experiência em filme publicitário que estreia aos 34 anos seu primeiro longa-metragem, que se torna sucesso de crítica internacional. Temos um Chile em 1991, consolidando o seu processo de redemocratização, deslanchado pelo "não" no plebiscito de 1988. Temos Ramiro Orellana, professor de matemática, condenado ao desterro, em 1985, simplesmente por ter assinado um abaixo-assinado pedindo que se aclarasse o paradeiro de um professor seu amigo. Um homem comum, envolvido pela política da época, mas sem ser militante de organização alguma, que vive uma situação inusitada de entrelugar e entretempos.[1] Por fim, temos um filme que encena a história, por meio da elaboração de uma narrativa repleta de metáforas e metonímias, na qual personagens, situações e embates definem o rumo da análise.

Chile em três tempos: 1973, 1985 e 1991

Nesta parte as datas são tratadas como balizas de referência para compor uma narrativa histórica. Cada marco cronológico define-se por um conjunto arbitrário de fatos associados ao cenário que se quer reconstruir — a história chilena de 1973-1991. O contexto aqui é a ambientação ilusória que fornece sentido a situações muitas vezes inusitadas.

1973: o país vive uma situação constante de tensão política; cresce a adesão dos setores populares ao governo de Allende, ao mesmo tempo que a oposição de direita se organiza com o apoio dos EUA. Em junho, o arremedo de golpe de uma parte do Exército, o chamado *tancaço*, seria o prenúncio de um perigo real e imediato.

Na manhã de 11 de setembro, a crônica de uma morte anunciada se desenrola, e a história como tragédia é vivida em imagens e sons. Pela Rádio Magallanes, Allende proferiu seu último discurso antes de ser morto:

> Seguramente, esta será a última oportunidade em que poderei dirigir-me a vocês. A Força Aérea bombardeou as antenas da Rádio Magallanes. Minhas palavras não têm amargura, mas decepção. Que sejam elas um castigo moral para quem traiu seu juramento: soldados do Chile [...] Diante destes fatos só me cabe dizer aos trabalhadores: não vou renunciar! Colocado numa encruzilhada histórica, pagarei com minha vida a lealdade ao povo. E lhes digo que tenho a certeza de que a semente que entregamos à consciência digna de milhares e milhares de chilenos não poderá ser ceifada definitivamente. [Eles] têm a força, poderão nos avassalar, mas não se detêm os processos sociais nem com o crime nem com a força. A história é nossa e a fazem os povos. [...] Dirijo-me a vocês, sobretudo à mulher

---

[1] Creio que essas noções, apresentadas por Homi Bhabha (1998) ao considerar a produção cultural pós-colonial, aplicam-se bem ao contexto de dominação e de perda de referências tradicionais que o filme aborda.

simples de nossa terra, à camponesa que nos acreditou, à mãe que soube de nossa preocupação com as crianças. Dirijo-me aos profissionais da pátria, aos profissionais patriotas que continuaram trabalhando contra a sedição auspiciada pelas associações profissionais, associações classistas que também defenderam os lucros de uma sociedade capitalista. Dirijo-me à juventude, àqueles que cantaram e deram sua alegria e seu espírito de luta. [...] Trabalhadores de minha pátria, tenho fé no Chile e seu destino. Superarão outros homens este momento cinzento e amargo em que a traição pretende impor-se. Saibam que, antes do que se pensa, de novo se abrirão as grandes alamedas por onde passará o homem livre, para construir uma sociedade melhor. Viva o Chile! Viva o povo! Vivam os trabalhadores! Estas são minhas últimas palavras e tenho a certeza de que meu sacrifício não será em vão. Tenho a certeza de que, pelo menos, será uma lição moral que castigará a perfídia, a covardia e a traição.[2]

1985: ano em que imaginariamente a história do filme *La Frontera* se desenrolava. Passados 12 anos do golpe militar, com a ditadura ainda forte, mas sofrendo oposição cada vez mais bem-organizada, casos como o do professor Ramiro Orellana apontam para a situação de desordem legal no combate aos opositores e para a reação dos setores progressistas que se utilizam do aparato legal para defender os perseguidos.

Nos extras do filme *La Frontera* está incluída uma cronologia para acompanhar a situação que prepara a ambiência histórica na qual se desenrola o filme. Parte de 1981 e chega a 1985, com os seguintes destaques:

- 1981. Nova lei das universidades autoriza a criação de universidades privadas. Criou-se então um conjunto de novos institutos profissionais e universidades. Entra em vigência a nova Constituição. Começam a funcionar as AFPs. Inaugura-se a primeira Feira do Livro. Foi assassinado o líder sindical Tucapel Jiménez. Casaram-se Charles e Diana com uma transmissão televisiva de massa. O recém-nomeado presidente dos EUA Ronald Reagan sofre um atentado. A empresa IBM lança o PC no mercado. O papa João Paulo II sofre um atentado na praça de São Pedro em Roma.

---

[2] Disponível em: <http://poemaseconflitos.blogspot.com/2008/09/o-ultimo-discurso-de-salvador--allende.html >. Acesso em: 7 jun. 2009.

- 1982. Desvalorização do peso, liberdade cambial, fim da taxa fixa do dólar, início da recessão econômica. O Poder Executivo no Chile se transfere para o recém-recuperado Palácio de La Moneda; Madre Teresa de Calcutá visita o Chile. Início da Guerra das Malvinas entre Argentina e Inglaterra; Morrem Henry Fonda e Ingrid Bergman. A Itália ganha o Campeonato Mundial de Futebol realizado na Espanha. Êxito dos filmes *E.T.*, de Spielberg, e *Blade runner*, de Riddley Scott. Michael Jackson consolida-se como um mega *pop star* com o disco *Thriller*.
- 1983. Intervenção nos bancos de Santiago do Chile. Primeiro protesto nacional. Onda de protestos, panelaços, buzinaços, avanço do movimento estudantil, barricadas e demais formas de manifestação. Novo protesto com mobilização nacional. Em 29 de março, Helmut Kohl se torna chanceler na Alemanha. Na Itália, Bettino Craxi torna-se o primeiro socialista a presidir o conselho de ministros. O candidato da Union Cívica Radical, Raúl Afonsín, ganha as eleições presidenciais argentinas.
- 1984. Quatro miristas se refugiam na Nunciatura por três meses até obterem salvo-conduto para irem para Cuba. Protesto nacional: mil presos, 150 feridos e 10 mortos como saldo. Em novembro se declara estado de sítio no território nacional chileno. Morre o sacerdote da *población* La Victória André Jalan. Assinado no Vaticano o tratado de paz e amizade entre Chile e Argentina. A URSS decide participar da Olimpíada de Los Angeles. Estreia *O exterminador do futuro*, com Arnold Schwarzenegger. Espalha-se pelos EUA o estilo cultural *rap*.
- 1985. Um forte terremoto, de 7,7 na escala Richter, assola sete regiões do Chile, entre Coquimbo e Valdívia, deixando um saldo de 177 mortos e 500 mil feridos. Aparecem os corpos degolados de José Manuel Parada, Manuel Guerrero e Santiago Nattino. O governo autoriza a realização de uma concentração de oposição no Parque O'Higgins, convocada pela Aliança Democrática. Gorbatchov assume a direção do PC da URSS. Morre Orson Welles. Terremoto no México com mais de 7 mil vítimas.
- 1991. Consolida-se a transição democrática chilena. Em 1988, Pinochet fora derrotado em plebiscito previsto pela Constituição. Foram convocadas eleições para o ano seguinte. Em 1990, Patricio Aylwin tomou posse como presidente do Chile. Começa a transição democrática. Estreia o filme *La Frontera*, de Ricardo Larraín, que após sua estreia ganha o Urso de Prata no Festival de Berlim.

Vale lembrar que 1989 foi um ano para não se esquecer: queda do muro de Berlim e primeira eleição presidencial no Brasil, depois de quase 30 anos de ditadura civil-militar, com a vitória de Collor de Mello. Nesta parte a cronologia habilita a percepção da história como tragédia...

La Frontera e a experiência do desterro no cinema

A análise histórica de filmes, seguindo a trilha da crítica cinematográfica, depois de delimitar as condições históricas da produção do filme quanto um artefato cultural resultante de um processo de mediação, pôde enveredar para a "leitura" do filme como um documento histórico. Claro que numa perspectiva de que todo documento é também monumento, pois tanto informa quanto conforma determinada maneira de representar a experiência passada.

A análise historiográfica do filme de ficção se aproxima muito das possibilidades de análise da literatura, com a devida incorporação dos elementos constitutivos da linguagem cinematográfica: planos, enquadramentos, movimentos de câmera, sons, trilha sonora, diálogos, performance de atores etc. Pode-se tomar o filme como um todo ou, ainda, recortar cenas para a análise específica, de acordo com o objeto de estudo. As escolhas metodológicas devem variar de acordo com o objeto de estudo proposto.

Neste texto, especificamente, proponho a análise do filme segundo os personagens, situações e embates, para avaliar como a história é nele encenada. Assim, a metodologia proposta parte da apresentação dos personagens, escolhe as cenas nas quais a história como processo é representada e avalia os embates que põem os personagens em ação.

Para apresentar sumariamente a história, fazendo jus à produção do filme, recupero o resumo de divulgação da película:

> Durante os últimos anos do governo militar, Ramiro Orellana foi condenado à pena do desterro, se torna um relegado, exilado dentro de seu próprio país.
>
> Ramiro foi levado à região de La Frontera, terras frias e desoladas que foram o limite entre o domínio espanhol e araucano no Sul do Chile, e cuja história está repleta de lendas e maremotos. O universo de *La Frontera* é colorido pelo realismo mágico latino-americano, em que personagens singulares misturam cotidianamente o mito e a lenda com a realidade.

Nesse enigmático lugar, Ramiro se envolve com vários tipos. Vive uma intensa e contraditória história de amor com Maite, espanhola que ali chegou no barco francês *Winnipeg*, enviado com refugiados da Guerra Civil Espanhola pelo poeta Pablo Neruda quando era embaixador na Espanha.

Trabalha com um mergulhador que é obcecado por descobrir a origem dos maremotos, que, a seu juízo, resultam da existência de dois mares paralelos que se conectam por um buraco. A sua suspeita é que o buraco de passagem fica na região da Frontera. Um padre canadense que divide seu trabalho de missionário com uma machi araucana. O pai de Maite, um velho espanhol exilado da Guerra Civil que todos os dias se posta no ancoradouro e faz uma viagem imaginária a sua Espanha exilada. Os dois encarregados de manter a autoridade local, apresentados de forma burlesca e desconcertada.

Todos esses personagens definem o universo onde o professor de matemática vive o seu desterro.

Dos personagens acima apresentados temos uma configuração cênica na qual os personagens são tomados como metonímia de sujeitos históricos:

- *Ramiro Orellana*: professor de matemática condenado à pena de desterro por ter assinado um manifesto contra o sequestro de um professor amigo. Ele é a síntese de sua geração. Condenado simplesmente por ser contra a arbitrariedade e manifestar-se publicamente. Reafirma que não é perigoso, pois defende a legalidade.
- *O delegado e o secretário*: as instâncias da (des)ordem do poder civil-militar, ao mesmo tempo que já apontam para a transição entre a velha ordem (o velho delegado) e a nova possível ordem (o jovem secretário). Eles discordam em algumas situações, e o mais jovem tem sempre a última palavra.
- *O padre*: com sotaque inglês (não se sabe no filme se ele é canadense ou estadunidense), caracteriza a posição ambígua da Igreja chilena, que não assume uma posição contrária, pois quer se manter acima do bem e do mal, para garantir a ação caridosa.
- *Maite*: a mulher forte que garante a sobrevivência afetiva, física e sexual de Orellana. Ela é a história que alimenta de esperança as gerações futuras. Uma Clio espanhola.
- *Machi*: curandeira mapuche que incorpora as tradições profundas e contraditórias do povo chileno.

- *O mergulhador*: o "povo chileno", entidade mítica e parte do imaginário coletivo, e que em outras histórias assume a máscara do *roto chileno*, o povo simpático, crédulo, receptivo.
- *O exilado espanhol* (d. Ignácio): incorpora as guerras passadas, os loucos da história e a ausência de sentido dos grandes eventos da história.

A dinâmica dos personagens é delimitada em sintonia com a experiência histórica chilena, em sequências que destaquei para uma análise mais detida.

Sequência 1

Autoridades militares levam o prisioneiro para cumprir pena de *rellegaminento*. Na primeira cena os dois encarregados militares discutem se foi a bandeira ou o hino nacional do Chile que ficou em segundo lugar em relação à bandeira francesa e à Marselhesa. Não chegam a uma conclusão. Então, perguntam ao professor se ele sabia, ao que ele responde que não, e um dos encarregados o desdenha e indaga sobre a "classe de professores a que ele pertence".

A sequência se inicia com um plano geral do local por onde o carro está passando. Podemos observar o tipo de local, as construções rústicas, o chão de terra, os transportes de tração e a proximidade ao mar. Fecha o enquadramento nos limites do interior do carro, em *contraplongée*, onde transcorre a conversa, e a câmera transita entre os dois encarregados militares, tendo como fundo a janela com a paisagem que os acompanha. O professor ainda não aparece no quadro da cena, e os ruídos são do deslocamento do automóvel. Na cena final o professor entra no quadro. A sequência termina fechando o quadro no professor, que observa da janela a paisagem. Aqui se apresentam o local, o significado atribuído ao patriotismo legal e quem é o prisioneiro.

Sequência 2

Chegada de Orellana ao povoado onde cumpriria a pena de desterro. A sequência é composta de três cenas. A primeira se inicia com um plano médio, mostrando a chegada de um carro velho ao ancoradouro. Descem dois homens, um mais velho e outro jovem; à medida que ambos se aproximam dos dois encarregados militares que os estão aguardando na balsa, o enquadramento fecha em plano americano. Nessa primeira cena os oficiais locais, civis, são confrontados com os oficiais da capital, militares. O desdém dos militares é compensado pela segurança com que o delegado civil diz que vai cumprir com as suas responsabilidades e que possui contato por rádio. Na segunda cena, ainda em plano americano, as autoridades militares explicam ao poder local a situação de Orellana, que não é um prisioneiro, mas um *rellegado*, e por isso não fica enclausurado. Mas, como não pode sair do povoado, deve assinar um livro de presença, cujo horário deve garantir que ele não se desloque muito além das fronteiras do povoado para o qual foi desterrado. A cena final passa do plano americano para o plano médio, acompanhando o deslocamento dos personagens no quadro filmado. Nessa cena Orellana é incluído, pois sua guarda é transferida às autoridades locais. Os diálogos são acompanhados do som do mar e dos pássaros.

A sequência dá conta da distribuição de competências entre as autoridades civis e militares, como também da sujeição de setores civis às ordens militares. Explica o significado da condição jurídica desse tipo de exilado, ressaltando o fato de que não é prisioneiro, apesar de não poder ultrapassar as fronteiras do povoado. Sua circulação é demarcada por um limite temporal.

Sequência 3

O padre apresenta Orellana à comunidade ao final de uma missa. A sequência é formada por um conjunto de cenas curtas, que enquadram os personagens que já apareceram antes, à medida que entram na igreja para o velório de um dos moradores que faleceu na noite anterior de bebedeira. Todas essas cenas curtas variam do plano médio para o plano americano e são acompanhadas de uma música tocada por um órgão que faz parte da cena (não é fundo musical). Um dos destaques da cena curta: o padre pergunta o nome do defunto que está sendo velado na missa, e seu companheiro de trabalho, o mergulhador, simplesmente responde "compadre", ao que o padre indaga o nome de batismo. Como ninguém sabe, o padre resolve o impasse dizendo que Deus o saberá reconhecer. O clímax é dado quando o padre, antes de os fiéis se dispersarem, pede atenção para apresentar o professor, que é por ele chamado de terrorista (nesse momento a música assume o tom de suspense). Orellana contesta, mas o padre não lhe dá ouvidos e continua a sua preleção, dizendo que não importa quem seja: se acolhido na casa de Deus, é preciso ser caridoso. A cena final se passa entre o plano geral da igreja e o plano médio que opõe o padre a Orellana.

Nessa sequência dois elementos merecem destaque: o povo sem nome que Deus reconhece e recebe no seu reino e a posição ambígua da Igreja chilena, que chama de terrorista quem não é e acolhe a todos na hora da necessidade, em nome de um princípio vago de caridade.

Sequência 4

Conversa de Ramiro com Maite, a exilada da Guerra Civil Espanhola. Na igreja, Maite convida Ramiro para um passeio pela ilha. A sequência do passeio começa com a chegada de ambos ao lugar. Filmadas em plano geral, as cenas se sucedem com protagonismo de Maite, que espanta as vacas do local, conserta a porta e explica a Ramiro que aquela era a sua casa, construída pelo seu pai e destruída pelo maremoto que levou sua mãe e seu filho, cujos corpos nunca foram encontrados. À medida que a conversa se torna mais pessoal, a câmera se aproxima, juntando ambos os personagens dentro do mesmo quadro. A sequência conclui com uma cena em plano médio, na qual Maite relata a vinda da Espanha no barco *Winnnipeg*, graças a Pablo Neruda, poeta que na época era embaixador do Chile na Espanha. A explicação é seguida de uma série de reflexões sobre a perda e a necessidade de mantermos contatos com nossas raízes passadas.

A sequência caracteriza a relação do Chile com o passado histórico e a presença dos exilados da Guerra Civil no Chile. Reflete sobre as perdas históricas de uma esquerda militante, sobre as perdas afetivas de uma mulher sozinha, sobre as perdas existenciais das fatalidades, referindo-se ao maremoto, e por fim sobre as perdas políticas recentes do golpe militar. O diálogo é acompanhado do barulho do mar batendo nas rochas e na praia.

Sequência 5

As desculpas do padre, a apresentação da posição da Igreja e dos motivos pelos quais Ramiro Orellana foi desterrado. A sequência se inicia com uma cena em plano geral do quadro, onde ambos estão dormindo. Nela o padre se desculpa, o plano enquadra seu rosto a certa distância, e ele explica sua posição de não querer se envolver para poder fazer a caridade. Orellana, virado de costas, diz ao padre para não se preocupar. O padre lhe pergunta o motivo da pena, e Orellana responde que era terrorista, ao que o padre retruca: "Você não me perdoou", e levanta-se para rezar. Segundos depois, Orellana o segue e diz a razão da sua sentença: assinou um manifesto contra o sequestro de um amigo. Toda a sequência é silenciosa e se passa no interior da igreja, um ambiente escuro, mas intimista, ensejando o ambiente de confissão.

Sequência 6

Encontro de Ramiro com d. Ignácio, pai de Maite e exilado da Guerra Civil Espanhola. Na primeira cena da sequência, Ramiro chega à casa de Maite para entregar os mariscos que ele mesmo recolheu, como forma de comprovar a ela que o seu estímulo de viver a vida estava surtindo efeito. Abre a porta o seu pai, que lhe diz que sua filha está ocupada. Ramiro assente e pede para d. Ignácio entregar os mariscos a Maite. Toda a sequência de primeiras cenas se passa em plano médio. Antes de ele partir, d. Ignácio pergunta se Ramiro é o *rellegado*, ao que este responde que sim. Diante da resposta, o pai da moça o convida para entrar na casa e o conduz ao porão, onde tem uma espécie de arquivo, com documentos e fotografias colocadas para secar num varal improvisado, para enfrentar a umidade local. Nesse momento começa um diálogo entre o militante aguerrido na luta contra o fascismo e o sujeito que se viu envolvido na política por força das contingências, e que está num entretempo e num entrelugar. Não pertence àquela grande narrativa heroica, pois se reafirma o tempo todo como inofensivo, e não pertence àquele lugar, pois não tem raízes ali e não se identifica com aquela situação. A reposta do velho militante é um discurso delirante, de que não se fazem mais fascistas como antigamente e de que não adianta lutar porque os fascistas e o mar continuam fazendo mortos.

Aqui as imagens de arquivo, o discurso racional de Orellana e o delírio do velho militante confrontam o discurso de uma história racional e a existência de uma memória trágica.

Sequência 7

Visita do filho, da ex-esposa de Orellana e de um amigo. Estes conversam de longe, pois foram impossibilitados de desembarcar por conta da proibição das autoridades locais. A sequência se inicia com uma cena em plano americano, na qual se identifica um jovem tirando fotos. A câmera se move, e entra no quadro uma mulher madura de cabelos lisos e vermelhos, vestida com capa de chuva transparente; a câmera mantém o enquadramento e entra no quadro um homem adulto. A segunda cena é a do secretário em terra gritando para parar a balsa, pois eles não podem desembarcar. Na terceira cena há uma breve discussão sobre a legalidade da proibição: a mulher contesta e desafia o secretário, que reage disparando um tiro para o alto. Na cena quatro a mulher se intimida com o disparo, e todos se aquietam. Chega Orellana, que se emociona ao ver o filho, mas não é correspondido, e os diálogos transcorrem com pouca naturalidade, até que Orellana, num ataque de ciúme, perde a cabeça e se torna agressivo. Sua ex-mulher o repreende, e ele se recompõe; pede, por favor, para os visitantes descerem na ilha, mas as autoridades locais não transigem. A sequência se encerra com um *close-up* em Orellana, e ouve-se a voz do seu filho gritando-lhe *"papa!"* e cantando uma canção conhecida.

As cenas na balsa são em plano americano, com a câmera aproximando-se do rosto dos personagens, sem no entanto fazer um *close-up*. Em terra as tomadas são em plano médio. Não há fundo musical, mas apenas gritos dos personagens e o leve burburinho do mar.

A sequência enviereda pelas questões existenciais que envolvem as escolhas políticas, com todas as suas perdas e ganhos. O fato de ser exilado na Europa deixa o filho de Ramiro numa situação muito distinta da maioria do povo chileno, com o qual, nesse momento, em outro tipo de exílio, Ramiro se sente muito mais identificado.

Sequência 8

Depois de um desentendimento com Maite, Ramiro vai para o bar, onde se depara com uma noite típica de sexta-feira, num povoado em que a maioria das mulheres são casadas. Na sequência se sucedem três cenas: Ramiro sentado, bebendo no balcão; Ramiro, entre os pares de homens que dançam abraçados uma música local, faz um discurso sobre a alienação e termina chamando todos eles de *"maricones"*; Ramiro, arrependido, chora porque ninguém quer dançar com ele; então, outro homem se aproxima e dança com ele, que chora copiosamente. As cenas se passam do plano americano para o plano médio. No momento em que Ramiro chama a todos de *"maricones"*, a música para, o clímax se impõe, e retoma-se o baile.

O mergulho existencial que havia começado com o encontro do passado, na balsa que não pode atracar, se aprofunda na confrontação da condição de fragilidade masculina num país onde todos são homens.

Sequência 9

O professor é liberado, a pena de desterro é revogada, e ele pode voltar a Santiago. A sequência se divide em duas cenas: a primeira é o encontro das autoridades civis com Ramiro e o mergulhador, no caminho deles de volta do trabalho. Plano geral para plano médio, com uma bela paisagem campestre ensolarada. O tom da autoridade local é amigável, tratando Ramiro de professor. A segunda cena transcorre na delegacia, onde Ramiro se inteira do que está acontecendo. Mas o delegado cisma que Ramiro deve voltar imediatamente, e este, agora livre, fala para as autoridades aturdidas sobre o seu direito. A cena passa de plano médio a americano, e a câmera passeia por entre os personagens, caracterizando a nova condição de Ramiro, de poder circular por onde lhe der na telha.

A sequência caracteriza a incapacidade das autoridades civis e militares para lidarem com a transição democrática, totalmente legal, com base na Constituição, que é uma das heranças malditas da ditadura chilena de então.

Sequência 10

Depois de um novo maremoto, que mata o pai e a filha exilados, bem como o mergulhador, que se arriscara a comprovar a sua hipótese (sobre a existência de um buraco que liga dois mares), todo o povoado se junta no cemitério, situado em uma colina.

A sequência, composta por uma única cena em *travelling*, percorre o cemitério à noite, mostrando todos os sobreviventes, até fechar o quadro em Ramiro, que abaixa a cabeça e fecha os olhos. Ao fundo, o som da reza da Mach, sacerdotisa mapuche, se mistura às orações do padre católico, às trovoadas e aos estrondos do mar.

Sequência final

Cena única. Ramiro, enquadrado pela câmera da televisão que vem cobrir o maremoto, reconhece que havia sido condenado ao *rellegamiento*. O jornalista lhe pede o depoimento por ser ele o condenado e ao mesmo tempo vítima do maremoto. Enquadrado em preto e branco pela câmera, Ramiro diz: "Meu nome é Ramiro Orellana, sou professor de matemática, fui relegado por haver assinado uma declaração pública, denunciando o sequestro e o desaparecimento de meu colega Oscar Aguirre. Protesto que agora reitero, e isso é tudo o que tenho para dizer". Silêncio e *fade out*.

Aqui o mergulho existencial se consuma no confronto com a perda e a precariedade de qualquer situação permanente. Ramiro reafirma seu ato e assume o risco que isso pode representar para si e para os outros; não teme mais, pois não há mais nada a perder.

Nas situações apresentadas nessas sequências, as autoridades civis, que assumem funções militares, antagonizam com as gerações em busca de uma via legal para a reconstrução democrática. A história, por sua vez, não ensina lições ao poder constituído, mas fornece o apoio necessário para que as gerações em luta confirmem sua posição de combate.

O princípio de sobrevivência é recuperado em contato com o "povo", que, apesar das adversidades de uma natureza indomável, mantém as suas esperanças, como também inventa novas estratégias de sobrevivência. No entanto, diante das lutas passadas e da imprevisibilidade do futuro, o presente não parece fazer muito sentido, e a própria história parece uma tragédia desnecessária.

O filme, como resultado de um processo de mediação, foge ao princípio da história como discurso da prova e nos leva a pensar que determinadas evidências históricas servem para construir outra história, que lida com representações, mais do que com provas, com a imaginação, mais do que com evidências factuais, porém nem por isso deixa de falar de situações e experiências bem reais, como essas de exílios, desterros e perdas.[3]

Conclusão

A escolha do filme *La Frontera*[4] não foi aleatória, pois tem a ver com minha situação de espectadora de cinema, que por sua vez está ligada a outra situação: a de

---

[3] Sobre esse deslocamento na escrita da história, ver Knauss (2006) e Ginzburg (2008).
[4] Ficha técnica do filme: título: *La Frontera* (Chile, 1991, 120 minutos); diretor: Ricardo Larraín; roteiro: Ricardo Larraín e Jorge Goldemberg; fotografia: Hector Rios; música: Jaime de Aguirre; elenco: Patricio Contreras, Gloria Laso, Alonso Venegas, Héctor Noguera e Aldo Bernales; produtora: Cine XXI Ltda.

casada com um chileno. Assisti ao filme tempos atrás, acompanhada de Alejandro, com quem sou casada há pouco mais de 20 anos. Sempre vemos filmes associados à "retomada do cinema chileno", acompanhando, mesmo que de longe, a recuperação da produção cultural chilena, tão prejudicada nos anos da ditadura.

Alejandro, que no ano do golpe tinha 14 anos, não é um exilado político, não chegou ao Brasil fugindo de uma perseguição política específica. Veio de férias, em 1988, mas resolveu ficar, escolheu uma espécie de exílio voluntário, justamente num momento em que o seu país se abria à transição democrática. Não cabe aqui explicar os motivos da saída de Alejandro, mas, tal como o Ramiro do filme, sua situação de deslocamento lhe permitiu ver com mais clareza sua própria existência.

Ao lidar com a perda como objeto de estudo, entramos no âmbito da história das representações, das sentimentalidades e das escolhas existenciais, o que nos conduz a novos domínios da operação historiográfica. Domínios desconhecidos e desafiadores, que nos obrigam sempre a pensar além da segurança das evidências explícitas e das categorias consagradas. O cinema, trabalhado como processo de mediação social, nos fornece algumas trilhas nesses domínios desconhecidos, e o desafio é também o de superar as fronteiras da história.

Referências

BHABHA, Homi K. *O local da cultura*. Belo Horizonte: UFMG, 1998.
FRANCASTEL, Pierre. *Realidade figurativa*. São Paulo: Perspectiva, 1973.
GINZBURG, Carlo. *Fios e rastros*: o verdadeiro, o falso e o fictício. São Paulo: Companhia das Letras, 2008.
KNAUSS, Paulo. O desafio de fazer história com imagens: arte e cultura visual. *ArtCultura*, Uberlândia, v. 8, n. 12, p. 97-115, jan./jun. 2006.
LEUTRAT, Jean-Louis. História e cinema, uma relação de diversos andares. *Imagens*, n. 5, p. 28-33, ago./dez. 1995.
ROSENSTONE, Robert. *El pasado en imágenes*: el desafío del cine a nuestra idea de la historia. Barcelona: Ariel, 1997.
VANOTE, Francis; GOLIAT-LÉTÉ, Anne. *Ensaio sobre análise fílmica*. Campinas: Papirus, 1994.
WILLIAMS, Raymond. *Marxismo e literatura*. Rio de Janeiro: Zahar, 1978.

9. NA VELOCIDADE DAS MUDANÇAS HISTÓRICAS EM *RABO DE FOGUETE: OS ANOS DE EXÍLIO*[*]

Solange Munhoz[**]

A leitura da obra *Rabo de foguete: os anos de exílio*, de Ferreira Gullar, destaca que o exílio como consequência do golpe militar de 1964 no Brasil está associado, de modo geral, a perdas individuais e coletivas diversas: profissionais, afetivas, sociais, culturais e políticas. Sendo assim, a vida do exilado se estabelece sob o signo da provisoriedade e da identidade em crise.

De acordo com o escritor argentino Héctor Tizón (1995:2), o exílio "é um viver à margem, um costume de se sentir sem limites, como um homem intangível, anódino e sem biografia". É, portanto, uma condição de perda experimentada subjetivamente e representa uma ruptura na ordenação de uma história de vida. Em *Rabo de foguete*, a negatividade com que está identificada a experiência do exílio compromete a possibilidade de se narrar os eventos de modo estável, afetando, por um lado, a construção do texto como um relato autobiográfico nos moldes canônicos, e, por outro lado, a construção fictícia dos acontecimentos, uma vez que a experiência está diretamente relacionada com a vida de Ferreira Gullar.

Para verificar de que maneira a linguagem é provocada em busca de novos modos de narrar uma experiência de vida que evoca um referencial contaminado pela violência, como é o caso do exílio, nos deteremos na análise da configuração da voz narrativa que escreve sobre sua experiência de exilado e reconstrói sua biografia e que se move entre estratégias de autorrepresentação

---

[*] Este capítulo tem por base a dissertação de mestrado *Narrar a vida à margem: o exílio em* La casa y el viento, *de Héctor Tizón,* En estado de memoria, *de Tununa Mercado, e* Rabo de foguete: os anos de exílio, *de Ferreira Gullar*.

[**] Professora de língua espanhola do Centro Estadual de Educação Tecnológica Paula Souza (Ceeteps) e de literatura hispano-americana das Faculdades Integradas Paulista (FIP).

vinculadas à autobiografia e à ficção. Dividimos este capítulo em quatro partes e dedicamos a primeira a apresentar os aspectos temáticos e estruturais de *Rabo de foguete: os anos de exílio*.

Na velocidade das mudanças históricas

Os acontecimentos que compõem a matéria narrativa de *Rabo de foguete* se concentram no período de maior endurecimento da ditadura no Brasil, precisamente entre 1970 e 1977. Pelo prólogo, tomamos conhecimento de que se trata de uma autobiografia em que o poeta Ferreira Gullar vai se deter na história de sua vida no exílio, começando o relato pelo seu ingresso na clandestinidade após ser delatado por um companheiro do Partido Comunista Brasileiro (PCB).

Nessa época, Gullar havia sido eleito — contra a sua vontade, de acordo com o livro — para o quadro de dirigentes estaduais do PCB. No entanto, sua luta contra a ditadura é anterior ao cargo de liderança e diz respeito tanto à sua posição como cidadão quanto à sua posição como escritor. Na década de 1960, por exemplo, esteve envolvido com os movimentos sociais e culturais de esquerda, tendo participado do Centro Popular de Cultura (CPC) da União Nacional dos Estudantes (UNE) — um importante polo de efervescência cultural e artística.

No livro *21 escritores brasileiros: uma viagem entre mitos e motes*, encontramos uma entrevista de Gullar em que, ao examinar seu comprometimento poético e político na época, assume ter usado a escritura como meio de conscientização, apesar das perdas estéticas que gerou em sua produção literária:

> No CPC fiz poemas de cordel não para fazer literatura, mas simplesmente para usar minha habilidade de poeta com o propósito de conscientizar politicamente as pessoas. Deixei de ser escritor, era um ativista político, usava minha habilidade para conscientizar politicamente [entrevista concedida a Lucena, 2001:104].

A participação no CPC instiga o escritor a ingressar no Partido Comunista após o golpe de 1964, e a posterior perseguição política vai obrigá-lo ao exílio depois de um período de aproximadamente um ano de clandestinidade.[1]

---

[1] Em revista publicada em 2006, Gullar deu a seguinte resposta ao entrevistador que lhe perguntou se o seu ingresso no PCB, em 1º de abril de 1964, teria sido provocação: "Não. Foi para resistir à ditadura. As circunstâncias eram especiais. Já trabalhava com o pessoal do partido no Centro Popular de Cultura, da UNE. Quase todo o quadro era do PC. Só eu não. Os militares fecharam a UNE e o

Na velocidade das mudanças históricas em *Rabo de foguete*

Em *Rabo de foguete*, Gullar discute o sentido de sua atuação política e tenta compor seu retrato ao rememorar sua história de perdas, destacando sua condição de artista e de moderado opositor político em uma época de radicalismo. O texto é composto por 92 capítulos curtos, numerados, sem título, divididos em quatro partes. A ordenação dos acontecimentos se dá de modo linear, respeitando uma delimitação temporal que é regida pelos eventos históricos no início do livro e somente alcança a precisão cronológica nos últimos capítulos. A máxima precisão está na data de regresso de Gullar ao Brasil: "No dia 17 de março de 1977 tomei um avião com destino ao Rio de Janeiro, consciente dos riscos que corria mas disposto a corrê-los" (Gullar, 1998:261).

O relato se organiza em torno de segmentos curtos. De modo geral, os mais longos são aqueles em que o autor se detém na ponderação e na análise de temas políticos, como a avaliação que faz dos movimentos de esquerda. As intervenções do narrador se alternam com as intervenções das personagens em discurso direto, contribuindo para potencializar a característica de espontaneidade das ações da narrativa e dar agilidade à leitura. Como leitores, somos seduzidos a acompanhar Gullar em uma viagem vertiginosa rumo ao desconhecido e ao perigo. A vertigem da velocidade e do desígnio infeliz são reveladas pela expressão do título "rabo de foguete"[2] e pela naturalidade com que Thereza (mulher de Gullar) anuncia o telefonema que iria mudar o rumo de suas vidas:

— É para você, disse Thereza.
    Interrompi a brincadeira com o gato e, ainda sorrindo, segurei o fone, sem suspeitar que a minha vida começara a virar de cabeça para baixo. Era um sábado por volta das três da tarde [Gullar, 1998:9].[3]

A dinâmica da estrutura narrativa reflete na forma a urgência dos tempos de violência e as peripécias que Gullar empreendeu para fugir das perseguições e conseguir sobreviver. Uma análise delas evidencia as alterações que a clandestinidade e o exílio impuseram à sua realidade: separação da família e rompimento da convivência com os amigos, privação de prazeres do cotidiano,

---

CPC. Então decidi que, se fosse para resistir, seria num organismo que parecesse ter meios para isso. Não poderia brigar sozinho" (Machado, 2006:14).

[2] Davi Arrigucci Jr. (1999:388) lembra que o título nos remete aos versos da canção "*O bêbado e a equilibrista*, de João Bosco e Aldir Blanc, famosa na voz de Elis Regina: Meu Brasil.../ que sonha/ com a volta do irmão do Henfil/ com tanta gente que partiu/ num rabo de foguete".

[3] Valeria de Marco (2001:67) aponta o caráter trágico do enredo que essa citação anuncia e que contribui para a qualidade estética do relato.

perda do trabalho regular, afastamento da língua e dos interlocutores culturais, sendo que, a tudo isso, adiciona-se o fato de constar em um processo a ser julgado pelo Tribunal Militar. As separações e privações parecem infinitas, uma vez que Gullar deve escapar da ditadura brasileira e, posteriormente, da chilena e da argentina.

As primeiras peripécias se apresentam durante sua vida de clandestino: deve driblar a dificuldade de encontrar refúgio na casa de parentes ou amigos e a dificuldade de permanecer anônimo nesses locais. A alternativa à clandestinidade é o exílio, e Gullar vai vivê-lo em diferentes países, da Europa ou do Cone Sul, que, em comum, têm o fato de não estarem governados por regimes democráticos. Novas peripécias lhe aguardam nessa peregrinação, determinadas pelas transformações de ordem política.

Imediatamente à saída do Brasil, Gullar permanece algum tempo em Moscou, estudando no Instituto Marxista-Leninista, que era uma instituição clandestina, onde se formavam quadros para o movimento comunista internacional. Nesse lugar, conhece Elôina, por quem se apaixona e com quem vive uma intensa relação amorosa, cujo fim coincide com a volta à América.

Como os militares continuam no poder, o escritor opta por aproximar-se do Brasil por meio das nações vizinhas, seja Chile, Peru ou Argentina. No entanto, a sucessão de golpes nos países do Cone Sul, dos quais é testemunha, leva-o a fazer constantes opções e a elaborar diversas fugas. Sua situação de perseguido é agravada pela criação de uma rede de colaboração entre o Exército do Brasil e o dos países vizinhos para alcançar oponentes ao regime e revolucionários que se exilaram, como é o caso da Operação Condor.

Entre idas e vindas, Gullar se estabelece na Argentina entre 1974 e 1977, sendo que desta vez consegue manter a família, por pouco tempo, em sua companhia. É nesta parte do livro, a quarta parte, que os dilaceramentos experimentados pela família ganham relevo textual, contribuindo com nova faceta para a turbulência na vida do escritor. Conhecemos, então, os sofrimentos e as doenças que afetam alguns de seus parentes, como as fugas do filho mais velho e o diagnóstico de que sofre de esquizofrenia. O resultado é outra separação, com a volta da família para o Brasil, até que Gullar regressa ao Rio de Janeiro em 1977 e torna-se vítima da tortura nos porões da repressão, encerrando um ciclo que havia começado anos antes com sua entrada na clandestinidade.

Na velocidade das mudanças históricas em *Rabo de foguete*

Se por vezes centralizamos nossa atenção nas questões históricas que determinam as condições de vida de Gullar no Brasil ou nos países estrangeiros — como a experiência de golpes militares que tornam a América do Sul insegura —, é porque tais eventos geraram algumas das principais fissuras que ficaram impressas na memória do autor e encontram registro no livro.

Embora se apresente como autobiografia, *Rabo de foguete* pode ser lido como um romance de aventuras em que as fugas de Gullar para escapar da repressão no Brasil, Chile e Argentina dão o ritmo da narrativa e das peripécias e o jogo dos nomes (o verdadeiro e os falsos) contribui para desestabilizar a unicidade da relação entre autor, narrador e personagem. Nos próximos tópicos, procuraremos demonstrar a maleabilidade do romance, começando pela exploração dos aspectos mais fiéis à referencialidade.

É tudo verdade ou a palavra empenhada

Em *Rabo de foguete*, reconhecemos, em primeira instância, uma construção discursiva que afirma a coincidência de identidade entre autor, narrador e personagem. Ou seja, desde as primeiras páginas estão dadas as condições para a existência do pacto autobiográfico, conforme aprendemos com Philippe Lejeune (c. 1975). Essa condição é reforçada por meio da foto na capa, do texto da orelha e do corpo do livro, apresentando o Ferreira Gullar do presente que rememora e avalia acontecimentos do passado.[4]

No que diz respeito especificamente ao prólogo, alguns dados importantes que nos remetem à figura do autor são: o registro dos nomes de pessoas que lhe são íntimas ou de membros da vida cultural brasileira e a assinatura que coincide com as primeiras letras de seu nome (FG). Dessa maneira, propõe-se ao leitor uma aproximação específica à obra que deve considerar o caráter

---

[4] O protagonista dos eventos recordados já é um homem maduro e com filhos praticamente adolescentes quando passa a viver na clandestinidade e no exílio. Dizemos isso porque Gullar se diferencia do protótipo da geração de exilados pós-1968 que, de acordo com as pesquisas de Denise Rollemberg (1999:49-50), "está identificada a militantes mais jovens, extremamente críticos às posições e práticas do PCB, muitos originários do movimento estudantil, de onde saíram para se integrarem à luta armada em organizações que supervalorizavam a ação revolucionária — de *massas* ou de *vanguarda*". A autora estabelece a existência de duas gerações que vivenciaram a experiência do exílio, a de 1964 e a de 1968, cujos marcos fundadores são, respectivamente, o golpe que depôs Goulart e as manifestações, sobretudo de estudantes, que vão até a imposição do AI-5.

fidedigno das experiências narradas. Em um fragmento particularmente importante, encontramos:

> Nunca fez parte de meus planos escrever sobre os anos de exílio. Em 1975, quando Paulo Freire me solicitou um texto sobre minha experiência de exilado, para um livro que reuniria depoimentos desse tipo, neguei-me a escrevê-lo. Temia, de um lado, praticar inconfidências que comprometessem a segurança de companheiros, e de outro, sentia-me traumatizado demais para abordar o tema. Foi só recentemente, por insistência de Cláudia Ahimsa, que mudei de atitude. [...] Como o tempo aliviara os traumas e anulara as outrora inconvenientes implicações políticas da narrativa, pude hoje, ainda que hesitante em face de certas indiscrições, contar o que vivi [Gullar, 1998:5].

Lemos nesse fragmento o compromisso do autor com a autenticidade do narrado quando informa sua intenção de contar o que viveu. Essa decisão não foi tomada de modo repentino ou inconsequente, ao contrário, foi longamente ponderada e amadurecida, como demonstram as mais de duas décadas existentes entre o pedido de Paulo Freire (1975) e a publicação do livro *Rabo de foguete* (1998).

Entre os motivos que o autor aponta para tal cuidado, implicando a questão da autenticidade, estão os que dizem respeito à sua preocupação com os aspectos humanos e políticos envolvidos com o tema — por sinal, prenunciando a imagem de militante representada na narrativa —, bem como está em jogo sua própria dificuldade em abordar as experiências negativas vinculadas ao exílio ou, uma hipótese, em assumir publicamente acontecimentos da esfera privada passíveis de embates com os envolvidos, como pode acontecer com a publicação de um livro que se apresenta como depoimento.

Ferreira Gullar fundamenta o pacto autobiográfico ao acordar com o leitor o grau de referencialidade e nível de autenticidade que se pode esperar do texto (cf. Lejeune, c. 1975:36). Para a reconstrução do passado, são ressaltadas as semelhanças com a verdade e a possibilidade de comprovação dos eventos, seja porque são de caráter histórico e de domínio comum, seja porque foram compartilhados por pessoas que estão vivas. A preocupação em construir uma "imagem do real" pode ser detectada também na menção ao risco de indiscrição, circunstância possível apenas para aqueles que vivenciaram situações conflituosas e da esfera íntima ou particular; e na menção a nomes de pessoas mais ou menos conhecidas publicamente.

O compromisso de fidelidade com o real, que implica a superação do aspecto "hesitante em face de certas indiscrições", insinua uma faceta caracterizadora da construção do protagonista no corpo do texto principal. Trata-se de um ativo participante como ator social, que responde às contingências do seu tempo histórico e assume determinadas responsabilidades em observância à luta pelos valores democráticos, mas cuja lealdade é dedicada à expressão de seu pensamento, mesmo quando isso o indispõe com seus interlocutores, inclusive com seu grupo político.

Em consequência, nas experiências que Gullar reconstrói, embora situe o leitor diante de um ativista que considera as perspectivas da esquerda em voga na época para a sua ação no campo político e intelectual — vide sua participação no Centro Popular de Cultura —, delineia-se como moderado e constantemente na contramão do que os outros esperam dele ou do que prenunciam os eventos. Em Moscou, ao terminar seus estudos no Instituto Marxista-Leninista, não se omite quando se trata de expressar seu pensamento político, mesmo conflitando com as concepções da maioria ou da conveniência:

> Cada coletivo escolheu um de seus membros para falar. E como era de se esperar, todos disseram que o povo de seu país admirava o governo da União Soviética e seu Partido Comunista. Eu, escolhido para falar pelo coletivo brasileiro, em lugar de dizer as coisas convencionais e falsas que estavam sendo ditas, preferi emitir uma opinião sincera. Disse que no Brasil o povo, por falta de informação, não distinguia entre o governo da União Soviética e o partido soviético; além do mais, a propaganda maciça a que era submetido pela imprensa, rádio e televisão, levava--o a ter uma visão negativa do que se passava na URSS, com exceção, claro, dos setores mais politizados e esclarecidos da população. Mal terminei de falar, Jorge pediu a palavra. Afirmou que o que eu dissera não correspondia à verdade, que eu não expressava a opinião do coletivo brasileiro [Gullar, 1998:85-86].

É possível encontrar em outros exemplos do livro a elaboração da imagem do autor revendo-se e revelando-se duplamente vítima: da repressão, que o impele ao exílio, e do partido, na figura dos companheiros e da orientação de Moscou, que nega suas ideias e contribuições. Por um lado, sobressai a disparidade entre a inteireza de seus atos e a falta de inteireza do partido e de seus representantes. Por outro lado, Gullar traça um percurso que explora as injustiças que padeceu e que são anteriores à sua entrada na clandestinidade — "Tudo armado antes" (Gullar, 1998:12), diz sobre sua eleição para dirigente.

Outro índice que reforça o pacto autobiográfico está na análise (extratextual) que o autor faz desta obra. Durante sua participação no programa *Jogo de ideias*, tivemos a oportunidade de lhe perguntar como havia sido para um ex-militante comunista a experiência de narrar os eventos do universo mágico e sobrenatural presentes em *Rabo de foguete*. Obtivemos como resposta que tudo o que estava no livro era verdade.

A fala de Gullar nos remete à ideia da construção da autoridade do escritor e, por conseguinte, aos estudos desenvolvidos pela pesquisadora Valeria de Marco sobre a literatura de testemunho na Espanha e na América Latina. Segundo De Marco, uma diferença importante entre ambas as produções diz respeito à presença frequente do uso de recursos jornalísticos nos textos de escritores latino-americanos — como Miguel Bonasso, Rodolfo Walsh, Fernando Gabeira e Ferreira Gullar. E propõe como hipótese explicativa a de que seria esta uma maneira de o "autor construir sua autoridade, de evitar a pecha ou acusação de ficcionista, para procurar impor a verdade de seu texto, para que o leitor creia estar frente a fatos vividos relatados por quem de fato viveu ou por quem tudo investigou e apurou com responsabilidade" (Marco, 2001:60).[5]

Os estudos de De Marco nos alertam para os momentos no texto em que o autor incorpora o interesse pelo cotidiano e pela investigação para apresentar sua versão de acontecimentos até hoje não esclarecidos ou que não receberam o devido tratamento público. No Chile, por exemplo, a curiosidade investigativa de repórter, que deve ser o primeiro a chegar ao local dos acontecimentos, pode ser verificada pelo interesse de Gullar em desvendar os ruídos de distúrbios na rua, o que o leva a testemunhar a morte do ajudante de ordens do presidente Allende (Gullar, 1998:160).

Apesar da pretensão de objetividade que reconhecemos na narração de alguns eventos e da preocupação com a referencialidade, uma vez que Gullar apresenta *Rabo de foguete* como estando colado à realidade, algumas caracte-

---

[5] O programa *Jogo de ideias* com a participação de Gullar, promovido pelo Itaú Cultural, foi ao ar em 13 de junho de 2003. Com respeito ao tema da verdade nas autobiografias, Luiz Costa Lima (1986:252-253) afirma que "o leitor menos ingênuo não confundirá uma confissão autobiográfica com a inequívoca declaração de verdade; contra os protestos de Rousseau, este leitor compreenderá que a confissão não passa de uma versão pessoalizada, sujeita a erros, enganos, esquecimentos, distorções e seleções conscientes ou inconscientes. Mas não poderá admitir que o autor esteja voluntariamente mentindo ou misturando o real com o ficcional". Esse ponto de vista supõe que o "relato é feito *de boa-fé*".

rísticas literárias verificáveis na obra tornam complexa a figura do sujeito que conta as experiências de certa fase de sua vida. Podemos começar o estudo dessas nuanças analisando a tensão que se estabelece entre o Ferreira Gullar militante e o Ferreira Gullar poeta para entender o afastamento da referência e a abertura de uma dimensão ficcional no texto.

Militância partidária e poética

Se em *Rabo de foguete* a primeira leitura que se destaca para a análise da obra e da voz narrativa está vinculada com a autobiografia, isso se deve em parte à intensa ressonância dos acontecimentos históricos na obra. É em função da militância política que a vida de Gullar e a de sua família sofrem dramáticas alterações. No entanto, essa militância esteve sempre acompanhada pela poesia. A máxima interação ocorreu quando Gullar transformou sua poesia em uma expressão didática para os fins políticos de conscientização com a prática dos cordéis na década de 1960. Anos depois, *Rabo de foguete* nos põe diante das tensões entre o militante e o poeta, multiplicando as faces do narrador.

Podemos rastrear essa tensão desde a clandestinidade, quando Gullar estabelece uma rotina em que, às vezes, os livros têm papel protagonista, seja porque conseguia realizar algum tipo de trabalho remunerado com a palavra, seja porque se dedicava à escritura ou à leitura de material que guardava relação direta com a sua situação. É o caso das anotações em seu diário e da leitura de *Autos da Devassa*, sobre o processo no qual Tiradentes é réu, em que a morte é o castigo para os opositores do regime. Gullar identifica o paralelismo entre a sua história e a de Tiradentes, ambos participantes ativos de episódios diferentes da história brasileira e vítimas de castigos que poderiam ser os mesmos, já que pairava sobre Gullar o risco de morte.

Embora a leitura e a escritura permeiem sua vida durante a clandestinidade e o exílio, mantendo-se ativo nesse campo, em parte, e graças à ajuda de seus amigos e conhecidos, algumas vezes a militância partidária entra em choque com a atuação poética. Em *Rabo de foguete*, identificamos esse choque como uma luta que acirra no poeta o sentimento de inconformidade com a militância e com o exílio, alcançando o ápice quando Gullar nega sua militância, apesar de ser membro do PCB e da direção estadual do partido: "Por que logo eu tinha que estar no exílio? Afinal nunca havia sido um militante político, nunca pusera a política adiante da poesia e da arte. Fora levado pelas circunstâncias a participar da luta em favor das reformas sociais e depois contra a ditadura que se instalara no país" (Gullar, 1998:78). Essa postura — que é também expressão de seu lamento pela saudade da vida que tinha no Rio de Janeiro — entra em tensão com a imagem de ativista político que escrevera cordéis com objetivos específicos. Um deles, por exemplo, foi escrito para ajudar na campanha pela libertação do líder comunista Gregório Bezerra: "Era um cordel intitulado *História de um valente* que fiz, em 1967, a pedido do partido, para ajudar na campanha em favor de sua libertação. Para me resguardar, assinei o poema com o pseudônimo de José Salgueiro" (Gullar, 1998:74).

Ao fragmento em que Gullar destaca a posição de poeta e artista em detrimento da de militante político e ressalta a injustiça de sua situação, soma-se o questionamento sobre o paradigma do revolucionário brasileiro. No capítulo 25, chega a duvidar dessa vocação revolucionária, pois para muitos dos que estavam em Moscou faltava a "mística do revolucionário, a convicção inabalável que determina o cumprimento rigoroso das decisões e o sacrifício sem limites". Entende que o motivo poderia ser a forma de o brasileiro "encarar a vida e os valores, com espírito crítico e algum ceticismo" (Gullar, 1998:71). E cita também episódios nos quais o humor e a relação conflitante do brasileiro com a hierarquia confrontam-se com a identidade e valores de pessoas de outras culturas.

O conhecimento das intrigas do partido leva Gullar a agir por conta própria em alguns momentos, desrespeitando a orientação que recebe de seus contatos. Estabelece uma distância que lhe permite fazer uma leitura da situação chilena pré-golpe militar que se contrapõe à de seu grupo político e que o ajuda a manter-se em liberdade e a fugir do país: ao chegar ao Chile na época da presidência de Allende, acreditando que o governo socialista corria riscos, regulariza sua condição de jornalista inscrevendo-se na instituição ligada à direita, que se chamava Colegio de Periodistas de Chile, e não na ligada à esquerda como seria o esperado. Entre os possíveis motivos para essa atitude, estão a crítica ao partido ou a ação de um intelectual esquerdista que é capaz de atitudes contraditórias (o extremo seria dizer, de qualquer atitude) para se salvar. Em ambos os casos, Gullar revela uma faceta incômoda de sua experiência.

As rememorações que têm a cidade de Moscou como cenário reservam para Gullar decepções como escritor e prenunciam outras tantas que sofrerá ao longo do exílio. Um dos conflitos que enfrenta diz respeito à impossibilidade de publicar ali sua obra, ainda que fosse conhecida ou apreciada. Enquanto sua entrevista sobre o tema da literatura brasileira pode ser publicada na revista russa de literatura estrangeira, o mesmo não acontece com seus poemas, apesar de serem considerados "excelentes" pelo responsável pela seção de literatura latino-americana. Isso porque não havia quem os traduzisse, pois a tradutora de língua portuguesa se negou a fazê-lo por considerar que os "poemas não eram marxista-leninistas e sim expressões da ideologia pequeno-burguesa" (Gullar, 1998:94).[6]

Novamente o choque, desta vez, entre o ponto de vista da tradutora e o do poeta (que coincide com o do editor sobre a qualidade dos poemas). Em outro plano, podemos ler que o choque é entre a arte engajada e a arte que não tem como meta intervir nas questões do presente — como se a experiência didática da poética dos cordéis devesse se prolongar e se reatualizar para resumir a produção de Gullar.

Mas cada tema exige sua própria forma de expressão, como discute Gullar ao narrar a gênese de *Poema sujo*. Para reconstruir o seu passado, "e tudo que vivera como homem", fazia-se necessário encontrar a linguagem e lhe dar uma forma, encontrar o que o poeta chama de "umbigo do poema". Somente depois de encontrá-lo, Gullar foi capaz de entender que o "poema ia ter por volta de 100 páginas, que teria vários movimentos como uma sinfonia e que se chamaria *Poema sujo*" (Gullar, 1998:238).

A presença do germe dessa produção em *Rabo de foguete* desperta interesse por múltiplos motivos. Em primeiro lugar, pela projeção no poema das experiências do poeta no mundo e por ser, em alguma medida, complementar ao relato em prosa que estamos analisando. *Poema sujo* recupera momentos da infância e da adolescência de Gullar, enquanto *Rabo de foguete* se detém em uma época específica da vida do adulto. No poema, a intensidade da ameaça da morte estimula a narração das experiências e dá uma forma transmissível ao conhecimento resultante da vivência. O "poema final", como declara Gullar, nasce do desconcerto diante do mundo: "Achei que era chegada a hora de tentar expressar num poema tudo o que eu ainda necessitava expressar, antes que fosse tarde demais — o poema final" (Gullar, 1998:237).

---

[6] Gullar já era uma referência na poesia brasileira quando se exila, como indicam os momentos de *Rabo de foguete* em que aparecem dados sobre a divulgação/recepção de sua produção literária em alguns dos países por onde passou.

A ideia de escrever o poema surge como uma "tábua de salvação" para Gullar, no auge de suas perdas. Pelo lado emocional e afetivo, a família havia se mudado para o Brasil, um dos filhos (que sofria de esquizofrenia) sumiu na Argentina para reaparecer no Brasil e o outro foi internado com intoxicação por drogas. Pelo lado político, de nenhuma maneira imune às questões emocionais, o cerco da repressão se fechava na Argentina, antes mesmo do golpe de 1976: "Surgiram rumores de que exilados brasileiros estavam sendo sequestrados em Buenos Aires e levados para o Brasil, com a ajuda da polícia Argentina" (Gullar, 1998:237).

Já em *Rabo de foguete*, é a condição de idoso de Gullar que legitima seu relato. Pensamos aqui especificamente na hipótese mais geral que levanta Ecléa Bosi ao estudar a memória na velhice: "O homem ativo (independentemente de sua idade) se ocupa menos em lembrar, exerce menos frequentemente a atividade da memória, ao passo que o homem já afastado dos afazeres mais prementes do cotidiano se dá mais habitualmente à refração do seu passado" (E. Bosi, 1994:63).

Dedicado à função de recordar e narrar, Gullar reatualiza histórias do passado que foram silenciadas ou malcontadas, como a da morte do músico brasileiro Tenório Júnior, desaparecido na Argentina, e passa a limpo sua militância, o que inclui dedicar-se ao que considera os erros da esquerda. Das histórias, constrói seu universo de sabedoria. Os recursos materiais que ajudam a memória são mínimos em função de sua condição de exilado, que o obrigava a desfazer-se dos itens comprometedores, e devido ao extravio do pouco que tinha na volta ao Brasil.

Em *Rabo de foguete*, Gullar encontra outra maneira de militar, desta vez, ao investir na função social de recordar um período histórico sombrio que guarda questões não suficientemente discutidas, resgatadas ou resolvidas.

A presença do processo de criação de *Poema sujo* em *Rabo de foguete* é, em segundo lugar, interessante pela maneira pela qual, nos dois livros, é resolvida a dicotomia entre a figura do militante e a do poeta: pela escritura. Alcides Villaça diz que em *Poema sujo* existe uma "incansável e bem lograda tentativa de recuperar, pela força da memória e da poesia, o retrato do indivíduo no conjunto de um retrato social" (Villaça, 1984:146). Podemos repetir suas palavras para *Rabo de foguete* trocando poesia por prosa. O retrato social que nos dá Gullar abarca militantes de esquerda, especialmente os do Cone Sul, que têm em comum o destino de fugir das ditaduras que se estabelecem na região, convertendo a segurança e a afetividade do lar em um lugar inóspito e violento.

Poema sujo resolve a dicotomia entre o militante e o poeta porque comporta na sua escritura desafios políticos contemporâneos atentando às questões estéticas. Grande parte da crítica louvou o poema e dedicou a Gullar "uma verdadeira consagração, cujo alcance pode ser medido numa frase de Otto Maria Carpeaux: 'O *Poema sujo* mereceria ser chamado *Poema nacional*'" (Villaça, 1984:145-146).

Se a forma de militar de Gullar inclui a assimilação em sua produção artística da percepção cultural e política do mundo a sua volta, devemos nos deter não apenas no que há de referencialidade em seus textos, mas no que há de elaboração literária, já que, em parte, *Rabo de foguete* é uma construção que, em alguma medida, procura provar a escolha do poeta pelo literário e não pela militância política. Afinal, "cada um de nós é a sua própria história real e imaginária" (Gullar, 1998:269).

Problematizando a questão autobiográfica em *Rabo de foguete* e explorando os aspectos literários, respondemos ao desafio que nos propõe Leonor Arfuch (2002:52) quando diz que

> os jogos identitários de mascaramentos múltiplos que se sucederam ao longo do século XX, assim como as metamorfoses que sofreu o gênero, fazem com que, diante de uma autobiografia, seja necessário observar se esta é "clássica", "canônica" ou suscetível de algum predicado ficcional.

O desafio nos leva também ao problema desta análise: estudar os movimentos que configuram a voz narrativa e que, neste caso, vão da coincidência de identidade entre autor, narrador e personagem, para um afastamento em que se perde de vista a figura do autor e se ressalta a figura do narrador-personagem. Ou seja, ressalta-se a figura do sobrevivente de distintas ditaduras que experimenta variadas peripécias para manter-se vivo. Nessa nova leitura, reconhecemos na dinâmica do relato as características do romance de aventuras, o que afasta a narrativa da autobiografia, aproximando-a da ficção.

O jogo dos nomes e a instabilidade da identidade narrativa

Conforme Gullar articula a sua história de fugas e perdas, elabora um texto que pode ser lido de um lugar distinto ao da autobiografia. Para David Arrigucci Jr. (1999:319), o relato não se limita ao documento pessoal e histórico que se pede a uma autobiografia; pode ser lido como um romance. Na verdade, é um romance cujos acontecimentos sabemos afinal não serem mera coincidência, cujos personagens reconhecemos sempre como não fictícios, cujo enredo reproduz em boa parte a história contemporânea da América Latina.

À proposta de Arrigucci Jr. de leitura desse livro como um romance, Valeria de Marco acrescenta sua indicação não apenas como literatura de testemunho, mas como a melhor de nossas obras a testemunhar sobre os acontecimentos da ditadura militar. Por um lado, pela qualidade estética do romance "de um 'realismo irônico' e 'minimalista' articular-se sobre uma personagem cuja trajetória é a do herói da tragédia na sua forma plena e radical". Por outro lado, porque "a história de estilhaçamento do herói aponta para o estilhaçamento de uma utopia" (Marco, 2001:67, 69).

A análise desses pesquisadores contribui para que reconheçamos em *Rabo de foguete* os predicados ficcionais que contribuem para realçar os aspectos de verdade que o texto se propõe a apresentar. Dos possíveis aspectos ficcionais que podemos ler no enunciado, dois são de fundamental importância para o nosso trabalho de reconhecer as mutações que sofre a voz narrativa no texto: o jogo de nomes e o primado das peripécias.

Contemplando a configuração da voz narrativa, encontramos particularidades que implicam um desdobramento das instâncias narrativas: por um lado, autor e narrador — aquele que escreve a história, portanto referente fora do texto, e aquele que a narra, portanto referência dentro do texto — se estabelecem como uma identidade que se constitui em sujeito da enunciação; por outro lado, a personagem nos remete ao sujeito do enunciado (cf. Lejeune, c. 1975:35-41), àquele sobre quem se fala, afastado temporalmente das outras instâncias. No entanto, mesmo quando se trata do sujeito da enunciação, a identidade se problematiza. Arfuch, seguindo os passos de Bakhtin, para quem não existe coincidência entre a experiência vivida e a representação, explica que seu estudo sobre a subjetividade contemporânea parte da divergência entre as identidades do autor e do narrador, resistente inclusive à coincidência do nome próprio (Arfuch, 2002:47, 52). No caso de *Rabo de foguete*, o nome próprio esconde armadilhas que resultam em jogos de afastamento e aproximação da ficção, onde se abre a perspectiva de ler a obra como romance de aventuras.

Na velocidade das mudanças históricas em *Rabo de foguete*

No final do livro, descobrimos que o nome José Ribamar Ferreira pode ser tanto do poeta Ferreira Gullar quanto do líder camponês procurado pelo Exército por ter aderido à luta armada. Além do nome e da oposição ao regime militar, ambos têm em comum o fato de serem maranhenses. O detalhe que os diferencia, e que o poeta (e o leitor) fica sabendo desde o começo da história mas o despreza, diz respeito à atividade profissional. O que aparentemente é um dado de confusão dos repressores encontrará justificativa nas páginas finais do livro quando Gullar informa a sentença absolutória do seu processo junto ao Superior Tribunal Militar: "Embora o processo fosse o meu, a pessoa absolvida não era eu: chamava-se José Ribamar Ferreira mas os pais eram outros" (Gullar, 1998:26).

Esse exemplo aponta para a importância que o detalhe tem em *Rabo de foguete*, uma vez que prenuncia acontecimentos futuros. A importância do detalhe nos remete ao texto de Borges "El arte narrativo y la magia", em que o autor diferencia o romance realista e o romance de aventuras. Segundo Borges, o romance realista é governado por uma lógica que se estabelece como cópia de certa lógica do real baseada nas relações de causa e efeito. Estas relações determinariam a ordem dos motivos no romance. Por sua vez, o romance de aventuras se constrói sob outra condição: nele o elemento mágico dirige a relação de causalidade entre os acontecimentos e instaura uma harmonia entre coisas distantes que escapa à lógica do mundo real. Neste caso, *"profetizan los pormenores"*, isto é, os detalhes são indícios de acontecimentos que serão decifrados (Borges, 2001:226-232).

Voltando à questão do nome em *Rabo de foguete*, temos que, no plano da experiência, ele não serve para individualizar, ao contrário, cria confusão e contribui para dar novos rumos à vida do poeta. No plano da organização do relato, ele é decisivo para justificar detalhes que pareciam aleatórios e inexplicáveis. Ainda no plano da experiência, Ferreira Gullar muda de nome para diferenciar-se do poeta Ribamar Pereira, no plano do relato, para construir-se como diferente do líder camponês que aderiu à luta armada, recria-se por meio de ações e de palavras como um militante político moderado. A insistência na imagem de moderado ganha sentido quando conhecemos a existência de seu homônimo.

Há, portanto, dois Ribamar sujeitos à perseguição política (o poeta e o líder camponês), mas apenas um deles se transforma em personagem de sua própria história na qual a confusão com o nome é antiga e está vinculada à sua identidade como poeta. O poeta José Ribamar Ferreira nasceu em 1930, na cidade de São Luís do Maranhão, e somente nos anos 1940 passou a se chamar Ferreira Gullar, para evitar confusões com o nome de outro poeta, chamado Ribamar Pereira.[7]

Como personagem do romance, experimenta aventuras que predizem perigos gradualmente maiores. Os diferentes ciclos de clandestinidade e exílio vão impor a Gullar transformações físicas e de nome. Entre um país e outro, entre um governo militar e outro, sua identidade sofre mutações como resposta camaleônica às necessidades do espaço dominado por distintas formas de violência. Ainda no Rio de Janeiro, muda sua aparência para não ser reconhecido. "Tratei de apagar os traços mais acentuados de meu rosto pouco comum: deixei crescer um bigode para encobrir o desenho marcado da boca, raspei os pelos que emendavam as sobrancelhas, outro traço característico de minha fisionomia" (Gullar, 1998:32). Para sair do Brasil, necessita providenciar documentos com dados falsos.[8]

Origina-se daí uma relação direta entre personagem e espaço, enquanto as circunstâncias das ações vivenciadas salientam os aspectos do romance de aventuras que encontramos na obra. Apoiamo-nos novamente no prólogo no qual o autor, revendo os acontecimentos com décadas de distância, qualifica-os como "aventuras de exilado".

Devemos considerar também as diferentes inversões se a nossa referência formal é o romance de aventuras em um sentido clássico, cujas características José Paulo Paes (1990) apresenta no texto "As dimensões da aventura" (sobre o romance de aventuras). Para começar, em *Rabo de foguete*, as selvas e as ilhas desertas foram substituídas, de modo geral, por cidades que se conectam em alguma medida com a vida da personagem (mesmo no caso da ex-URSS). Antes de enfrentar as vicissitudes que existem nas cidades desconhecidas, enfrenta as que são próprias da vida de clandestino. A primeira delas é encontrar uma casa que o abrigue; a segunda, manter-se incógnita. Em busca de segurança, Gullar se (re)vê minimizando suas necessidades como pessoa para silenciar sua presença. O ápice dessa minimização ocorre na casa de sua amiga Ceres,

---

[7] "No Maranhão, todo mundo é poeta e se chama Ribamar. Havia o Ribamar Ferreira que era eu, Ribamar Pereira, Ribamar não-sei-o-quê. Eu era rebelde pros moldes maranhenses; já Ribamar Pereira era bem diferente, escrevia sobre monjas" (Gullar, 1981:4).

[8] Os documentos falsos anunciam outro detalhe desvendado no final do livro: enquanto no documento falso mudaram o nome de Gullar, mas deixaram o de seus pais, no processo que corria no Tribunal Militar constava seu nome como réu, mas o nome dos pais era diferente.

Na velocidade das mudanças históricas em *Rabo de foguete*

onde é obrigado a adiar a degustação de uma feijoada, preparada especialmente para ele, e a ida ao banheiro, por conta de uma visita inesperada. Os quartos são locais improvisados para recebê-lo, como o antigo depósito na casa de Ceres ou o escritório na casa do amigo Leo, onde seu "passeio mais longo era até a porta do banheiro, a primeira porta do corredor" (Gullar, 1998:21).

Nem sempre há na obra uma descrição pormenorizada desses espaços privados, e, quando existe — como no caso do quarto que dividia com outro brasileiro no Instituto Marxista-Leninista ou na pensão em Lima —, as imagens nos remetem a lugares austeros ou opressivos. Sobre a pensão Roma, em Lima, diz:

> O quarto onde fiquei fazia parte de uma ampliação feita no terraço do velho sobrado, de modo que ao sair dele estava ao ar livre. [...] Desagradável mesmo era comer sobre toalhas sujas de gordura e esperar meia hora para a água do banho aquecer, sem nunca aquecer o suficiente [Gullar, 1998:193].

Se o país onde a personagem está vive sob um regime ditatorial, um novo matiz se coloca entre as noções de espaço privado e espaço público devido às investidas dos repressores. Na clandestinidade, Gullar teve que ocultar do porteiro do prédio sua permanência na casa da amiga Ceres porque "a ditadura tinha tomado medidas para transformar os síndicos e porteiros dos edifícios em alcaguetes" (Gullar, 1998:27).

Tampouco os espaços públicos eram mais acolhedores. Ainda no Brasil, na maioria das vezes em que deixou seu esconderijo — alguns deles ignorados pela família —, surpreendeu-o o encontro com conhecidos e cada um desses encontros serviu para aumentar o clima de insegurança e o medo de ser localizado. Em Moscou, além das visitas guiadas pela cidade e pelo país, pouco se deslocou. Nas cidades em que a ditadura toma o poder, o espaço público vira palco de guerra e correria, prisões e morte, como no Chile e na Argentina que antecede o golpe de 1976. O perigo pode ser representado pelos próprios vizinhos, como acontece no Chile, na medida em que podem delatá-lo.

De outras maneiras o modelo de romance de aventuras clássico se afasta do que encontramos em *Rabo de foguete*. Por um lado, embora reconheçamos o caráter essencial da trama e da aventura para narrar a vivência, o narrador debruça-se também sobre sua interioridade, o que seria uma característica do romance psicológico e não do romance de aventuras. Por outro, pela sua dimensão, seu objetivo declarado não é de "entreter-lhe a imaginação [do leitor], fazendo-o esquecer a banalidade do cotidiano para reviver as proezas dos heróis de ficção" (Paes, 1990:15), como acontece no romance de aventuras. Ao contrário, desde o prólogo, exalta-se o compromisso de *Rabo de foguete* com a realidade geográfica e histórica.

Considerações finais

Rabo de foguete volta-se sobre a ideia de recompor um rosto, mas desde a consciência do autor de que esse rosto é feito de linguagem. O desafio é encontrar maneiras de dar à memória das perdas uma forma, considerando a preocupação com o processo de construção literária e com a "boa-fé" do relato. Se a intenção do livro é trazer à tona apenas os aspectos essenciais da vida de exilado de Gullar, como se menciona no prólogo, sabemos que há inúmeros elementos que foram deixados de lado e que podem ser explorados em outra ocasião e de outra maneira devido ao processo de articulação desses dados, às opções conscientes ou inconscientes do autor, ao esquecimento, e em função de outros fatores. São todos exemplos de estratégias de representação do eu.

Do ponto de vista da leitura do texto como um romance de aventuras, o narrador reforça a ideia de ter vivido uma vida que não era sua, em princípio, e cria para o exílio um espaço de vicissitudes e mudanças em que a sobrevivência é o prêmio. Do ponto de vista da leitura do texto como autobiografia, a representação de si mesmo traça a imagem de um artista que sofreu a injustiça de ser perseguido pela repressão e de ser um trunfo nas mãos de seus pares. Em ambos os casos, devemos destacar que a instabilidade genérica e a instabilidade da voz narrativa estão diretamente relacionadas com o tipo de experiência relatada em que se problematiza o caráter definitivo dos julgamentos políticos e éticos, multiplicando as possibilidades de interpretação e de escritura do fenômeno do exílio.

Referências

ARFUCH, Leonor. *El espacio biográfico*: dilemas de la subjetividad contemporánea. Buenos Aires: Fondo de Cultura Económica de Argentina, 2002.
ARRIGUCCI JR., Davi. *Enigma e comentário*: ensaios sobre literatura e experiência. São Paulo: Companhia das Letras, 1987.
_____. *Outros achados e perdidos*. São Paulo: Companhia das Letras, 1999.

BORGES, Jorge Luis. El arte narrativo y la magia. In: _____. *Obras completas*. Barcelona: Emecé, 2001. v. 1. p. 226-232.
BOSI, Alfredo. *Literatura e resistência*. São Paulo: Companhia das Letras, 2002.
BOSI, Ecléa. *Memória e sociedade*: lembrança de velhos. São Paulo: Companhia das Letras, 1994.
CANDIDO, Antonio et al. *A personagem de ficção*. São Paulo: Perspectiva, 1976.
FAUSTO, Boris. *A história do Brasil*. São Paulo: Edusp, 1995.
GULLAR, Ferreira. *Ferreira Gullar*. Seleção de textos, notas, estudos biográficos, histórico e crítico e exercícios por Beth Brait. São Paulo: Abril Educação, 1981.
_____. *Rabo de foguete*: os anos de exílio. Rio de Janeiro: Revan, 1998.
LEJEUNE, Philippe. *Le pacte autobiographique*. Paris: Seuil, c. 1975.
LIMA, Luiz Costa. *Sociedade e discurso ficcional*. Rio de Janeiro: Nova Fronteira, 1986.
LUCENA, Suênio Campos de. *21 escritores brasileiros*: uma viagem entre mitos e motes. São Paulo: Escrituras, 2001.
MACHADO, Josué. O impulso de viver. *Revista Língua Portuguesa*, São Paulo, n. 5, p. 10-15, mar. 2006.
MARCO, Valeria de. Literatura de testemunho: aproximações a Ferreira Gullar. In: SILVEIRA MARTINS, Dileta (Org.). Anais do XVIII Seminário Brasileiro de Crítica Literária, XVII. Seminário de Crítica do Rio Grande do Sul, Jornada Internacional de Narratologia. Porto Alegre: Edipucrs, 2001. p. 47-70.
MUNHOZ, Solange. *Narrar a vida à margem*: o exílio em *La casa y el viento*, de Héctor Tizón, *En estado de memoria*, de Tununa Mercado, e *Rabo de foguete: os anos de exílio*, de Ferreira Gullar. Dissertação (mestrado) — Faculdade de Filosofia, Letras e Ciências Humanas, USP, São Paulo, 2006.
PAES, José Paulo. *A aventura literária*: ensaios sobre ficção e ficções. São Paulo: Companhia das Letras, 1990.
PIETROCOLLA, Luci Gati. *Anos 60/70*: o viver entre parênteses. A perseguição política aos revolucionários e suas famílias. Tese (doutorado em sociologia) — Faculdade de Filosofia, Letras e Ciências Humanas, USP, São Paulo, 1995.
ROLLEMBERG, Denise. *Exílio*: entre raízes e radares. Rio de Janeiro: Record, 1999.
ROSENFELD, Anatol. *Texto/contexto*. São Paulo: Perspectiva, 1973.
SADER, Emir. Nós que amávamos tanto *O capital*. *Praga*: revista de estudos marxistas, São Paulo, n. 1, p. 55-77, set./dez. 1996.
SAID, Edward W. *Reflexões sobre o exílio e outros ensaios*. São Paulo: Companhia das Letras, 2003.
TIZÓN, Héctor. Experiencia y lenguaje I. *Punto de Vista*, Buenos Aires, año XVIII, n. 51, p. 2, abr. 1995.
_____. *La casa y el viento*. Buenos Aires: Alfaguara, 2001.
VILLAÇA, Alcides. *A poesia de Ferreira Gullar*. Tese (doutorado) — Faculdade de Filosofia, Letras e Ciências Humanas, USP, São Paulo, 1984.

PARTE V

O retorno

10. REFLEXÕES ACERCA DO RETORNO DOS EXILADOS: UM OLHAR A PARTIR DO CASO DOS ARGENTINOS RADICADOS NA CATALUNHA (ESPANHA)

Silvina Jensen[*]

> *Nem entendo nem me agrada a palavra "desexílio"; prefiro dizer regresso; ainda que alguém nunca tenha ido de verdade, porque sempre é possível regressar. É como voltar a viver: de algum modo, uma volta à semente, no melhor dos casos.*
> Tizón (1999)

> *Eu diria que, embora tenhamos mantido contatos permanentes por todos os meios possíveis, nosso exílio é uma ausência na memória dos outros, uma amnésia. Algo que ocorreu em outra parte.*
> Siscar (1999)

SE O EXÍLIO É UMA VIAGEM DE PARTIDA NÃO DESEJADA, É TAMBÉM UMA viagem ancorada sobre a ideia do retorno: retorno desejado, sonhado, temido, projetado, idealizado, demonizado, postergado ou realizado. Contudo, enquanto François Hartog (1999:30) define o desterro como uma "viagem de retorno", as histórias dos argentinos exilados na Catalunha não só dão conta de desexílios impossíveis além do retorno à Argentina, mas de pós-exílios catalães sem fechamento do sonho de regresso ao país de origem.

Este capítulo está construído em torno de dois eixos:

---

[*] Doutora em história pela Universidade Autônoma de Barcelona, Espanha. Professora da Universidade Nacional de Sur de Bahía Blanca, na Argentina, e pesquisadora adjunta do Consejo Nacional de Investigaciones Científicas y Técnicas (Conicet). Participa de vários projetos de pesquisa sobre o estudo das ditaduras e dos exílios em universidades argentinas e espanholas. Possui inúmeros trabalhos e livros publicados, entre eles: *El exilio político argentino en Cataluña* (1998), *La presencia catalana al món* (2008), *Los exilados. La lucha por los derechos humanos durante la dictadura*, Buenos Aires (2010).

- A indagação dos sentidos e formas do retorno nas vozes dos argentinos que viveram seu exílio na Catalunha, explorando a experiência daqueles que o concretizaram e também a daqueles que não o fizeram ou formaram parte daquele grupo que, depois de um dificultoso regresso e por múltiplas razões, voltou à Catalunha, sua outra pátria. Na elucidação das razões para regressar ou não ao país do qual haviam fugido como consequência da implantação da ditadura militar de 1976, tentaremos mostrar em que medida o retorno é possível para além de ter-se modificado o mapa político que forçou sua saída da Argentina e em que medida o desterro criou uma "segunda natureza" ou abriu outro tempo vital que fizeram impossível um completo desexílio.
- A exploração das políticas projetadas e executadas tanto pelo primeiro governo democrático quanto por diversas organizações de direitos humanos argentinas para propiciar e concretizar o retorno e a reinserção dos exilados instalados em diversos países do mundo — e em especial na Espanha/Catalunha.

Além das questões relativas às experiências de desexílio e às políticas de ajuda à reinserção, este texto tentará analisar a conjuntura do retorno que se constitui enquanto momento-chave de cristalização de algumas representações do exílio de profundo enraizamento em nosso imaginário coletivo.

Considerações preliminares

As eleições democráticas de 1983 marcaram o fim oficial do exílio. Contudo, não só houve retornos na etapa após a derrota das Malvinas — e inclusive viagens individuais anteriores —, mas depois da etapa 1983-1985, que concentrou o maior número de desexílios, os regressos não deixaram de se suceder. Se como acontecimento político o retorno foi possível após a normalização institucional, como conglomerado de situações individuais o regresso foi um processo escalonado (*Reencuentro*, jun. 1985), quase gota a gota, não "aos montes" (*Clarín*, 18 nov. 1984).

Da mesma forma que não existem estatísticas confiáveis sobre as comunidades do exílio, tampouco há números certos de retornados. Laura Asta (1987:75) estimava que em 1986 haveriam regressado 10% dos 500 mil argentinos que viviam fora do país desde 1983. Em 1987, Mármora, Gurrieri, Hensel, Szwarcberg e Notario explicavam que no triênio 1983-1985 regressaram entre 30 mil e 40 mil argentinos e que os retornos políticos representavam entre 40% e 50% do total de repatriações (Mármora e Gurrieri, 1988:475). Finalmente, a Organización de Solidaridad con el Exílio Argentino (Osea) estimava que, no mínimo, haviam regressado 15 mil pessoas em finais de 1984 (*Reencuentro*, dez. 1984).

Além da disparidade numérica, não houve um retorno organizado tampouco massivo como se esperava, e além disso os retornos se inscreveram em uma conjuntura marcada por uma nova fuga de população. Assim, enquanto muitos postergavam o regresso, outros preparavam as malas para sair. Em 1987, segundo Carlos Ulanovsky, o dilema era "Regressar. Retornar. Voltar. Radicar-se. Estranhar. Querer. Recordar. Ter saudade", muitos verbos que aludiam à mesma problemática: "É possível o desenvolvimento pessoal no país?" (*Clarín*, 29 abr. 1987).

A polifonia do retorno: os exilados argentinos na Catalunha ante o desexílio

Assim como não houve um exílio, tampouco houve um retorno (*Reencuentro*, nov. 1985). Da mesma forma que múltiplos fatores construíram exílios diversos, as experiências de retorno tampouco foram idênticas. O dissímil impacto pessoal e familiar do desterro, os motivos variáveis pelos quais se decidiu pelo regresso, sua postergação ou seu encerramento, as diferentes realidades sociais e profissionais que esperavam cada exilado, delinearam tantos e singulares retornos como histórias que possamos cotejar. Partindo deste pressuposto, tentaremos dar conta do conglomerado de medos, expectativas, dúvidas, temores, dificuldades e possibilidades vividos pelos argentinos exilados na Catalunha em seu reencontro com a Argentina.

Significados do retorno

Para os exilados o retorno teve diversos significados. Para alguns foi a afirmação de um direito.[1] Para outros, uma necessidade vital,[2] uma autoexigência

---

[1] Um exilado dizia: "Voltei porque não me fui voluntariamente... Eu me fui apesar de mim" (Del Olmo, 2002:26).

[2] Outro argentino que viveu seu exílio em Madri e retornou à Argentina afirmava: "Porque é uma necessidade de, de... é como se você não tivesse esse discurso... te... é como que perde a identidade,

ética e uma militância. Para a maioria foi uma opção, uma decisão carregada de maior liberdade que a saída, mas não alheia aos condicionantes do tempo vivido no desterro:[3] os filhos nascidos ou crescidos nos países de acolhida, o desenvolvimento do trabalho e profissional alcançado no tempo do exílio, os casais constituídos no exterior etc. Neste sentido, não poucos viveram o retorno como um novo exílio.

Em Barcelona, nos meses prévios às eleições de 1983, *Testimonio Latinoamericano* refletiu sobre o retorno. Os desterrados instalados na Catalunha viviam com angústia/esperança as incógnitas desta hora do exílio: Chegou a hora do regresso? É este o epílogo do exílio? Que país nos espera? O que é o retorno? Um desejo natural? Um direito? Uma obrigação? Uma opção pessoal? Um compromisso político? Uma decisão racional ou emocional? (*Testimonio Latinoamericano*, jul./oct. 1982)

Neste debate, Héctor Borrat valorizou o retorno como uma possibilidade aberta pelo relaxamento dos fatores que determinaram o exílio e mostrou suas reticências ante aqueles companheiros de desterro que o viviam como uma "autoexigência ética" e como uma "oportunidade política". Receoso daqueles raciocínios que queriam fazer do regresso uma regra universal, refletia sobre a necessidade de valorizar as situações pessoais, econômicas e familiares. Reclamava não transformar todos aqueles que decidiram ficar fora do país, em "desertores de uma militância que [...] só poderia realizar-se em território argentino". (*Testimonio Latinoamericano*, jul./oct. 1982). Em seu juízo, o retorno se diferenciava do exílio por não estar fundado na "necessidade". Longe dos discursos de barricada, o retorno era uma experiência individual e intransferível, cuja concreção ou não, não devia divorciar estes argentinos da história nacional.

Hugo Chumbita e Jorge Rulli analisaram o retorno como uma necessidade vital e ao mesmo tempo como uma experiência de entranhamento ou estranhamento (*Testimonio Latinoamericano*, nov. 1982/feb. 1983). O retorno podia representar um novo corte vital, um choque não só porque reatualizava o sinistro posto entre parênteses — a experiência da perseguição, o medo, a

---

perde algo, é como que... se você diz: Eu não volto mais! perco algo definitivamente..." (Del Olmo, 2002:307).

[3] Outro dizia: "...eu, o que senti é que, em todo caso, digamos, se esse era um inferno, era meu inferno particular, digamos, o que eu elejo. Porque si fico desta maneira na Espanha invento para mim outro inferno..." (Del Olmo, 2002:219).

violência, a desconfiança etc. —, mas porque podia reeditar a sensação de "estranhamento", o "contraste entre o conhecido e o desconhecido, entre o fantasiado e o que se encontra" (*Reencuentro*, nov. 1985).

Para além de ser um novo transplante, segundo Andrés López Accoto, com o retorno se satisfazia "a íntima necessidade de resgatar a identidade pessoal,[4] truncada e desagregada no momento do desenraizamento". Está o desejo de recuperar a cotidianidade perdida,[5] as paisagens, o entorno familiar, quer dizer, "voltar a se encontrar com a história partilhada, voltar a ter um espaço entre e com os demais" (Inostroza e Ramírez, 1986:37). Também era concebido como a porta para abandonar a dualidade vivencial, a transitoriedade do exílio, a estrangeirice.

Contudo, o retorno nem sempre significou desexílio. Muitas vezes, após a euforia do encontro, sobrevieram o vazio e a frustração, e o exílio passou a ocupar o lugar das nostalgias e das esperanças. De Madri, Mario Benedetti situava o retorno na categoria de dilema. O "desexílio"[6] não só podia ser um problema quase tão árduo quanto em seu momento foi o exílio, mas podia se tornar ainda mais complexo. Igualmente, ponderou o retorno como uma encruzilhada porque, à diferença do exílio, que majoritariamente foi o resultado da repressão direta ou indireta e portanto esteve justificado pela necessidade de salvar a vida, a liberdade ou evitar a tortura, o "desexílio passará a ser uma decisão individual. Cada exilado deverá resolver por si mesmo se regressa a sua terra ou se fica no país de refúgio" (*El País*, 18 abr. 1983).

Outros exilados conceberam o retorno como a afirmação de um direito, o exercício da liberdade, a ratificação da derrota da ditadura. E ao mesmo tempo como uma obrigação. Envar el Kadri afirmava que o retorno se vinculava diretamente à condição de exilado-militante-*homus politicus*. Pondo em interdito a afirmação de que os desterrados "se foram do país", El Kadri sustentava que a maioria "o foi", mas ainda quem saiu por seus próprios meios o fez porque não

---

[4] A cantora Mercedes Sosa explicava sua necessidade de regressar para "reencontrar sua voz" (*El País*, 4 dez. 1983).

[5] O escritor Pacho O'Donnell — que viveu seu desterro em Madri e regressou antecipadamente à Argentina (princípios de 1980) — ponderava o retorno como a realização do desejo ante o desterro que implicou compulsão: "Regressa-se porque não houve eleição de se ir. E o desejo, a psicanálise dá conta disso, é arbitrário mas obstinadamente indomável" (*Resumen de Actualidad Argentina*, 22 nov. 1982).

[6] Em 18 de abril de 1983, Benedetti publicou no periódico *El País* seu emblemático artigo "El desexilio", no qual refletia sobre o dilema entre retorno-desenraizamento que se abria para os exilados argentinos.

podia continuar fazendo política: "A repressão impedia toda forma de organização e a partir do golpe se fez evidente que era necessário retirar-se para poder sobreviver" (*Resumen de Actualidad Argentina*, 22 nov. 1982). Neste contexto, se o desterro foi a forma de sobreviver para continuar a luta política por outros meios — a denúncia e a solidariedade —, o retorno se impunha como uma obrigação para somar as aprendizagens do desterro ao novo tempo político.

Desta perspectiva, decidir não regressar era aceitar o destino imposto pelo poder ditatorial e ratificar a perda ético-política do ato de exilar-se. Se a saída para o exílio teve uma dupla justificativa ética — salvar a vida e a liberdade — e política — a vida e a liberdade para ser postas a serviço da causa que gerou a perseguição e impeliu ao exílio —, o não retorno carecia dessa justificativa e, pelo contrário, contribuía para a causa dos que destruíram o país (*Reencuentro*, nov. 1985).

Não faltaram vozes que perceberam o exílio como um fato irreversível. Para um jornalista que morreu em Barcelona sem voltar a viver na Argentina, não havia reparação ou sutura possível. Anos antes de sua morte, em uma entrevista explicava com contundência sua vontade de não retorno, pondo em dúvida aquela ideia de que todo exílio sustenta um projeto (concretizado ou não) de retorno:

> Não voltaria nunca à Argentina. Me ofereceram muitas vezes trabalho... mas prefiro pedir esmola debaixo de uma ponte. Volto para visitar, mas não quero saber nada de voltar a viver. Desde que haja doce de leite aqui, digo para que voltar!? Aqui fazem chouriços argentinos... Vou no chouriço de meu amigo da rua Hospital e compro o *Página 12*. Mas, por outro lado sou um nostálgico total. Alguém disse que a nostalgia é a única coisa que resta aos vencidos. A nostalgia é o único luxo que temos os vencidos. Mas eu tenho nostalgia de um país que não existe. Meu país não existe mais [...] Eu no dia que saí para o exílio havia decidido não voltar mais porque não tinha nenhuma esperança. Porque há uma coisa terrível que alguém sofreu na Argentina e era o "alguma coisa deve ter feito". Uma sociedade que fez isso não ia me convencer que ia poder esquecer tudo isso [entrevista com H.C., Barcelona, 24 out. 1996].

Formas do retorno

Na história dos argentinos radicados na Catalunha, o retorno assumiu diversas formas. Houve viagens à Argentina nos tempos da ditadura causadas por motivos familiares (mortes de entes queridos, enfermidades etc.), realizadas entre o desespero e o medo. Houve viagens de prospecção ou para preparar o desexílio nos últimos meses do governo militar ou nos primeiros tempos do governo de Alfonsín. Houve retornos que foram se postergando e transformaram a expatriação em algo definitivo e não porque mediasse uma decisão, mas simplesmente porque os anos passavam e não se encontrava o momento. Uma rosarina dizia:

> Creio que as pessoas do meu perfil, entre 35 e 45 anos, que mais ou menos passaram entre 15 e 20 [na Catalunha] majoritariamente chegaram a um ponto que sabem que não vão voltar. Eu creio que a maioria das pessoas não decide não voltar... As pessoas antes vão ficando, vão ficando até que... Muita gente foi postergando, foi postergando até que era tarde, por sua situação de trabalho, pela idade dos filhos, pelo que seja, porque morreram os pais que estavam lá. De repente o ciclo vital vai levando-os até que de repente se dão conta que não vão voltar. É raro que as pessoas tenham decidido [entrevista com G.A., Barcelona, 4 dez. 1996].

Também houve viagens de regresso projetadas como definitivas em que, em não poucas ocasiões, a frustração quanto ao trabalho, a impossibilidade de encontrar a Argentina construída a distância e a indiferença ou a rejeição social transformaram-se em ponto de partida para uma nova emigração. Uma jornalista portenha explicava seu retorno à Argentina em princípios de 1984 e seu retorno a Barcelona em 1986:

> Eu senti que tinha menos reflexos que uma galinha na Argentina. Não entendia nada do que se passava lá. Por sorte Boris Spivacov — o do Ceal — me disse que fosse trabalhar com ele no Centro Editor da América Latina. Trabalhei por dois anos para me aturdir, para me aturdir, para ter a cabeça ocupada... Não entendia, não entendia o que eu estava fazendo na Argentina. Então num dado momento, em 17 de outubro, me chama o dono da Tusquet daqui e me diz que tem um problema em produção e se posso vir ajudá-lo, e eu o ajudo até os anos 1990 [entrevista com R.E., Barcelona, 20 jan. 1997].

Além dos retornos imediatos ou postergados, concretizados ou projetados, definitivos ou temporários, houve outros de caráter simbólico: os das cartas entre o "aqui" e o "lá", o da crítica da produção dos perseguidos nos meios de comunicação durante a ditadura e o daqueles que embora não regressassem para viver no país depois das eleições, promoveram projetos profissionais ou de trabalho que estenderam pontes entre a Argentina e a Catalunha. Finalmente, houve regressos históricos e até póstumos. Em 1988, Miguel Bonasso falava dos que sofreram um exílio eterno porque morreram fora do país, como Héctor Cámpora ou Rodolfo Puiggrós, enterrados no México (*Crisis*, jun. 1986).

Razões para regressar/não regressar

Ao valorizar as razões esgrimidas pelos argentinos desterrados na Catalunha na hora de decidir sua permanência ou seu retorno à Argentina, torna-se impossível fazer um inventário preciso que coloque, por um lado, o trabalho, o desenvolvimento profissional, o bem-estar pessoal ou a situação econômica do país e, por outro, a nostalgia, o desejo de recuperar os afetos, o bairro, os cheiros. Aquilo que para alguns exilados operou como desafio e mobilizou o retorno, para outros constituiu um fantasma impossível de enfrentar e que os desalentou.

Entre aqueles que manifestam ter realizado uma avaliação cuidadosa na hora de regressar, existem vários denominadores comuns. Em princípio, pesou a realidade familiar. Casais mistos, divórcios, filhos nascidos ou crescidos em uma realidade muito diferente e cuja autêntica pátria era a Catalunha foram determinantes na hora de concretizar o retorno. A consciência de que era impossível voltar a desenraizar os filhos, em não poucas ocasiões freou o regresso. R. E. explicava que pôde voltar porque não tinha filhos. Em troca, amigos com filhos adolescentes acharam muito difícil: "Para eles era um segundo desenraizamento. Esses tinham claro que não podiam ir. Não podiam ir. Já os tinham trazido nos braços, haviam feito a escola e alguns com suas namoradinhas, e não se pode levar os meninos, levá-los e trazê-los pelo mundo como uma maleta e muito menos se pode com os maiores..." (entrevista, 20 jan. 1997).

Para um número significativo de exilados, o retorno esteve condicionado pelas possibilidades econômicas mínimas que a Argentina pôde oferecer. Muitos haviam alcançado sua realização profissional fora e não estavam dispostos a perdê-la. Neste grupo, estavam os cientistas que foram ficando por questões muito distintas das que motivaram seu desterro (*Crisis*, jun. 1986). Mas, ainda que o aspecto laboral/profissional fosse uma razão essencial na hora de aceitar/desconsiderar o retorno, mais de 60% dos que regressaram o fizeram sem ter um emprego concreto nem uma oferta segura de trabalho (Maletta, Swarcberg e Schneider, 1986).

O escritor Pacho O'Donnell dava conta do aparente paradoxo de regressar sem trabalho, de regressar "apesar de tudo" e sentenciava regressado a "esta

Argentina de inflação inimaginável, corrupção generalizada e futuro incerto", não por "masoquismo idiossincrático", nem por "compulsão atávica e irrefletida", mas porque se foi em 1976 sem desejá-lo (*Resumen de Actualidad Argentina*, 22 nov. 1982).

Também pesou a evolução do panorama político argentino. Além da celebração das eleições, os temores persistiam. O não desmantelamento do aparato repressivo, a continuidade da perseguição e inclusive das desaparições até os meses imediatos aos comícios, a incerteza sobre a estabilidade das instituições, a desconfiança nos militares e sua tradição golpista, o não levantamento do estado de sítio, mas também a frustração pela falta de renovação política retardaram ou complicaram a decisão de regressar. No dia das primeiras eleições democráticas, os argentinos manifestavam na imprensa catalã que se sentiam torturados entre a esperança de um retorno longamente desejado, o temor de uma democracia que pressentiam débil e as dúvidas porque haviam lançado raízes na Catalunha. Raúl Castro afirmava que não existiam "medidas jurídicas e reais de garantia que me permitam regressar com segurança de conservar a vida" (*La Vanguardia*, 31 out. 1983).

Encontros

Assim como em meados dos anos 1970 a sociedade argentina estreou como produtora de um exílio numericamente significativo, uma década depois enfrentou assombrada o movimento de retorno (*Reencuentro*, mar. 1986).

Tomada a decisão de voltar, os desterrados lutaram porque a idealização, os preconceitos e os medos inscritos em seus corpos não tiveram os reencontros.[7] Mas, de todo modo, o encontro efetivo e a reconstrução da cotidianidade entre as "duas Argentinas" resultou num caminho complexo, cheio de desafios e problemas, mas também de satisfações. No princípio de 1983, María Togno relatava com humor as incidências desse retorno que punha em contato "eles" e "nós". Primeiro a alegria, depois as diferenças ou desacordos na hora de ler a política do passado recente e a do futuro imediato. Depois a tristeza de todos:

---

[7] "Esse encontro foi muito importante. Foi superpor, a uma imagem fotográfica que alguém tinha, a realidade. Era como superpor à imagem em preto e branco que tinha, outra em cor. Eu tinha uma lembrança e agora ambas as imagens se juntaram. Com as pessoas, foi nos pôr em dia. Como fazer a chamada dos que estavam ou não estavam, ainda que já soubéssemos. Mas foi como compartilhar os que tinham desaparecido. Todos havíamos perdido gente próxima, amigos..." (entrevista com G.A., Barcelona, 4 dez. 1996).

"Eles com o sentimento da injustiça nas costas, nós angustiados, perdida a esperança de que as coisas melhorem". Também a desilusão. Todos tinham mudado e para completar muitos lhes recomendavam não voltar. Além disso, faziam com que notassem que não eram as únicas vítimas: "Eles não têm problemas de dinheiro mas sim a pena de viver longe. Nós a de sofrer uma pátria surda, muda e cega, na qual os que mandam não veem — ou fingem — os padecimentos..." (*Humor*, abr. 1983).

De Barcelona, algumas figuras emblemáticas do exílio prefiguraram um retorno difícil. Para Héctor Borrat, Osvaldo Bayer e Julio Cortázar essa dificuldade não só tinha a ver com a não desarticulação do aparato repressivo ou a situação econômica do país, mas com a marca deixada pela prédica ditatorial, que converteu o termo "exilado" em "má palavra" (*Testimonio Latinoamericano*, jul./out. 1982). Neste sentido, quando muitos dos retornados encontraram hostilidade e/ou indiferença, não tardaram em atribuí-las a esse clima de ideias propiciado pelos militares e arduamente difundido pela imprensa. Enrique Pochat sustentava que embora os níveis de solidariedade social não fossem uniformes e o grau de predomínio do "discurso teórico do Processo" fosse difícil de medir, em geral, se percebia uma falta de comprometimento coletivo na problemática dos retornados. Segundo ele, isto podia se dever a que "durante anos, todos os anos da ditadura militar, e talvez também previamente a esta, se atuou apoiando o individualismo, o salve-se quem puder e se insistiu em olhar o outro — sobretudo se tem algum antecedente político, como é o caso dos exilados — como perverso, perigoso, em todo caso suspeito" (*Reencuentro*, jun. 1985). Federico, um argentino que viveu seu desterro na Catalunha, assinalava que a imagem demonizada do exilado cristalizada na dos "conflituosos ex-sacerdotes da guerrilha" (*Testimonio Latinoamericano*, mar./jun. 1983) era a culpável da indiferença e do receio de parte da sociedade argentina.

Também intervieram nos reencontros os acertos de contas. Uma ex-militante do Partido Revolucionario de los Trabajadores lembrava:

> Muita gente ou alguma pessoa que não te perdoa que tenha ido. [...] Como que dizendo: como você opina se você foi, se os que sofreram a ditadura fomos nós! Essa é uma contestação bastante habitual. [...] São certos ressaibos, não é que te joguem na cara constantemente, mas que em algumas discussões aparecem. Não é que... são certas atitudes até inconscientes que aparecem de vez em quando, nada mais. Não são atitudes permanentes [entrevista com T.P., Barcelona, 11 dez. 1996].

A preconceitos e receios somaram-se certo desinteresse e incompreensão. Muitos argentinos consideravam que os que viviam fora "estavam bem" e desconheciam "a dimensão política" desta emigração. Para aqueles que sonhavam com fazer suas malas para sair do país e para aqueles que haviam assimilado a imagem de um "exílio dourado", não só o retorno se tornava incompreensível, como poder emigrar era motivo de inveja. Estes pouco entendiam aqueles que clamavam por regressar e exigiam o reconhecimento de sua condição de "vítimas" do terrorismo de Estado. Neste contexto, os exilados denunciavam que, enquanto os únicos que percebiam essa dimensão política do problema eram os militares e por isso resistiam a levantar o estado de sítio, a grande maioria da sociedade considerava que os recém-chegados voltavam de umas "longas férias" porque "a nostalgia se tornou insuportável" (*Testimonio Latinoamericano*, mar./jun. 1983).

Os retornados não só exigiam um reconhecimento da dimensão política do exílio, como também que se compreendesse que o desterro foi perda e ruptura. Somente se os de dentro entendessem que não escolheram ir, e que o fizeram motivados pela violência, poderiam entender sua nostalgia e sua necessidade do país. As organizações humanitárias reclamavam o reconhecimento do caráter político do exílio. Neste sentido, insistiam em que todos os organismos de direitos humanos deveriam usar o termo "ex-exilado político" para se referir às pessoas que agora regressam como tais, eliminando o uso da palavra "retornado", porque "nos meios de comunicação oficiais esta palavra é usada para todos os argentinos que saíram do país sem discriminar as causas dessa saída" (Osea, 27-29 jul. 1984). Só desta forma poder-se-ia ajudar a sociedade não apenas a conhecer os problemas emergentes do fim do exílio e da inserção no país, mas a superar a intolerância aos recém-chegados. O ativo intercâmbio de experiências entre os de dentro e os que regressavam ao país do exílio era a melhor ferramenta para o reencontro.

As dificuldades não eram poucas e não foram privativas dos "de dentro". Os que voltavam também tiveram problemas para deslindar a "idealização do exterior" que fazia a classe média argentina, do estigma do "exílio dourado" que haviam padecido. Quando alguém do interior lhes dizia que os imaginava na Europa ao pé da Torre Eiffel ou da Sagrada Família, não necessariamente os acusavam de turistas e minimizavam sua condição de exilado político (vítima). Neste sentido, a marca da prédica ditatorial parecia comum aos de dentro e aos de fora, já que, ainda para contestá-la, sua influência não deixou de atravessar as relações sociais com receios, indiferença e mal-entendidos.

Se algo podia complicar o reencontro era a tentação dos que regressavam de mostrar-se como "salvadores da pátria" ou "professores de política" (*Controversia*, mar. 1980). Qualquer um destes comportamentos só podia gerar a constituição de guetos que significariam a persistência do exílio para além do retorno ou do fim da ditadura. Contudo, a atitude de "humildade" não tinha de significar o silêncio sobre as aprendizagens do exílio para somar essas experiências ao novo tempo político do país.[8]

Mas o tabu sobre o exílio ou o que os retornados viveram como silêncio ou indiferença não só foi produto do desinteresse ou do receio dos argentinos de dentro. Em muitas ocasiões, foi a resultante da impossibilidade dos próprios exilados de contar sua própria experiência.

Nesta conjuntura do retorno e a partir das formas em que se foi operando o encontro, os exilados experimentaram modos diversos de contar o vivido no desterro para reintegrar essa experiência e eles mesmos à história do país. Alguns preferiram inscrever-se no grupo dos derrotados, das vítimas, dos sujeitos que padeceram a perseguição que explicava o desterro. Outros lutaram por sobrepor-se às estratégias de apagamento promovidas pelos militares que se haviam referido a eles como "subversivos". A autorrepresentação do exílio transitou entre o imperativo de mostrar as marcas do terror na existência deslocada e a necessidade de esvaziar o concreto do exílio, que era também alheamento, estranheza ou secundarização. Nesta delgada superfície, os exilados procuraram reinscrever suas histórias de vida no projeto coletivo, sempre torturados pelo perigo de que, para sanar a chaga aberta, se reintroduzisse outra marginalização, neste caso, no interior do país. Se a conjuntura do desexílio permitia mostrar o porquê da partida e o como da experiência de viver no desterro, nem sempre a ênfase na peculiaridade do exílio ajudou a transitar as pontes com as outras vítimas da repressão e com a sociedade argentina em seu conjunto.

Contudo, definir-se como vítimas significou, algumas vezes, a equiparação dos danos sofridos e, outras, a hierarquização. Ainda que o reencontro só fosse possível se cimentasse uma memória comum com os outros derrotados (ex-

---

[8] Na Europa do norte, em um birô de reflexão sobre o retorno se ponderou a necessidade de regressar com humildade, sem pensar que os exilados proveriam as soluções aos problemas do país, e de reintegrar-se à luta do povo. Além disso, planejavam assumir que essa espécie de segunda identidade cultural adquirida no desterro ocasionalmente geraria diferenças com os que permaneceram no país. Finalmente, pediam para evitar o transplante mecânico de modelos, mensagens e formas de vida do exílio ao país de origem (II Encuentro de Cristianos Latinoamericanos en el Exilio, Bruxelas, 1983:s.p.).

-presos, ex-torturados, exilados internos, "desaparecidos" etc.), estas estratégias em não poucas ocasiões provocaram fricções. A ojeriza, a vergonha ou o absolutamente doloroso construíram novos silêncios. E entre o indizível e o não audível, estas "porções de memória" ou bem se relacionavam por hierarquização, ou bem permaneciam sem diálogo. Muitas vezes, os exilados ficaram enclausurados em uma aporia marcada pela culpa, a vergonha ou a vitimização. A desvalorização do exílio ante a contundência da prisão, da tortura ou da morte, ou a desfiguração do exílio ocluso por trás de outras formas de deslocamentos mais ou menos voluntários, tiraram especificidade e divorciaram o exílio de sua origem violenta.

Nestas circunstâncias, os retornados sentiam que não havia nada a explicar aos compatriotas que permaneceram no país. Para que dar testemunho do exílio? Como explicar a perda que comportava o desterro a uma sociedade que enfrentava o traumatismo das desaparições?

Nos primeiros anos da Transição, os silêncios sobre o exílio apresentavam uma densidade simbólica nada simples de desvelar. Houve silêncios constituídos sobre a culpa por haver sobrevivido (Solari Yrigoyen, 1983:7). Outros eram produtos do rancor pelas perguntas que se entendiam acusadoras[9] e construídas sobre a trama custo/benefício.[10] Finalmente, estavam aqueles que se referiam à vergonha do exilado por não estar à altura do que imaginavam como figuras emblemáticas de nosso desterro político do século XIX (Alberdi, Sarmiento), ou dos que acreditavam ser impossível comparar sua condição de "exilados do medo" com os casos paradigmáticos de perseguidos-expulsos, como Solari Yrigoyen ou Cámpora. Neste sentido, o silêncio sobre o exílio foi a invisibilização de sua dimensão política ou sua desnaturalização na difusa categoria dos deslocados ou dos "argentinos do exterior", categoria que os situava junto a emigrantes econômicos, os viajantes existenciais ou a "fuga de cérebros" (Ulanovsky, 1983).

---

[9] Em uma entrevista concedida em Paris a *Humor* (abr. 1983), Osvaldo Soriano respondia à pergunta "Por que você foi? Não aguentou ficar aqui?", e sentenciava: "Tem que ter cuidado com a palavra 'aguentar', como com outras coisas que andam soltas por aí. Porque também tem que 'aguentar' o exílio. Acabaram os exílios dourados... Digo que tem que ter cuidado com essa palavrinha porque implica em si mesma um questionamento, uma censura".

[10] O escritor Hugo Constantini afirmava: "Como vou me pôr a fazer neste momento o balanço das coisas positivas e negativas que me proporcionou o exílio? [...] Quem pode saber o que foi o positivo e o negativo? Talvez na Argentina tivesse feito mais ou menos o mesmo. Ou talvez não. Quem vai saber" (*Humor*, dez. 1983).

Suturar as trajetórias individuais fraturadas pelo desterro e contadas desde então no contraponto além (antes)/aqui (agora), e recompor a história coletiva, a partir da inclusão das diferentes parcialidades do terror, pareciam empresas equivalentes, mas para as quais a sociedade instituiu tempos de concretização e combate distintos. Se o exílio foi vivido como um oco, um parêntese na existência pessoal, que envolveu sentimentos de alheação, estranheza e clausura (Lamónaca e Viñar, 1999), o desexílio reeditou a dor, a culpa, a vergonha e a sensação de privilégio imerecido, para gerar um silêncio diferente, que não era já o da ausência e da demonização, mas o da desfiguração, do não dito e do não audível em uma sociedade que assistia com espanto à exposição dos estigmas do terror, na qual as desaparições eram o traumático *per se*.

Políticas para favorecer o retorno

Sociedade civil e governo encararam diversos projetos e iniciativas tendentes a dar resposta aos problemas dos retornados. Embora os exilados denunciassem que prevaleceram a indiferença e a despreocupação governamental, supridas pela ajuda do movimento de direitos humanos, entre 1984 e 1987, o Congresso acolheu vários projetos e iniciativas que no mínimo instalaram o problema dos retornados na agenda política e que, independentemente de seus alcances concretos, marcaram o debate social da Transição.

O Parlamento

A totalidade das iniciativas legislativas apresentadas pretenderam, por um lado, dar solução a problemas legais surgidos do exílio e, por outro, facilitar o retorno. No primeiro grupo estavam os projetos de "reparação, incluída a reforma da Ley de Nacionalidad y Ciudadanía nº 21.795 para facilitar a aquisição de cidadania dos filhos de argentinos nascidos no exterior" — deputado Néstor Perl (22 e 23-3-1984) — e para "a inscrição como argentinos dos filhos de pais argentinos nascidos no exterior entre 24-3-1976 e 31-7-1984" — senadores Adolfo Gass, Américo Nápoli, Héctor Velázques, Agustín Brasesco e Fernando de la Rúa (15-8-1985) —, entre outros.

Estas iniciativas tentavam "reparar" a situação de desigualdade jurídica dos filhos de argentinos nascidos no exterior com a intenção de facilitar a obtenção da cidadania e equipará-los aos cidadãos nativos. Em sua maioria, os projetos pretendiam adequar a normativa de obtenção da nacionalidade argentina e os requisitos fixados pela Ley de Nacionalidad y Ciudadanía vigente às necessidades dos desterrados. Em 1984, foi aprovada a Lei nº 16.569, que deu um início de solução ao problema dos filhos do exílio que passaram a ser reconhecidos como argentinos. Igualmente, foi expedido o Decreto nº 3.213 — de regulamentação da Ley de Nacionalidad y Ciudadanía (nº 23.059) —, pelo qual se declaravam inválidos os cancelamentos ou perdas de nacionalidade argentina provocados pela expulsão do país.

No segundo grupo se situavam os projetos de eliminação do pagamento dos direitos de importação para elementos de trabalho pessoal e comodidade, literatura relacionada com a atividade profissional e um carro por grupo familiar desterrado, de Néstor Perl (22 e 23-3-1984); "de prazos abreviados para as tramitações na ordem dos programas de radicação e instalação no país de argentinos residentes no exterior" do deputado Laferriere; de "provisão de emprego nacional e municipal para técnicos e profissionais que quiseram regressar ao país", dos deputados Torcuato Fino, Raúl Reali e Pedro Pereyra (6 e 7-3-1986); de reconhecimento de títulos e estudos realizados no exterior, dos deputados Perl e Von Nied; de direito para os filhos de exilados a requerer a revalidação de títulos outorgados no estrangeiro, de Perl (22 e 23-3-1984); de cotização para efeitos jubilatórios dos anos de ausência para os trabalhadores privados que tiveram que abandonar o país pela perseguição militar, do deputado Alberto Bonino (28 e 29-7-1984) etc.

Além dos temas concretos abordados — nacionalidade dos filhos de argentinos residentes no exterior, validação de estudos secundários ou universitários realizados durante o tempo de ausência do país e facilidades para o ingresso de mobiliário ou outros bens adquiridos no exterior; gestão de projetos de trabalho, recuperação de postos na administração pública, reincorporação de docentes ou pesquisadores, reconhecimento dos anos de exílio para o fim de aposentadoria e ajudas pontuais para resolver problemas de moradia e assistência médica e psicológica —, os debates parlamentares permitem ver um peculiar imaginário social sobre o exílio. Não poucos projetos estavam pensados para promover o retorno de "intelectuais, profissionais e técnicos", quadros de alta capacitação que haviam saído do país na "conjuntura crítica" da ditadura. Sem mencionar os exilados, o projeto de Fino, Reali e Pereyra pretendia favorecê-los, mas evitando centrar-se neles. Em outro extremo, o projeto do deputado

Bonino, destinado a ressarcir os prejuízos para a aposentadoria dos que se foram como consequência da violência política, construía uma complexa noção de exílio: (a) muitos dos que partiram para o exílio o fizeram como trabalhadores que sofriam represálias; (b) o exílio era a alternativa para salvar a vida; (c) nem todos os exilados eram "subversivos"; (d) ser militante político ou sindical não era equivalente a ser "subversivo".

O Executivo

Enquanto os exilados reclamavam do governo um claro reconhecimento político ao exílio, Raúl Alfonsín não concedeu cargos de primeira categoria a retornados. Osvaldo Bayer censurava o presidente eleito por ter formado um governo em que "a maioria eram desde 'colaboracionistas até complacentes', passando por algum 'desaparecido' e que nenhum dos oito ministros fosse um exilado" (*Resumen de Actualidad Argentina*, 19 dez. 1983). A designação de Hipólito Solari Yrigoyen como embaixador itinerante foi o mais parecido com um reconhecimento ao exílio por sua luta contra a ditadura.

Em janeiro de 1984, o embaixador itinerante realizou um giro por diversas capitais europeias (Madri, Paris, Roma).[11] Na capital do Estado espanhol, a reunião na embaixada argentina congregou quase 300 exilados, entre os quais a imprensa destacou o escritor Antonio Di Benedetto e o sindicalista Raimundo Ongaro. O reconhecimento do exílio para Solari Yrigoyen desimpediu um encontro não isento de tensão, em que, por um lado, o embaixador honorário explicou que o governo argentino "apoia[va] moralmente" o retorno (*La Nación*, 30 jan. 1984) e que as portas estavam abertas para aqueles que têm "feito muito pela democracia" (*La Nación*, 17 jan. 1984) e, por outro, anunciou que, via convênios com o Acnur, seriam proporcionados pequenos subsídios para solver os gastos de viagem e de instalação na Argentina. Depois de enumerar as condições legais, as franquias de equipamento e a mínima ajuda econômica que o governo podia dar, e de indicar que os retornados deviam assumir que regressavam a um país em crise e com altos índices de desemprego, Solari Yrigoyen escutou a preocupação dos exilados sobre temas tão variados como a situação legal dos filhos nascidos no estrangeiro, o serviço militar não cumprido,

---

[11] Em fevereiro de 1984, Solari Yrigoyen completou seu giro pelos países latino-americanos onde havia comunidades de exilados, por exemplo, Caracas, México etc. (*La Nación*, 15 fev. 1984).

a possibilidade de recuperar os postos de trabalho dos que foram exonerados por motivos ideológicos ou a exigência de julgamento e punição dos responsáveis pela repressão e de uma anistia geral para todos os que tinham causas pendentes, sendo a maioria criada pelos militares.

Para complementar a tarefa de Solari Yrigoyen, em 8 de julho de 1984 Alfonsín criou a Comisión Nacional para el Retorno de los Argentinos en el Exterior (CNREA). Essa decisão coincidiu com a primeira viagem oficial do presidente Alfonsín ao exterior, que teve como destino a Espanha, país que acolhia o maior número de exilados.

Os desterrados receberam a CNREA com críticas. Denunciou-se que era uma simples comissão assessora, de mandato limitado (fins de 1985), que carecia de recursos próprios e cuja tarefa quase exclusiva era a de orientação em temas legais, de moradia ou educação para os que desejavam regressar. Para os desterrados, Alfonsín não estava cumprindo com as promessas realizadas. Se o desejo do governo era que os exilados oferecessem uma contribuição valiosa ao país, era indispensável que se implementassem políticas concretas para resolver seus problemas legais, trabalhistas e judiciais. Segundo as organizações de direitos humanos, o governo carecia de "uma política específica para os problemas dos ex-exilados políticos" que apareciam confundidos com os dos emigrantes (*Reencuentro*, mar. 1986). Igualmente, criticaram o presidente da CNREA, Jorge Graciarena, por não distinguir entre "exilado" e "emigrado" e por falar de "retornados ou repatriados" e, parcamente, de "ex-exilados" ou "desexilados". Os organismos de direitos humanos no interior e no exílio insistiam em que, para favorecer a inscrição do exílio em uma lógica que não obstruísse que "era parte das ações genocidas do Estado terrorista", era necessário insistir "no uso do termo 'ex-exilados políticos' para se referir às pessoas que agora regressam como tais, eliminando o uso da palavra 'retornado', porque nos meios de comunicação e oficiais esta palavra é usada para todos os argentinos que saíram do país sem discriminar as causas dessa saída" (Osea, 27-29 jul. 1984).

Finalmente, denunciavam que ante a quase ausência de uma política de reparação ao exílio — que reduziu sua atuação a uma campanha de propaganda política manejada habilmente no exterior —, os dilemas dos retornados ficaram sujeitos à criatividade, às boas intenções e a uma metodologia de tentativa e erro das organizações de direitos humanos que vieram suprir as disposições governamentais "incompletas" e "de difícil cumprimento" pelas travas da burocracia estatal (*Reencuentro*, mar. 1986).

Os organismos de direitos humanos

Em meados de 1983, a iniciativa de vários personagens conspícuos do movimento de direitos humanos — Emilio Mignone, o bispo Pagula, Manuel Sadosky, Adolfo Pérez Esquivel e Octavio Carsen, entre outros — criou uma entidade não oficial para centralizar a atenção aos problemas derivados do exílio. Desde então, o peso do retorno foi suportado pela Oficina de Solidaridad con los Exilados Argentinos (Osea), que teve a responsabilidade de executar as ajudas pautadas pelo Acnur com o governo argentino para os ex-perseguidos políticos residentes no exterior. Embora a proposta de criação desta oficina unitária tenha sido do Centro de Estudios Legales y Sociales, em seu comitê de direção estiveram presentes Octavio Carsen pelo Secretariado Internacional de Juristas por la Amnistía en el Uruguay, Emilio Mignone pelo Comité Permanente de Defensa de la Educación, Adolfo Pérez Esquivel pelo Servicio de Paz y Justicia, Enrique Pochat pelo Movimento Ecuménico de Derechos Humanos, José Federico Westerkamp pelo Movimento por la Vida y la Paz, Jorge Taiana pelo SUM, Eduardo Orchetti pela Flacso e María Amelia de Sosa pela Comisión Argentina para Refugiados, além de Augusto Conte do Centro de Estudios Legales y Sociales e o único que além disso ocupava o cargo de deputado federal. Ainda que seu propósito original fosse resolver os "problemas legais" dos exilados que estavam regressando ao país com a expectativa da abertura democrática, logo se encarregou de implementar diversos programas de assistência, emergência e reemprego orientados a dar respostas a questões vinculadas ao trabalho, à moradia e à saúde dos retornados.

Da perspectiva da Osea, os problemas do retorno não se reduziam a proporcionar uma passagem de avião, mas colaboravam com os dilemas suscitados por um distanciamento forçado que motivou desajustes familiares, meninos formados em outras culturas que viviam o retorno como um desenraizamento, insegurança de trabalho e habitacional, problemas de documentação etc. (*Reencuentro*, dez. 1984). Mas, afora isso, era necessário ir além das questões concretas. E, como dizia Augusto Conte, era preciso começar a combater a ausência, o silêncio e a postergação do exílio na agenda política e social da Transição (*Reencuentro*, nov. 1984).

Com relação a "respaldar o processo de reinserção dos ex-exilados na sociedade argentina" e "contribuir com a recomposição do tecido social argentino" (*Reencuentro*, mar. 1986, p. 4), a Osea reclamava: 1. valorizar o exílio como mais um sintoma de uma sociedade ferida pelo autoritarismo (*Reencuentro*, nov. 1984); 2. entender que as causas do exílio não eram individuais. As razões da partida se fundiam na lógica do Estado executor de uma política repressiva baseada na doutrina de segurança nacional (*Reencuentro*, dez. 1984); e 3. reconhecer que os exilados protagonizaram uma campanha permanente de apoio ao povo argentino, que se alguma coisa teve de "anti" foi o antiditatorial (*Reencuentro*, dez. 1984).

Além das tarefas destinadas a reconfigurar o regime de sentido que mantinha o exílio aprisionado entre o privilégio e a demonização, a Osea desenvolveu vários programas específicos de ajuda ao retorno. Em princípio, atuou como agência executora das ajudas do Acnur orientadas para o pagamento de passagens e deslocamento de equipamento adicional. Em segundo lugar, implementou vários programas de "assistência", "emergência" e "reinserção no trabalho" a partir de fundos recebidos da Consejería de Proyectos Latinoamericanos da Costa Rica e de instituições não governamentais e ecumênicas da Holanda e da Suécia.

As ajudas iniciais pretendiam pagar os gastos de moradia e/ou emprego, dar cobertura às necessidades primárias e à educação dos filhos de famílias retornadas. As ajudas para aluguel, criação, compra ou associação em um projeto de trabalho foram uma segunda fase do programa, quando a onda de retornados começou a descer e se viu que os programas de assistência eram insuficientes para garantir a reintegração. Esses programas de reinserção ou de apoio a projetos de trabalho permitiram financiar a criação de cooperativas de trabalho ou de assistência ao desenvolvimento de projetos individuais promovidos em forma conjunta por ex-exilados e outras vítimas da repressão.

Ainda que não fosse pouca esta ajuda, e segundo Octavio Carsen foram atendidos 4 mil grupos familiares e quase 10 mil pessoas receberam algum tipo de assistência, nem todos os retornados se aproximaram da Osea. Alguns porque não precisavam, outros porque temiam ser reconhecidos como perseguidos políticos. E é assim que, em 1985, 11% dos retornados ainda tinham causas judiciais pendentes ou um processo foi aberto contra eles logo que regressaram. Este foi o outro âmbito de atuação da Osea. A partir do escritório, os exilados eram assessorados e informados sobre sua situação legal. A tramitação dos *habeas corpus* preventivos não só foi norma para os dirigentes das organizações armadas, como para presumidos integrantes ou simpatizantes dessas organizações que haviam participado em atividades políticas durante o exílio.

Ainda que a Osea reconhecesse que algumas detenções podiam obedecer a certos "mal-entendidos", era impossível que continuassem figurando, nos antecedentes pessoais dos exilados, ordens de captura de diversas naturezas que incluíam desde as que foram ditadas pelas Forças Armadas em plena ditadura e aquelas nas quais os imputados haviam sido suspensos, até as que afetavam os anistiados em 1973 e inclusive algumas que ordenavam a detenção simplesmente para comunicar ao prejudicado que a causa estava encerrada (*Reencuentro*, jan. 1985). A Osea questionou a criminalização indiscriminada do exilado que ao regressar devia comprovar inocência. Desconfiando da lógica castrense que identificava exílio com "subversão", centenas de retornados se viram na obrigação de lutar contra essa culpabilização (*Reencuentro*, jun. 1985). Menos compreensível ainda se tornava a perseguição que estavam sofrendo muitos argentinos pelo simples fato de "ter-se organizado — no exílio! — sob uma sigla vinculada a ações armadas. Não são acusados de tê-las realizado ou instigado. Simplesmente de haver pertencido a uma organização que as propunha" (*Reencuentro*, jun. 1985). A Osea reclamou que foram acusados de "associação ilícita" os que se opuseram abertamente à ditadura militar e testemunharam publicamente tal oposição. Paradoxalmente, o que o movimento de direitos humanos e as democracias europeias haviam considerado uma ferramenta da luta contra o terrorismo de Estado se convertia agora em prova para incriminar os retornados. Estas perseguições injustificadas não só lesavam os direitos dos exilados a viver em seu país, transitar livremente pelo território nacional e participar nas eleições, como os castigavam por terem resistido à opressão (*Reencuentro*, nov. 1985).

À guisa de encerramento

Em 1979, quando a Comisión Interamericana de Derechos Humanos da OEA visitava a Argentina e as condenações internacionais à ditadura se acumulavam (desde o papa à direita espanhola e desde as Nações Unidas aos socialistas franceses), os argentinos exilados na Catalunha sonhavam com um futuro retorno estimulados pela experiência que estavam vivendo os brasileiros. *La Vanguardia* (22 set. 1979) de Barcelona anunciava que o líder do PCBR, José Sales, abria a dianteira de militantes sindicais, políticos e guerrilheiros que planejavam voltar nos próximos meses. Os festejos do reencontro da esquerda brasileira eram um espelho estimulante.

Mas o exílio argentino tinha conhecido outros retornados. De fato, muitos argentinos fizeram sua viagem ao exílio junto a velhos republicanos derrotados da Guerra Civil Espanhola que voltavam carregados de nostalgia, de medos e guiados por uma Catalunha "virtual" ou "literária", após mais de três décadas de ausência. As solidariedades tecidas entre os "companheiros de barco" — os "barcos" da companhia de navegação italiana que unia os portos de Buenos Aires, Montevidéu e Rio de Janeiro com os de Lisboa, Barcelona e Gênova e o "barco" da vida no igualamento trágico como protagonistas da roda dos desterros — se prolongaram em terra firme e não foi rara a participação dos ex-exilados republicanos em campanhas de denúncia contra a ditadura argentina. As ruas de Barcelona reuniam velhas e novas vítimas, mas, como assinalava a imprensa local, os que voltavam, em boa medida, eram protagonistas "esquecidos" (*El País*, 27 ago. 1976).

Quando os argentinos regressaram a seu país, não houve recepções de multidões, nem atos públicos massivos, nem tampouco passaram a exercer cargos de primeira categoria no primeiro governo da democracia.[12] Após ocupar páginas na imprensa durante um tempo e em uma conjuntura na qual o Nunca Mais e o julgamento das Juntas Militares situaram as consequências do passado ditatorial no centro das atenções, a situação dos retornados foi se diluindo. Nem no governo de Alfonsín — salvo a nomeação como embaixador itinerante de Solari Yrigoyen e os escassos projetos legislativos para atender ao imediatismo do retorno e que em boa medida não foram aprovados —, nem nas presidências posteriores houve políticas para os exilados.

Há uma década, os antigos exilados a partir de seus países de residência e da Argentina têm voltado a fazer audível seu desejo de ser reconhecidos socialmente como vítimas do Estado terrorista e como lutadores antiditatoriais, reclamando tanto a atenção de problemas concretos emanados de seu distanciamento forçado do país nos anos 1970 (direito à nacionalidade dos filhos nascidos no exterior, validade dos depósitos de aposentadoria do período de exílio no regime de previdência nacional, reconhecimento de títulos obtidos

---

[12] Seguindo Cecilia Lesgart (2003), poderíamos afirmar que a exceção foram os exilados ligados à *Controversia* do México que se reuniram ao governo de Alfonsín. Nessa mesma linha, Vicente Palermo e Marcos Novaro (2003:511) afirmam que após as Malvinas os retornados tiveram uma "importância política e cultural de primeira ordem" e que foram "convocados e recebidos como vítimas", fato que lhes abriu um "inesperado crédito".

no exterior durante o exílio forçado)[13] quanto um reconhecimento simbólico que os inclua na memória das lutas políticas e da repressão. Em tal sentido, os perseguidos políticos do Estado terrorista afirmam que para que "o *status* oficial de exilado" deixe de sê-lo e se consume o autêntico retorno, é necessário furar as resistências que para além de regressos definitivos, temporais ou profissionais continuam deixando-os exilados da história nacional.

Referências

ASTA, Laura. *Los argentinos que retornan*. In: SEMINARIO MIGRACIONES INTERNACIONALES, Buenos Aires, 1987. ms.
BOCCANERA, Jorge. *Tierra que anda*: los escritores en el exilio. Buenos Aires: Ameghino, 1999.
DEL OLMO, Margarita. *La utopia en el exilio*. Madrid: CSIC, 2002.
HARTOG, François. *Memoria de Ulises*: relatos sobre la frontera de la antigua Grecia. Buenos Aires: FCE, 1999.
INOSTROZA, Marta; RAMÍREZ, Gustavo. *Exilio y retorno*. Estocolmo: ABF, 1986.
LAMÓNACA, Julio; VIÑAR, Marcelo. Asilo político desde la subjetividad. In: DUTRÉNIT, Silvia; RODRÍGUEZ DE ITA, Guadalupe. A*silo diplomático mexicano en el Cono Sur*. México: Instituto Mora, 1999.
LESGART, Cecilia. *Usos de la transición a la democracia*: ensayo, ciencia y política en la década del'80. Rosario: Homo Sapiens, 2003.
MALETTA, Héctor; SWARCBERG, Frida; SCHNEIDER, Rosalía. Exclusión y reencuentro: aspectos psicosociales del retorno de los exiliados a la Argentina. *Estudios Migratorios Latinoamericanos*, Buenos Aires, ano 1, n. 3, p. 293-322, 1986.
MÁRMORA, Lelio; GURRIERI, Jorge. El retorno en el Río de la Plata (Las respuestas sociales frente al retorno en Argentina y Uruguay). *Estudios Migratorios Latinoamericanos*, Buenos Aires, ano 3, n. 10, p. 467-496, dic. 1988.
OSEA. *Primeras jornadas sobre problemas de repatriación y exilio*. Buenos Aires, 27-29 jul. 1984.
PALERMO, Vicente; NOVARO, Marcos. *La dictadura militar (1976-1983)*: del golpe de Estado a la restauración democrática. Buenos Aires: Paidós, 2003.
SISCAR, Cristina. Yo conocí los dos exilios. In: BOCCANERA, Jorge. *Tierra que anda*. Buenos Aires: Ameghino, 1999.
SOLARI YRIGOYEN, Hipólito. *Los años crueles*. Buenos Aires: Bruguera, 1983.

---

[13] Disponível em: <www.colectivoexiliados.blogspot.com>.

TIZÓN, Héctor. La casa y el viento. In: BOCCANERA, Jorge. *Tierra que anda*. Buenos Aires: Ameghino, 1999.

ULANOVSKY, Carlos. *Seamos felices mientras estamos aquí*: pequeñas crónicas de exilio. Buenos Aires: Ediciones de la Pluma, 1983.

Periódicos

Clarín, Buenos Aires.
Controversia, México.
Crisis, Buenos Aires.
La Nación, Buenos Aires.
La Vanguardia, Barcelona.
Humor, Buenos Aires.
Reencuentro, Buenos Aires.
Resumen de Actualidad Argentina, Madrid.
Testimonio Latinoamericano, Barcelona.

11. RETORNO:
FINAL OU COMEÇO DO EXÍLIO?

Tatiana Paiva*

Proponho-me investigar aqui um momento que considero muito particular em uma experiência de exílio: o retorno. Entendo como delicada essa reflexão, pois ela sugere uma espécie de "xeque-mate" em relação à experiência do exílio. O caminho de volta para casa, a princípio, é o destino final, e a condição de exilado chega ao seu fim.

Num primeiro plano esse quadro se faz bastante coerente. Apesar de haver uma significativa variedade de casos, qualquer exílio traz no seu cerne a impossibilidade da volta ao país de origem, somada aos motivos da expulsão de uma pessoa. É natural concluirmos que, uma vez permitido o retorno à pátria, essa experiência chega ao fim.

Contudo, o exílio não segue linhas retas, percursos fáceis, e não são prescritas regras de conduta. O caminho de um exilado é tortuoso. Dificilmente a vivência de um exílio é sentida e assimilada de maneira uniforme entre aqueles que a experimentam. O início e o fim dela não são determinados e reconhecidos univocamente.

O presente capítulo apresenta os elementos investigados na minha pesquisa de mestrado, na qual foram trabalhadas as memórias de crianças e adolescentes brasileiros exilados no período da ditadura militar (Paiva, 2006). As referências feitas aqui dizem respeito ao trabalho realizado, baseado em entrevistas e depoimentos. Tal como na dissertação, os nomes dos entrevistados

---

* Mestre em história pela Pontifícia Universidade Católica do Rio de Janeiro (PUC-Rio).

não foram revelados, preservando-se suas identidades. Outras análises[1] sobre o universo de filhos de exilados serviram como suporte investigativo e ajudaram a compor as hipóteses de trabalho traçadas.

"Herdeiros do exílio" foi como identifiquei os filhos de militantes da ditadura militar. O estudo realizado sobre a memorialística de filhos de exilados encontrou na ideia de *herança* o seu fio condutor. Para os filhos, as escolhas de atuação dos pais foram determinantes para que vivenciassem uma experiência sobre a qual não tinham controle e não podiam opinar. Foram parceiros involuntários de seus pais, estabelecendo uma relação coadjuvante, porém existente e diversa, com o regime ditatorial.

As circunstâncias eram excepcionais e, diante de medidas emergenciais, houve uma variedade de experiências para esses "filhos". Fugas, mudanças de nomes, visitas a prisões, temporadas em casa de parentes, exílio, trocas de países e cidades, estadas em embaixadas, entre outros, formam um diversificado universo de vivências. São trajetórias desenraizadas, compostas de memórias dilaceradas no tempo e no espaço.

O exílio das crianças foi em muitos momentos completamente diferente do exílio experimentado pelos pais. Elas sentiram de formas distintas a condição de exilado e assimilaram a experiência de maneiras diferentes.

Para os adultos o exílio foi pensado e discutido ao longo de sua duração, o que para as crianças foi algo muito raro. A falta de atuação aqui é fortemente expressiva, pois implica a compreensão dos motivos da saída, e também da volta, por alguém que não esteve envolvido com nenhuma atividade política. O termo "exilado" era o mesmo, mas tinha significados bastante diferentes para os pais e para os filhos.

Nesse caso, parece instigante a percepção da vivência em relação ao seu início e ao seu fim. Foi significativo o número de depoimentos que apontaram para uma primeira reflexão sobre o exílio no período da anistia, a partir de 1979. O que era reconhecido oficialmente como o fim, para os filhos de exilados era apenas o início.

A determinação do começo e do final de uma experiência de exílio não parece acompanhar sempre os marcos e datas oficiais. Eles são importantes, pois indicam os movimentos de saída e retorno à pátria, mas não são definitivos. As reflexões acerca da experiência não seguem uma ordem cronológica;

---

[1] Ver Rollemberg (1999); Vasquez (s.d.); Vasquez e Richard (1978); Gaillard (1990).

no caso das crianças e adolescentes, elas parecem subverter completamente essa questão.

Em suas memórias, uma reflexão mais densa se deu justamente quando tiveram que voltar. Um primeiro estranhamento: voltar? Retorno? Essa era uma conotação complicada, já que a maioria nunca havia sequer pisado em território brasileiro, ou pelo menos não tinha muitas recordações do Brasil. Apesar de suas memórias estarem marcadas por dificuldades, tensões e perdas, os filhos de exilados relacionaram o exílio ao período de suas infâncias, definindo-o como uma época *normal*.

O reconhecido "final do exílio" foi um divisor de águas no que diz respeito à experiência dos filhos de exilados. Foi um período de reflexão e questionamento acerca de suas vivências, o que trouxe um sentido distinto do momento experimentado por seus pais.

Muitos filhos de militantes chegam no final da década de 1970, já com mais idade. O desenraizamento tantas vezes sentido em outras ocasiões já estava superado, e surgira um sentimento de pertencimento em relação aos países em que moravam. Estavam adaptados aos costumes, ao idioma, ao sistema de ensino, ao cotidiano do país. Construíram vínculos de amizade, experimentaram os primeiros namoros, paixões, relacionamentos.

A euforia e o otimismo dos pais com a possibilidade do retorno ao país de origem contagiaram o exílio dos filhos, mas não foram compartilhados da mesma forma. Em suas memórias, o Brasil assume diferentes facetas. Por vezes adquiria uma imagem idealizada de uma terra distante que representava somente coisas boas. Símbolos como a comida, a música, o clima quente, as praias, os parentes compunham o retrato de um lugar diferente e excitante.

> Minha mãe fazia muitas festas, e a música era sempre brasileira. Foram motivo até de documentário em Cuba as nossas festas. Eu me lembro de algumas fotos na parede lá de casa, decorada com coisas sobre o Brasil, que me chamavam a atenção. Tinha uma do Cristo Redentor, uma da Bruna Lombardi, que me fez ficar apaixonado por ela. [...] Minha mãe sempre quis voltar. Quando saiu a anistia, ela quis voltar no dia seguinte. Apesar de nunca ter tido problema com Cuba, porque ela adorava, e adora o país até hoje, o problema era a impossibilidade de voltar. Gerava uma angústia que você ficava meio louco da cabeça [Paiva, 2006:98].

> Nós tínhamos mais informação sobre o Brasil na França do que os brasileiros, pois, como era uma ditadura, as informações não chegavam até a população. A livraria

que meu pai montou na França se tornou um ponto de encontro entre os exilados. Todos passavam por lá. Vendiam-se livros, discos, jornais, revistas. Desde adolescente eu ouvia Chico Buarque, Caetano, meu pai colocava os discos para tocar na livraria como som ambiente. [...] O Brasil tinha uma presença muito forte na nossa vida e nós tínhamos muita ânsia de conhecer o país. Muita admiração também pelo país, pela brasilidade, pelo jeito de falar e de se comportar dos brasileiros. Era muito diferente dos franceses. Era um encantamento [Paiva, 2006:99].

A curiosidade em torno de um país tão falado, querido e também muito criticado fazia parte da experiência dos filhos, e os questionamentos logo surgiram. Quando percebidos os motivos do exílio, e a partir da assimilação do termo "exilado", muitos filhos se perguntavam o porquê da volta. Houve casos em que a experiência do exílio trouxe uma vida estabelecida em países de Primeiro Mundo, com benefícios e possibilidades dificilmente encontradas no Brasil. Depois de tantos desenraizamentos e mudanças, chegava o momento de começar tudo de novo. Nova casa, nova cidade, nova escola, outra língua, outro país.

O Brasil apresentava costumes e hábitos peculiares aos olhos daqueles que vinham de terras estrangeiras. Estão presentes nas memórias aqui trabalhadas a residência em países europeus, nos Estados Unidos, em Cuba, na URSS. A sujeira, o barulho, a pobreza não faziam parte da paisagem cotidiana dos filhos de exilados, e são expressivos os relatos que sugerem um choque com as pessoas jogando lixo nas praias e cuspindo nas ruas, com o barulho de trânsito, gente falando muito alto.

> O que me chocou foi a porcaria. As pessoas jogavam as coisas no chão, cuspiam. Eu nunca tinha visto isso. As pessoas na praia tomavam picolé e jogavam o palito e o papel no chão, no caso, na areia. Aquilo não cabia na minha cabeça, nunca tinha visto nada parecido. A única coisa que gostei foi da praia, mas mesmo assim me chocava a sujeira [Paiva, 2006:102].

Voltei para o Brasil diversas vezes, sempre nas férias de verão. Nessas ocasiões, convivia com a família e ficava principalmente na fazenda no interior de São Paulo. Quando se conhece um país apenas nas férias, sempre se guardam as melhores lembranças; mesmo assim não dava para deixar de notar os contrastes. O que mais me chocava era a miséria, os pedintes, as favelas... O medo que as pessoas tinham da polícia e dos soldados também me chocava. Foram muitos anos para deixar de ter uma descarga de adrenalina quando eu via uma batida policial. Outra coisa que chamava a atenção era o medo que as pessoas tinham de conversar sobre política, a alienação geral da classe média em relação ao mundo. [...] Meus pais sempre nos passaram uma imagem do Brasil como um grande país, com um povo muito bom, mas ignorante e sofrido, governado por uma elite preguiçosa e corrupta. Essa é a imagem que eu ainda tenho do Brasil. Sempre fiz questão de viajar pelo Brasil e conhecer as pessoas mais simples de cada lugar. Com o tempo, confirmei a visão de um país lindo, enorme, complexo, com um povo muito sofrido, porém muito mais sábio do que eu imaginava [Paiva, 2006:103].

Apesar de certa familiaridade com o Brasil, a maioria dos filhos de exilados por mim entrevistados percebe o momento da ida para o país como o início da tomada de consciência da experiência. Por mais que atribuíssem a esse momento um sentido de volta e retorno, sabiam que não era o mesmo sentimento de seus pais.

Todo lugar em que a gente morava tinha mapa e globo, e eu mostrava o Brasil para as pessoas e dizia que na verdade aquele era o meu país, mas nunca tinha ido. Tinha muita música brasileira na minha casa, e muita expectativa sobre o país, porque meus pais falavam demais do Brasil. Não sabia exatamente o que era o Brasil, mas, de tanto me falarem, eu ficava com vontade de conhecer e já dizia que era meu país [Paiva, 2006:101].

O processo de adaptação ao Brasil não foi trivial para os pais, e os filhos sofriam e percebiam essas dificuldades. Nas memórias dos filhos, esse foi um período marcado pela falta de emprego, por dificuldades financeiras e pelo divórcio dos pais.

Não me lembro como foi exatamente, ou como me contaram que iam se separar. Eu achava que meu pai ia viajar, que era uma separação provisória, e não definitiva. Minha mãe conta que eu perguntava constantemente quando meu pai iria voltar. Foi muito ruim ficar sem a presença dele em casa. Nós tínhamos uma ligação muito boa. Acho que meu pai sempre quis ter um menino, ele gostava muito de futebol, de esporte, falava o tempo inteiro do Flamengo em Londres. Achei que ele tinha voltado para Londres, e que nós íamos para lá também. Lembro que um dia fui falar com a minha avó e pedi para ela falar com a minha mãe para deixar eu ficar no Brasil com ela. Estava muito feliz aqui. Não entendi muito bem o divórcio, mas hoje acho que em Londres eles já deviam estar meio mal na relação, mas só tinham os dois, né? Não tinha mais ninguém. Quando chegamos ao Brasil, acho que viram a possibilidade de se separar [Paiva, 2006:135].

> Uma coisa marcante era quando a minha mãe recebia o pagamento e nós íamos almoçar no La Mole, no Leblon. Não fazíamos esse tipo de programa. Ela estava muito sem grana. Esse era um momento muito nosso, só nós duas [Paiva, 2006:161].

A historiadora Denise Rollemberg (1999) identifica duas gerações no exílio brasileiro: a de 1964 e a de 1968, que por sua vez estão atreladas a dois *acontecimentos inauguradores* (Sirinelli, 2001). A primeira geração está relacionada ao advento do golpe de 1964, e a segunda, à declaração do AI-5, em 1968. No que diz respeito especialmente à segunda, seus representantes mais expressivos incluíam estudantes e jovens militantes atuantes no movimento de luta armada. Chegavam ao exílio sem formação universitária completa e sem profissão. Exerceram os mais variados ofícios na busca por sobrevivência. Alguns conseguiram qualificação profissional no estrangeiro, mas, uma vez no Brasil, nem sempre ela era reconhecida.

Logo os filhos de militantes perceberam que a vida no Brasil era bem diferente daquela descrita pelos seus pais ao longo do exílio. Todo o romantismo que envolvia uma imagem mítica do país caiu por terra. O momento político era conturbado. Vivia-se uma transição entre regimes, e a ditadura militar se mostrava sob diferentes aspectos para os que chegavam.

Nas memórias dos filhos, no início do período de vida no Brasil, são expressivos os episódios de telefones grampeados, buscas nas residências, interrogatórios, *blitze* pelas cidades. Outro estranhamento. No exílio, quando ocorriam fugas, mudanças, invasões a embaixadas, davam-se explicações plausíveis para tais acontecimentos, ligados que estavam a contingências políticas extraordinárias. O discurso da volta foi transmitido em muitos casos como o fim de um período de perseguições e uma fase de liberdade. Uma liberdade, no entanto, vigiada, controlada, cercada pelos limites que o Estado impunha.

> Questionava muito a minha mãe por que nós tínhamos voltado. Estávamos enfrentando muitas dificuldades no Brasil, enquanto poderíamos ter tudo em Cuba. Realmente não entendia. Minha mãe me conta que todos os dias eu perguntava: "Quando vamos voltar para casa?". Chegamos ainda com a ditadura, então éramos vigiados o tempo todo. Nosso apartamento era revistado, telefones grampeados. Um clima horrível. Era como se você fosse rico e ficasse muito pobre de repente. Minha mãe teve que se virar e não teve apoio familiar. Estava sozinha com dois filhos [Paiva, 2006:93].

Para os pais, era outra relação com o país de origem. Havia a possibilidade de circular nas ruas, de assumir o próprio nome, de tentar recuperar uma trajetória interrompida. Para os filhos, cujas trajetórias estavam sendo construídas no exílio, a interrupção delas entrava em conflito com as escolhas dos pais.

Os questionamentos revelavam uma curiosidade também voltada para a história dos pais. Muitos só souberam seus nomes verdadeiros no momento da ida para o Brasil, ou durante o exílio. Com o tempo, foram investigar por si próprios os motivos da saída do Brasil e a trajetória de militância dos pais.

> Meus pais eram minha família. Cheguei a vir ao Brasil, ainda na ditadura, para ficar com minhas avós, mas não tinha a menor noção do que era uma "avó". O que me falaram foi: "Você vai ficar com as suas avós". Eu não tinha a menor noção de quem era a minha avó, não tinha a noção de família. Fiquei um tempo em Friburgo com a minha avó por parte de mãe, e foi bom porque tinha muito bicho, eu adoro bicho, e também tinha meu primo, que é da minha idade. Depois fiquei com minha outra avó no Rio. Era tudo diferente, e eu tinha muito medo, pois não conhecia aquelas pessoas [Paiva, 2006:91-92].

> O fato de a minha mãe ter revelado seu verdadeiro nome somente quando viemos para o Brasil me fez perceber quanto era perigosa a sua situação e, consequentemente, a nossa também. Se ela não podia dizer quem era nem para seus filhos, era porque a coisa toda era muito séria [Paiva, 2006:71].

> Eu, pelo menos, fui saber que meu pai era o meu pai mesmo só em Moscou. Pois aqui, quando íamos visitá-lo, nós o chamávamos de tio [Paiva, 2006:70].

Ao longo do exílio os deslocamentos eram frequentes, e os pais se tornavam o mais importante ponto de referência e de identidade para os filhos. Muitas memórias expressam a alegria de um convívio intenso com os pais durante o exílio, e revelam como essa relação mudou quando chegaram ao Brasil. Logo surgiram as babás e empregadas domésticas, e os pais se tornaram mais ausentes.

O caráter hereditário que envolve a experiência de exílio dos filhos de militantes foi anteriormente apontado como determinante a partir do viés da escolha e da atuação. A impossibilidade de escolha se tornava eloquente igualmente no processo de mudança para o Brasil. O número de casos em que se buscou manter um vínculo com o país de exílio é bastante expressivo, e muitos retornaram quando mais velhos, fosse para morar ou para uma simples visita.

As memórias dos filhos de exilados apontam para um questionamento da conduta dos pais em relação ao Brasil. Voltavam para um país que os expulsou, com traumas e feridas ainda expostas, e se comportavam como se estivessem esperando o Brasil de há 15 ou 20 anos.

> Meu pai veio para o Brasil do exílio com 20 anos de atraso. Hoje já não é mais assim, ele possui uma outra visão, mas na época ele não queria ver que o país estava longe do que ele idealizava [...] Nesse primeiro momento da volta, meu pai ainda andava com os mesmos amigos, as pessoas que pensavam como ele. Eu era jovem, e o jovem anda muito na rua, tem mais convívio com pessoas diferentes. Eu saía muito, conversava muito com as pessoas na rua, e pude perceber que o Brasil do meu pai não existia mais [Paiva, 2006:128].

Os motivos da volta dos pais variavam de caso para caso. Para uns, a volta era um dever, uma obrigação; para outros, uma decisão tomada no calor da hora, uma vez decretada a anistia. Alguns planejaram o retorno, e ainda houve aqueles que mantiveram uma relação pendular, indo e voltando, até decidirem onde ficar (Rollemberg, 1999). De qualquer forma, sempre prevaleciam o desejo e a escolha dos pais, e mais uma vez os filhos seguiam caminhos impostos.

Percebo nesse momento o que se convencionou chamar de "choque entre gerações". Havia uma diferença na formação cultural e social entre as gerações que, nesse caso, era determinante. A vida em outros países não foi fruto de uma escolha para os pais. Exilados não são estrangeiros ou imigrantes, nem trabalhadores ou turistas. São indivíduos expulsos de suas pátrias que experimentam a intolerância e a violência de um Estado que nega suas identidades como parte constituinte de uma nação.

Para os militantes, a estada em terras estrangeiras estava sempre ligada a um projeto de retorno, de retomada de uma luta, de um projeto. No exílio foram construídas novas e renovadas referências políticas, e em muitos casos a militância não foi interrompida.

Houve momentos de resistência ao país de exílio. Os adultos se misturavam menos com os habitantes locais e conviviam mais com seus iguais, enquanto seus filhos faziam amigos na escola e mantinham uma vida social mais diversificada (Vasquez, s.d.:26). Os adolescentes aceitavam com mais facilidade os traços da cultura estrangeira e se mantinham atualizados, o que muitas vezes era malvisto pelos pais. Hábitos e costumes locais eram incorporados pelos filhos e, às vezes, repudiados pelos pais.

O Brasil, para os filhos, não havia mudado, não estava diferente. Ele estava começando. Iniciava-se uma relação com um lugar do qual eles sabiam que faziam parte de alguma forma, mas ainda estavam criando suas raízes.

Aponto dois elementos que contribuíram para esse processo em terras brasileiras: a escola e a família.

A escola, que no exílio fora um elemento importante de integração das crianças, assumia o mesmo papel em suas vidas no Brasil. A escola era mais do que um complemento em suas vidas; na verdade, compunha o cotidiano das crianças, pondo-as em contato com o país estrangeiro.

A psicóloga Ana Vasquez percebe como a boa adaptação dos filhos no exílio dependia principalmente da relação com o colégio (Vasquez, s.d.:26). Na pesquisa que realizou com crianças do Cone Sul na França, constatou que, graças ao convívio com os meninos locais, as crianças tinham a oportunidade de aprender rapidamente sobre o novo ambiente em que viviam e muitas vezes faziam isso mais depressa que seus pais. O que certamente não excluía as dificuldades que enfrentaram, desde problemas com o sistema educacional até o preconceito social, por serem estrangeiros vistos como imigrantes.

No Brasil não eram estrangeiros, mas também não se percebiam como brasileiros. Essa referência foi sendo construída aos poucos e absorvida, em parte, devido ao cotidiano escolar. Elementos tais como time de futebol, canções infantis, programas de televisão, brincadeiras foram sendo assimilados.

A escola cumpria mais uma vez o papel de apresentar a nova realidade aos meninos e meninas que chegavam de outras terras, e servia para comparações. A cultura e os hábitos brasileiros eram transmitidos e absorvidos no dia a dia da escola, o que para alguns foi muito difícil, e para outros, uma experiência muito gratificante.

> Na escola eu ficava muito sozinha, não conseguia me relacionar muito bem com as outras crianças. Era difícil viver no Brasil depois de ter passado por um país com uma condição de vida excelente. Na Suécia eu tive tudo do bom e do melhor, e não era privilégio de crianças ricas ou de classe média alta, até porque nós éramos pobres lá. Isso que era mais legal. Todas as crianças tinham assistência médica, escola, praticavam esporte, faziam passeios. Não entendia como no Brasil nada disso acontecia, nem mesmo para crianças [Paiva, 2006:90].

> Ficava impressionada com a descontração no ambiente escolar. Em Portugal, achava as pessoas um tanto sérias. No Brasil, tinha sempre uma atividade na esco-

la, e eu fui muito bem recebida. Todos sabiam da minha situação e me senti muito bem aqui. Realmente era o meu país [Paiva, 2006:91].

As dificuldades que os pais enfrentaram foram assimiladas pelos filhos de forma mais clara no Brasil do que no período do exílio. Chegavam mais crescidos e compreendiam os problemas de uma nova adaptação. A falta de emprego, os problemas com aluguel, a rejeição de alguns parentes e especialmente um processo muito vivido na época, o divórcio dos pais, fizeram parte de suas vivências. Importante destacar que esses aspectos não fazem parte de suas memórias de exílio. Dificuldades como essas compuseram as experiências dos pais em terras estrangeiras e em alguns casos foram mais árduas do que no Brasil. No entanto, as crianças não assimilavam tais aspectos, ou por serem muito pequenas, ou por terem selecionado em suas memórias as situações mais agradáveis.

A maioria dos entrevistados morou com parentes algum tempo até que seus pais pudessem se estabilizar. O contato com a família também recebe destaque em suas memórias. Tomavam conhecimento de um mundo de que há muito ouviam falar e que tinham curiosidade de conhecer. Aos poucos foram percebendo o sentido de "família" naquelas pessoas, e as memórias dos filhos do exílio são contagiantes quando se referem aos avós, primos, tios, amigos dos pais. Apresentam essas pessoas como uma presença marcante no período de chegada ao Brasil. As avós ganham destaque com seus mimos, presentes e passeios pela cidade.

> Sempre ouvia histórias da minha família sem chegar a conhecer praticamente ninguém. Quando pude associar a história com o rosto foi muito bom. Todas as crianças na escola falavam de seus tios, primos e avós, e eu não podia contar nada, pois nunca tinha visto ninguém da família. No Brasil, fiquei três meses na casa da minha avó, até minha mãe comprar apartamento e nós mudarmos para a nossa casa. Foi maravilhoso conhecer a minha avó e poder dizer finalmente que eu tinha uma avó e um avô. Nós passeávamos muito pelo Rio. Era uma festa. Ela fazia todas as minhas vontades, como toda avó faz com os netos. Um dos melhores tempos da minha vida [Paiva, 2006:134-135].

A temática do divórcio dos pais, após ou durante o exílio, aparece em estudos de caso (Vasquez e Richard, 1978; Gaillard, 1990) com alguma frequência. Nota-se que a separação dos pais teve papel fundamental no período de adaptação ao novo país. Laços familiares foram rompidos no exílio, e muitos casais se formaram ao longo da experiência. Era frequente também o casamento dos pais com estrangeiros habitantes dos países de exílio, o que representou uma situação de conflito no momento da anistia, com a possibilidade da volta à terra natal. Em alguns casos, o pai voltava, a mãe ficava no país de exílio, e vice-versa, o que dificultava o contato com os filhos.

Como para muitos filhos de exilados o exílio representa o lugar da infância, as memórias dos primeiros anos de vida remetem a esse período. Uma característica comum a todos eles: o desejo de visitar novamente o país de exílio. Os motivos são muito parecidos, e dizem respeito ao que consideram fase importante de suas vidas. Descrevem-na com carinho e exprimem suas saudades.

O movimento de retorno ao país de exílio — ou pelo menos o plano de voltar — parece ser um denominador comum. Suas memórias indicam nessas viagens uma jornada em busca de elementos do passado. Todos os entrevistados tentaram encontrar referências antigas, como velhos amigos, fotos das casas em que moraram, assim como das escolas onde estudaram. A internet foi o instrumento mais comum de pesquisa, funcionando como uma ferramenta preciosa com seus blogs, sites de conversação e o Orkut. Tiveram sorte algumas vezes, e os laços de amizade foram reforçados, assim como o laço com o país de exílio. Quando se referem a esses lugares, a palavra "exílio" soa-lhes um pouco forte, e não parece ser somente dessa forma que hoje veem esses países.

> Tentei encontrar um amigo pela internet, mas não consegui. Adoraria voltar, afinal, foi minha casa por um tempo. Tenho curiosidade de ver se o sueco volta também. Hoje não falo nada, mas dizem que se eu voltar ele volta também [Paiva, 2006:144].

> Não foi fácil compreender e aceitar que a URSS não existia mais. Pois é, a sensação era de ter vivido num país que não existia mais. Foi duro. Não pelas mudanças ocorridas, pois a vida humana é dinâmica, e as mudanças fazem parte do próprio processo dialético de desenvolvimento. Vi que as críticas que fazíamos ao regime soviético desaguaram na sua extinção. Pobre povo russo. Já passou por tanto e era mais uma prova [Paiva, 2006:145].

> Acho que me identifico em muitas coisas mais com o Chile do que com o Brasil. Vivemos um momento muito bom lá, talvez por ter visto a vitória do Allende, por

termos crescido e estudado lá, eu sinta esse carinho pelo país. Às vezes acho que sou brasileira e chilena, e um lado fala mais alto que o outro em certos momentos [Paiva, 2006:151].

O termo "exilado" parecia causar às vezes constrangimento aos entrevistados. Ao mencionar o meu interesse em entrevistá-los, todos sem exceção faziam a mesma pergunta: não prefere falar com meus pais? Ao longo da pesquisa foi constatada uma enorme surpresa por parte dos filhos de exilados quando procurados para uma entrevista. Essa surpresa e essa perplexidade com o interesse por suas vivências despertaram a curiosidade de ambas as partes envolvidas no processo: entrevistados e entrevistadora.

A curiosidade da entrevistadora, no entanto, passava por um viés um tanto peculiar, tendo em vista as dimensões historiográficas do trabalho em questão. O espanto deles me fez pensar que ou não estavam acostumados a serem chamados para entrevistas ou eles próprios não se viam como um caso de estudo sobre a temática do exílio.

Um dos entrevistados se autodenominou um "exilado por tabela". Essa não parece ser uma percepção incomum para os filhos, nem para outras pessoas que viveram o exílio por laços de parentesco. A surpresa em relação às entrevistas só confirmava a minha suspeita de que não havia muitos estudos sobre esse universo.

Não acredito que seja possível classificar os exilados em uma ordem de valores, separando-os em grupos que reconheçamos como os "exilados" e os "indiretamente exilados". É conhecida a discussão sobre termos que sugerem divisões desse tipo, mas ao meu ver ela não é satisfatória e não parece ter tanta importância assim. Considero definitiva a reflexão de Edward Said (2002:121) quando esclarece que, "no fim das contas, o exílio não é uma questão de escolha: nascemos nele, ou ele nos acontece". Se não há escolha em uma experiência de exílio, interessante se torna o caso em que essa falta de escolha aparece duplamente reforçada.

Foi discutida aqui uma particular forma de herança familiar, uma herança política. Apresento os filhos de militantes enquanto *herdeiros do exílio*, mas esclareço que suas memórias não são de forma alguma herdadas.

A pergunta clássica é: como você se sente como filha de...? Bom, sempre respondi que gostaria muito que respeitassem a minha identidade. Sinto muito orgulho de ser filha de quem sou, mas sou uma cidadã e quero ser vista pela minha postura e meus posicionamentos. Claro que meus pais tiveram muita influência para eu ser ainda hoje comunista e acreditar numa sociedade mais justa e fraterna. Porém, isso não vem com o DNA, isso vem de formação, de educação, de autoformação. O comunista hoje pode parecer um ser em extinção, porém não traio os meus princípios e continuarei, da forma que estiver a meu alcance, a lutar por aquilo em que acredito [Paiva, 2006:121].

Almejei com minha pesquisa investigar o universo de uma geração que viveu o exílio e que, pela impossibilidade de atuação política ou pela idade, parece ter ocupado outro lugar nesse cenário. Aparecem frequentemente enquanto personagens coadjuvantes, como se estivessem por trás da coxia. Mas os bastidores de qualquer história sempre revelam segredos, curiosidades, e trazem consigo elementos inovadores.

Referências

GAILLARD, Anne Marie. *La fin d'un exil?* Les cas des exiles chiliens en France. Paris: UFRS; CIS, Departement de Sciences Sociales, 1990.
PAIVA, Tatiana Moreira Campos. *Herdeiros do exílio*: memórias de filhos de exilados brasileiros da ditadura militar. Dissertação (mestrado) — PUC-Rio, Rio de Janeiro, 2006.
ROLLEMBERG, Denise. *Exílio*: entre raízes e radares. Rio de Janeiro: Record, 1999.
SAID, Edward. *Reflexões do exílio e outros ensaios*. São Paulo: Companhia das Letras, 2002.
SIRINELLI, Jean-François. A geração. In: AMADO, Janaína; FERREIRA, Marieta de Moraes. *Usos & abusos da história oral*. Rio de Janeiro: FGV, 2001.
VAZQUEZ, Ana. Adolescentes del Cono Sur de América Latina en el exilio: algunos problemas psicológicos. *Cimade Information*, Paris, s.d.
_____; RICHARD, Gabriela. Problèmes d'adaptation en France des enfants réfugiés du Cone Sud de l'Amérique Latine. *Cimade Information*, n. 4, août. 1978.

PARTE VI

Os exílios nos arquivos brasileiros

12. USOS DO PASSADO
E ARQUIVOS DA POLÍCIA POLÍTICA[*]

Paulo Knauss[**]
Camila da Costa Oliveira[***]

DE DIFERENTES FORMAS, O PASSADO SEMPRE OCUPOU AS SOCIEDADES AO longo dos tempos. As sociedades contemporâneas, segundo a fórmula de Pierre Nora (1984), inventaram os lugares de memória, distinguindo-se das sociedades tradicionais que vivem na memória e justificam seus atos cotidianos a partir da lembrança dos seus mitos e repetindo seus antepassados. Diante da aceleração do tempo e do compromisso com o progresso, as sociedades contemporâneas trataram de localizar o passado em museus, bibliotecas, arquivos, catálogos, datas, festas e comemorações, testemunhando a sua própria transformação. Nesse universo em que vivemos, procuramos sempre inovar e transformar o mundo, distanciando-nos de nossos ancestrais. Nossa distância é a medida de nossa evolução.

Como outros lugares de memória, os arquivos são uma construção das formas contemporâneas de promoção da memória, registro de que nós vivemos num tempo distinto de anteriores. Nos arquivos, organiza-se o encontro com nosso tempo pela ruptura com o passado, e não pela continuidade. Na diferença dos tempos é que nos damos conta da nossa própria historicidade. Assim, diante de cartas antigas de uma mapoteca, descobrimos como o mesmo território foi representado diversas vezes de modos distintos, mas, diante deles, observando o mesmo território, nos convencemos de que nosso espaço é outro.

---

[*] Este capítulo baseia-se em conferência realizada na Universidade Federal de Alagoas (Ufal), na cidade de Maceió, em 11 de novembro de 2008.
[**] Professor do Departamento de História da Universidade Federal Fluminense (UFF) e diretor do Arquivo Público do Estado do Rio de Janeiro (Aperj).
[***] Advogada e assessora jurídica do Aperj.

Podemos reconhecer o Brasil numa carta colonial; contudo, diante dela, nos convencemos de que a nossa terra não é mais daquele jeito.

Ocorre que, antes disso, há outra constatação a ser feita. Os documentos de caráter permanente, que encontramos nos arquivos públicos dos nossos dias, não foram sempre vestígios de outro tempo. Conforme a teoria do ciclo de vida dos documentos, é possível demarcar as fases corrente e intermediária, anteriores à fase permanente de vida dos documentos. Como documentos correntes, eles serviram ao instante do presente, no aguardo do despacho necessário. A espera da realização de ações decorrentes da decisão inscrita nos documentos caracteriza a fase intermediária da vida documental. Sua terceira fase de vida, a fase permanente, é a memória da ação produzida e consumada. Alguns diriam que nessa fase os documentos se tornam inativos, ou deixam de ter caráter utilitário. Melhor seria falar de valor primário, próprio da consecução da ação, e de valor secundário, que envolve novos usos dos documentos, pois é diante de sua condição permanente que os documentos afirmam sua dimensão histórica propriamente dita.[1]

Importa salientar que, durante os ciclos de sua vida, os documentos sofrem uma transmutação de sentido que os desloca da produção de um ato para a recordação do mesmo ato. Considerando que os documentos nascem correntes, sobrevivem como intermediários e se redefinem como permanentes, entre a primeira e a última fase de sua vida eles continuam sempre sendo os mesmos suportes materiais de informação, mas o seu sentido é transformado. Nessa passagem é que os usos dos documentos são redefinidos, e nesse momento eles deixam de transportar ações do presente, para transportar ações do passado. Há uma mudança de inserção temporal em torno da transmutação de sentido dos documentos. Nesse caso, os usos do passado fazem a diferença, pois os documentos passam a ganhar outra razão de ser e se instalam nos arquivos. No início de sua vida, o documento é registro do presente; na terceira fase de sua vida, ele passa a ser registro do passado e se afirma como patrimônio cultural.

Ocorre que os usos do passado se organizam no presente. Assim, a transmutação do sentido do documento acompanha de fato um deslocamento dos tempos, pois é no presente que o passado se define. O passado não é dado, mas construção atualizada do presente.

---

[1] Para uma caracterização do ciclo de vida dos documentos, ver, por exemplo, Belloto (2007).

Não seria demasiado dizer que a história dos arquivos das polícias políticas é a melhor ilustração dessa transmutação dos documentos ao longo de sua vida. Isso vale para o Brasil, para os países do Cone Sul, ou para a Alemanha Oriental, ou para onde quer que os regimes policialescos tenham sido substituídos por regimes abertos. Isso porque os documentos da polícia política nasceram para perseguir os cidadãos, considerando-os inimigos de Estado, ou "inimigos internos". Contudo, hoje eles são instrumentos da garantia de direitos dos cidadãos diante do Estado. Trata-se do mesmo papel, do mesmo suporte material e do mesmo conteúdo, mas sua razão de ser mudou diante da presença do passado na sociedade. Mudou seu sentido, porque a sociedade e suas instituições mudaram, substituindo velhas estruturas por outras. Os mesmos papéis ganham assim novo interesse, o que implica novos usos. Desse modo, os documentos da polícia política são reconhecidos como fontes de outra época e, assim, localizam o passado. Sua difusão e publicidade reafirmam as nossas diferenças históricas e atestam que estamos noutro tempo em que a relação do Estado e do cidadão se transformou. Sua preservação atesta a transformação da sociedade.

Esse uso contemporâneo do passado não nos situa em continuidade do passado e de gerações anteriores, mas, ao contrário, nos situa na descontinuidade do tempo. Nossa época se define pela alteridade em relação a outras épocas. Revisitar os documentos históricos de arquivo, nesse caso, significa sempre reafirmar a particularidade do presente diante dos outros tempos.

Como todo documento público, as fontes da polícia política servem para fins de estudo e fins probatórios. Num caso, eles operam sob uma base científica; noutro caso, operam sob uma base judicial. Quer dizer, o mesmo documento se presta, no presente, a mais de um uso do passado.

É importante insistir sempre nessa dupla dimensão dos documentos históricos permanentes, pois é esse caráter duplo que sustenta a identidade dos arquivos nos nossos dias. Enquanto equipamento cultural, os arquivos são sempre encarados como recursos de conhecimento e de animação do espírito e da curiosidade pela ciência e pela educação. Por isso, cada dia mais os arquivos se dedicam à produção de exposições, publicações, cursos e eventos. Essa dimensão é fundamental, mas não deve ser vista como marginal à cidadania ou como epifenômeno da vida. A cultura é uma das dimensões da cidadania contemporânea, por ser o domínio da livre expressão e de afirmação de identidades, além de movimentar uma economia peculiar de proporções significativas. De outra parte, porém, é importante notar que o cidadão só descobre que o arquivo é um equipamento fundamental na sua vida social quando percebe que ali se encontra o papel que pode servir para garantir o seu direito almejado. Essa é uma cena comum ao dia a dia dos arquivos, espaço de dor e alegria diante da possibilidade de conquistas sociais individuais. Isso diz respeito tanto a acervos que documentam a história das propriedades, como os registros de terra do século XIX, introduzidos pela Lei de Terras de 1850, quanto aos documentos do Instituto Médico Legal criado na capital federal em 1907. Todos os dias, os arquivos recebem cidadãos em busca de uma certidão que ateste a informação decisiva para sua demanda legal. No caso dos documentos das polícias políticas, eles são instrumentos fundamentais para reparação de danos às vítimas do autoritarismo. Do mesmo modo, é por meio da gestão documental que os Estados podem atender às demandas de transparência social, dando conta de suas realizações à sociedade. O sistema de arquivos é base da superação da opacidade do Estado. Interessa sublinhar que, diante desse duplo caráter, os arquivos são expressão da democracia e afirmam o campo da cultura e da memória como um campo de garantia de direitos. Assim, os arquivos exercem papel importante no campo dos direitos de quarta geração, em especial o direito à cultura e o direito à memória.

Não sem razão os arquivos públicos no Ocidente se fortaleceram sobretudo depois da II Guerra Mundial e da derrocada dos regimes totalitários do nazifascismo, marcados pela discriminação étnica e a política de homogeneização cultural. Há um vínculo na história contemporânea entre a informação dos arquivos e a crítica do estado de exceção. E, segundo Moreira Neto (1992:88), "informar o administrado é o mínimo que todo estado de direito deve garantir, seja pela publicidade de seus atos, seja pela orientação franqueada ao administrado, seja pela publicidade dos debates e das razões de decidir".

Os arquivos são, assim, componente fundamental do estado de direito. No quadro de estado de direito se definem, também, as condições de uma política nacional de arquivos na atualidade. Ao lado do direito à cultura, a Constituição da República Federativa Brasileira de 1988 estabelece dispositivos destinados a garantir os direitos individuais e, ao mesmo tempo, resguardar o direito a informações contidas nos órgãos públicos. Essa foi a primeira e única Constituição do Brasil a estabelecer parâmetros gerais de uma política nacional de gestão de documentos da administração pública visando franquear sua consulta, corroborada pelas disposições federais da Lei nº 8.159, de 8 de janeiro de

1991, que trata dos arquivos públicos e privados, regulamentando o acesso a documentos públicos, prazos de sigilo, emissão de certidões e rito processual do *habeas data* — instrumento pelo qual todo cidadão tem direito de conhecer as informações que o Estado produz sobre ele —, abrindo assim os arquivos aos indivíduos da sociedade.

Desse marco jurídico geral decorrem as condições de uso dos arquivos e de suas fontes. Há que se balancear o interesse público diante do privado, os direitos difusos e os individuais. Especificamente nesse âmbito, dois princípios constitucionais basilares necessariamente são sopesados: o direito à informação e a inviolabilidade da intimidade.[2]

O direito à informação tem a característica de ser um *direito difuso*, ou seja, que perpassa toda a sociedade, sendo um pressuposto da democracia que os cidadãos tenham conhecimento dos atos, das atividades da administração, para que possam atuar, fiscalizando, controlando e participando do poder público. A essa questão deve também ser aplicada a norma inserta no inciso XXXIII do art. 5º da Constituição Federal de 1988, no que tange ao direito de sigilo de informações relevantes para a segurança da sociedade e do Estado. A Lei de Arquivos (nº 8.159/1991) dispõe, ainda, no art. 4º, que todos têm o direito de receber dos órgãos públicos informações, ressalvadas aquelas cujo sigilo seja imprescindível à segurança da sociedade e do Estado, bem como estabelece a inviolabilidade da intimidade, da vida privada, da honra e da imagem das pessoas.

Nesse mesmo diapasão, no art. 5º, inciso X, da Lei Maior encontra-se o preceito constitucional de inviolabilidade da intimidade, da honra, da vida privada e da imagem das pessoas, que constitui garantia de *direito individual*. E também o art. 23, §1º, da Lei nº 8.159/1991 traz uma ampliação em relação ao inciso XXXIII do art. 5º da Carta Magna, ao dispor que "os documentos cuja divulgação ponha em risco a segurança da sociedade e do Estado, bem como aqueles necessários ao resguardo da inviolabilidade da intimidade, da vida privada, da honra e da imagem das pessoas são originariamente sigilosos".

Segundo José Maria Jardim (2003), para a efetivação e o alargamento do direito à informação, "um marco legal só provoca impactos arquivísticos quando vai além de uma declaração de princípios conceituais bem-estruturados, amparado em definições institucionais oportunas e promissoras", sugerindo

---

[2] Para esse debate, ver Costa (1998).

que é necessário "tornar a legislação arquivística conhecida não apenas no universo dos arquivos, mas também nos diversos setores do Estado e junto à sociedade civil".

Durante o governo do presidente Fernando Henrique Cardoso (1995-2002), foram assinados dois decretos a esse respeito: o de nº 2.134/1997, regulamentando o mencionado art. 23 da Lei nº 8.159/1991 e dispondo sobre a categoria dos documentos públicos sigilosos e o seu acesso; e o Decreto nº 2.910/1998, regulamentando o trâmite da documentação de caráter sigiloso na administração pública. Contudo, esses dois decretos foram revogados pelo Decreto nº 4.553/2005, que veio a ampliar os prazos de abertura dos documentos de caráter sigiloso à consulta pública, concedendo a determinadas autoridades a competência de classificar e atribuir aos documentos graus de sigilo, além de restringir a sua atuação no âmbito do Poder Executivo federal. Foram, assim, criadas as Comissões Permanentes de Avaliação de Documentos Sigilosos, mas isso acabou gerando uma superposição de funções entre essas comissões e as Comissões Permanentes de Avaliação de Documentos, referenciadas no art. 18 do Decreto nº 4.073/2002, que não tinha sido revogado e, portanto, continuava em vigor. Vale dizer ainda que, ao revogar os decretos nº 2.134/1997 e nº 2.910/1998, o Decreto nº 4.553/2002 causou um verdadeiro retrocesso na democracia brasileira, ao estender os prazos para a abertura dos documentos, enquanto outros países tentavam buscar meios de diminuí-los, como demonstração da transparência do governo.

Após pronunciamento do Conselho Nacional de Arquivos (Conarq) à Casa Civil da Presidência da República, em 2004, já no governo do presidente Luiz Inácio Lula da Silva, houve a promulgação da Medida Provisória nº 228, regulamentada pelo Decreto nº 5.301/2004, que solucionou parcialmente a questão instituindo a Comissão de Averiguação e Análise de Informações Sigilosas, com a função de tratar a classificação dos documentos sigilosos e os prazos de guarda, diminuindo-os em relação ao decreto anterior.

Em se tratando de arquivos do período de exceção, pode-se concluir que o presidente Luiz Inácio Lula da Silva, intentando regulamentar as medidas legais necessárias para garantir o acesso dos cidadãos aos documentos públicos, e valendo-se dos arts. 62 a 66 da Constituição Federal de 1988, acabou transformando a MP nº 228/2004 na Lei nº 11.111/2005, mantendo o teor do Decreto nº 4.553/2002, porém adotando premissas referentes à questão de prazos, sem ferir a proposta da Lei nº 8.159/1991. Assim, a Lei nº 11.111/2005 altera parcialmente o texto anterior para permitir uma classificação por tempo indefinido, desde que de modo justificado.

Ora, é preciso considerar que essa produção normativa infraconstitucional pôs em questão o controle do acesso aos documentos de arquivo em nome da "segurança de Estado" como medida da "segurança da sociedade". A reação pública teve como consequência principal o recolhimento ao Arquivo Nacional do acervo do extinto Serviço Nacional de Informação (SNI). No âmbito dessa reação, foi retomado o vínculo entre acesso a arquivos secretos e direito à verdade, mobilizado especialmente em torno do movimento de famílias de mortos e desaparecidos políticos pelo reconhecimento do destino de seus entes.[3] Nesse caso, situa-se a relação entre justiça e conhecimento no centro do debate sobre o direito à informação. Além disso, sublinha-se o fato de que essa regulação oficial recente privilegia o interesse do Estado diante de outros interesses que emanam de setores sociais diversos.

Vale enfatizar, porém, que os arquivos públicos buscam incessantemente mecanismos para facilitar o acesso à maior parte dos documentos e, dependendo do caso, os enviam às comissões de acesso, compostas por profissionais de diversas áreas, para a devida avaliação e estabelecimento de critérios de valor, conforme a complexidade do caso, além de proporem prazos para o acesso, seguindo a determinação legal. O que se observa na prática das instituições arquivísticas, de modo geral, é que o acesso é liberado totalmente para pesquisas temáticas, enquanto o controle do acesso é estabelecido para as pesquisas sobre indivíduos, restringindo essa segunda modalidade ao terreno da pesquisa probatória requerida pelos sujeitos à repressão policial ou seus sucessores.

Célia Maria Leite Costa (2004:266) observa que

> o direito à informação consiste em poder receber informações e difundi-las, sem restrição; significa a possibilidade legal de ter e dar acesso à informação, tornar público, transparente, visível, algo antes obscuro ou secreto. Os registros documentais produzidos nos períodos de repressão, sejam eles públicos ou privados, são imprescindíveis à restauração das liberdades democráticas e à preservação da memória do país. O acesso a esses arquivos, entretanto, precisa ser juridicamente regulamentado.[4]

---

[3] Ver, por exemplo, Teles (2008).
[4] Ver também Costa (2008); Costa e Fraiz (1989).

Essa combinação do direito à informação com o direito à intimidade e honra pessoal delimita os usos contemporâneos dos documentos das polícias políticas. Isso porque, se de um lado o aparelho repressor produziu informações sobre os movimentos da sociedade organizada, frequentemente isso representou a devassa da vida privada de indivíduos, além de sua humilhação. É preciso não esquecer, ainda, que a informação produzida no âmbito da polícia política era comprometida com seus objetivos de caracterizar os inimigos do Estado. Para tanto, usavam-se todos os subterfúgios, especialmente para denegrir a imagem pessoal de cada investigado. De modo geral, proliferam os adjetivos desqualificadores da personalidade nos papéis da polícia, ao lado da indicação de muitos nomes. Para desqualificar seus investigados, por vezes a polícia abusava de referências a sexo e dinheiro. Há muitas sugestões de relações íntimas, aproximando a oposição política da devassidão, assim como muitas referências a ações econômicas escusas. A título de ilustração, é possível mencionar um documento que caracterizava o personagem investigado como "laranja", servindo a outrem por motivos pecuniários. Esses qualificativos pejorativos serviam para denegrir a crítica política, transferindo a ideologia para o campo da moral e dos costumes. Na sua época de produção, essas informações tinham estatuto de verdade; hoje são exemplos de fabricação de mentiras e, por vezes, se tornam tristemente risíveis.

Há, no entanto, dois universos de documentos da polícia política. Temos um vasto conjunto de tipos documentais diversos que envolvem a administração das diligências em geral. Mas há outro universo de documentos em que o registro pessoal se afirma, que são os termos de declaração e os prontuários. Nesse caso, o objeto é o indivíduo, caracterizando-se esses documentos como de caráter pessoal. Se os primeiros nos abrem a um universo geral de informação, os últimos nos oferecem um quadro da vida privada. Assim, diante do quadro de direitos, a difusão de documentos da vida privada ameaça o respeito ao direito de inviolabilidade da intimidade, da honra e da imagem pessoal. Esse direito individual cria uma restrição de acesso público à informação, o que constitui fonte de questionamento e desafio permanente aos arquivos.

Contudo, esse desafio caracteriza os limites dos usos do passado pelo presente. O presente organiza as formas de acesso aos vestígios do passado. Mas, nesse caso, a limitação é fruto da construção da democracia, que implica respeito aos direitos civis de vida e liberdade de expressão e respeito à pessoa. Muitos pesquisadores têm dificuldade de admitir essa restrição, mas ela é condição do respeito a cada um de nós por parte do Estado. Importa destacar que o seu tratamento exige uma nova teoria do conhecimento que não se sustente na prova documental, pois, como já apontado, muitas das informações que se encontram nos arquivos das polícias políticas não podem ser consideradas verdadeiras. Há uma história dos preconceitos a ser traçada a partir dessas fontes, que devem ser tomadas antes como registro de representações do que de fatos.

No Brasil, os documentos das polícias políticas começaram a ser conhecidos publicamente no início da década de 1990, depois da extinção das repartições desse tipo em meados da década de 1980. A Lei nº 2.027, de 29 de julho de 1992, autorizou o Poder Executivo a transferir as fichas e documentos que estavam sob a guarda da Polícia Federal para os arquivos públicos estaduais, considerando que as polícias políticas haviam sido uma estrutura da administração estadual. É assim que, no estado do Rio de Janeiro, todo o acervo do extinto Departamento Geral de Investigações Especiais (DGIE), que incorporou os arquivos do antigo Departamento de Ordem Política Social (Dops), do estado da Guanabara e do antigo estado do Rio de Janeiro, incluindo o acervo de delegacias especializadas, desde a década de 1920, e da 2ª Seção do Estado-Maior da Polícia Militar do novo estado do Rio de Janeiro, foi recolhido ao Arquivo Público do Estado do Rio de Janeiro (Aperj), estando ali incluídos todos os processos instaurados, concluídos ou não, bem como os documentos relacionados às investigações realizadas que tenham se transformado ou não em processos, garantindo sua consulta a quaisquer cidadãos interessados. Em outros estados da federação, o processo foi semelhante.

O Aperj mantém tal acervo em suas características e arranjos oriundos da própria organização em que foram originalmente produzidos. Tal fundo é composto de fichários que possuem aproximadamente 2,5 milhões de fichas remissivas, que levam à pesquisa de documentos das pessoas ou temas (órgãos públicos, associações etc.). Vale ressaltar que esses fichários significam um importante instrumento de recuperação das informações pessoais, possibilitando ao Aperj atender aos requerimentos de *habeas data* que lhe são solicitados e proceder à realização das pesquisas probatórias. Entre milhares de fichas, cerca de 600 mil já foram devidamente microfilmadas, tendo o seu acesso em parte liberado a qualquer tipo de pesquisa, inclusive a acadêmica, com a principal finalidade de preservar o documento original. Por meio das fichas remissivas elaboradas pelos arquivistas daquela polícia, as informações contidas no acervo podem ser recuperadas pela sua localização. Ao lado da coleção de fichas, existem os documentos, cujo arranjo arquivístico mantém a ordem do tempo da polícia, identificando seus setores e sua organização geral. A persistência dos métodos de consulta ao acervo sugere que os métodos de arquivamento da polícia continuam atuais, mas servindo a outros usos.

O que a história dos documentos da polícia política no Brasil demonstra é que os usos do passado não são exclusividade dos historiadores. Aliás, eles trafegam na trilha que a ordem social estabelece por seus marcos legais e pelos direitos estabelecidos e garantidos pelo trabalho dos arquivos públicos. Além disso, é muito frequente o uso dessas fontes pelo mundo do jornalismo, da produção audiovisual, de massa ou não, ao lado dos usos para fins probatórios por cidadãos comuns, vítimas diretas ou herdeiros de vítimas da violência política, donde decorrem os usos do Estado, em especial nas comissões de anistia. O que se pode dizer é que essas fontes são objeto de um debate público que não se circunscreve ao mundo dos profissionais de história. Tal como apontam François Hartog e Jacques Revel (2001), em torno dos usos políticos do passado se torna possível observar que no campo da história contemporânea foi-se estabelecendo um campo próprio para a história recente, explicitando uma particularidade da nossa era.

Cabe lembrar sempre que as relações entre a política e os usos do passado estão na origem da historiografia no Ocidente. Heródoto é tido até hoje como "pai da história", depois de ter escrito o livro que ganhou o título de *História*. De fato, sua obra lança a ideia da história como investigação, tal como a etimologia da palavra grega sugere. No entanto, essa ideia da origem do conhecimento a partir da obra do famoso autor grego da Antiguidade despreza o fato de que as sociedades sempre conviveram de algum modo com formas de construção do conhecimento da história da sociedade. Mas por que Heródoto e depois Tucídides — com a *História da Guerra do Peloponeso* — fizeram a diferença na Antiguidade? Moses I. Finley (1989), historiador britânico da Antiguidade clássica, apresenta o argumento de que o aparecimento da história como investigação e como conhecimento, na Grécia antiga, está relacionado com o advento da *polis*, que representa a afirmação do campo da política e da discussão pública. A interrogação proposta questiona as relações entre poder e conhecimento como uma marca da história da história. Não sem razão, Heródoto e Tucídides, personagens emblemáticos da historiografia antiga, foram exilados políticos. Heródoto foi obrigado a fugir de sua terra natal, Halicarnasso, no contexto das guerras persas e depois de uma revolta.

Foi um homem do tempo de Péricles e que esteve ao lado de suas forças na fundação da colônia de Turios, nos anos 440 a.C. Tucídides, por sua vez, chegou a ser o estratego de sua cidade, Atenas, assumindo assim uma função pública de destaque social. Após o fracasso de uma missão militar e a perda do poder em sua cidade, foi condenado ao exílio. Nesse sentido, há na historiografia fundadora uma manifestação de consciência provocada pela condição política de seus autores e a possibilidade de participar da discussão pública a partir da escrita. Essa condição definiu uma moral sob a marca do exílio para o estudo da história.

A história a partir das fontes da polícia política, ainda que marcada pelo vínculo entre política e usos do passado, emerge de outro contexto moral que se definiu pela anistia. Como indica Paul Ricoeur (2007), a anistia condiciona um esquecimento comandado, definindo-se como um esquecimento institucional que busca a reconciliação da paz cívica. É possível apontar, de acordo com Ricoeur, diferentes modelos de lembrança instaurados por anistias. O autor indica o modelo de Atenas, baseado no decreto que afirma a democracia, subjugando o modelo oligárquico. Nesse caso, ficou estabelecida a proibição de lembrar os males do passado. Essa interdição se combinou com a promoção de um imaginário cívico que insiste em promover a amizade entre os atenienses, ocupando o espaço da lacuna da memória. O outro modelo citado por Ricoeur é o Edito de Nantes, que pôs fim às guerras religiosas na França do século XVI. O documento fala de acontecimentos adormecidos "como coisa não ocorrida". No caso de anistias contemporâneas da história francesa, segundo Ricoeur, foi o parlamento que assumiu, em nome do povo, o papel decisivo de legitimar a decisão, considerando os fatos em termos jurídicos e suspendendo todas as ações judiciais. Nesse caso, promoveu-se um esquecimento jurídico, portanto. O modelo da anistia recente do Brasil é ambíguo. Ele não foi acompanhado pela transformação imediata do regime, nem por um movimento pró-Constituinte, que só cresceu anos depois. De todo modo, o marco da anistia teve consequências essencialmente jurídicas. Seus outros efeitos ainda parecem abertos. O importante é sublinhar que há duas posturas gerais em relação aos usos do passado a partir da análise dos modelos históricos de anistia: temos as que fazem esquecer os fatos e há o modelo que essencialmente contorna as consequências jurídicas da lembrança.

De todo modo, o que se abre diante de nós como debate é o fato de que os usos do passado organizam as formas da lembrança, mas igualmente do esquecimento. Talvez, melhor seria dizer que toda forma de lembrança é sempre também uma forma de produzir amnésia.

Diante desse dilema, é sempre possível voltar aos arquivos e renovar nossos olhares sobre o passado.

Referências

BELLOTTO, Heloísa. *Arquivos permanentes*: tratamento documental. Rio de Janeiro: FGV, 2007.

COSTA, Célia Maria Leite. Intimidade *versus* interesse público: a problemática dos arquivos. *Estudos Históricos*, Rio de Janeiro, FGV, n. 21, 1998.

_____. Acervos e repressão. In: ARAÚJO, M. P. N.; FICO, Carlos; MARTINS, I. L.; SOUZA, J. J. V.; QUADRAT, Samantha V. (Orgs.). 1964-2004: 40 anos de golpe — ditadura militar e resistência no Brasil. Rio de Janeiro: 7 Letras, 2004.

_____. O direito à informação nos arquivos brasileiros. In: FICO, Carlos; FERREIRA, Marieta de Moraes; ARAÚJO, Maria Paula; QUADRAT, Samantha Viz (Orgs.). *Ditadura e democracia na América Latina*: balanço histórico e perspectivas. Rio de Janeiro: FGV; UFRJ, 2008.

_____; FRAIZ, Priscila. Acesso à informação nos arquivos brasileiros. *Estudos Históricos*, Rio de Janeiro, FGV, n. 3, 1989.

FINLEY, Moses I. *Uso e abuso da história*. São Paulo: Martins Fontes, 1989.

HARTOG, François; REVEL, Jacques (Dirs.). *Les usages politiques du passé*. Paris: EHESS, 2001.

JARDIM, José Maria. O inferno das boas intenções: legislação e políticas arquivísticas. In: MATTAR, Eliana (Org.). *Acesso à informação e política de arquivos*. Rio de Janeiro: Arquivo Nacional, 2003. p. 38-43.

MOREIRA NETO, Diogo de Figueiredo. *Direito da participação política*. Rio de Janeiro: Renovar, 1992.

NORA, Pierre. Entre mémoire et histoire: la problématique des lieux. In: _____. *Les lieux de mémoire*. Paris: Gallimard, 1984. v. 1.

RICOEUR, Paul. *A memória, a história, o esquecimento*. Campinas: Unicamp, 2007.

TELES, Janaína de Almeida. *A abertura dos arquivos da ditadura militar e a luta dos familiares de mortos e desaparecidos políticos no Brasil*. Disponível em: <www.rumotolerancia.usp.br/node/1381>. Acesso em: nov. 2008.